高等学校创新创业系列

大学生创新创业教程与训练

主 编 连瑞瑞 张广斌 蔡 弘

副主编 丁 超 贺小桐 周 宇

中国教育出版传媒集团

高等教育出版社·北京

内容提要

　　本书紧密结合普通高等学校创新创业教学实际情况，聚焦大学生创业
参赛的实际需求，以创新型人才培养为主线，以提高学生的创新、创业能
力为主要目标，从创新教育与创业教育相融合的角度，科学地构建了创新
创业教学的内容与形式。

　　本书以素质教育为核心，以能力提高为本位，重在知识和技能的传授
与实际应用，本书分为四部分共十三章和四个附录，条理清晰、模块丰
富，强调系统性、生动性和实用性。

　　本书可作为普通高等学校，特别是应用型本科院校大学生创新创业课
程的教材，也可以供大学生创业者、社会创业者学习和参考使用。

图书在版编目（CIP）数据

　　大学生创新创业教程与训练／连瑞瑞，张广斌，蔡
弘主编；丁超，贺小桐，周宇副主编． -- 北京：高等
教育出版社，2024.7

　　ISBN 978-7-04-062244-7

　　Ⅰ．①大… Ⅱ．①连… ②张… ③蔡… ④丁… ⑤贺
… ⑥周… Ⅲ．①大学生-创业-高等学校-教材 Ⅳ.
①G647.38

　　中国国家版本馆 CIP 数据核字（2024）第 106217 号

Daxuesheng Chuangxin Chuangye Jiaocheng yu Xunlian

策划编辑	徐　可	责任编辑	徐　可	封面设计	李卫青	版式设计	马　云
责任绘图	李沛蓉	责任校对	张　然	责任印制	存　怡		

出版发行	高等教育出版社	网　址	http://www.hep.edu.cn
社　址	北京市西城区德外大街 4 号		http://www.hep.com.cn
邮政编码	100120	网上订购	http://www.hepmall.com.cn
印　刷	北京华联印刷有限公司		http://www.hepmall.com
开　本	787 mm×1092 mm　1/16		http://www.hepmall.cn
印　张	19.25		
字　数	400 千字	版　次	2024 年 7 月第 1 版
购书热线	010-58581118	印　次	2024 年 7 月第 1 次印刷
咨询电话	400-810-0598	定　价	36.50 元

本书如有缺页、倒页、脱页等质量问题，请到所购图书销售部门联系调换
版权所有　侵权必究
物 料 号　62244-00

本书编委会

主　编：

连瑞瑞　张广斌　蔡　弘

副主编：

丁　超　贺小桐　周　宇

编　者（按姓氏笔画排序）：

丁　超　朱永甜　朱素媛　刘亚威　李天宇　连瑞瑞　汪诚诚
张广斌　张李杨　陈　坤　陈　昊　陈松林　范海洲　周　宇
赵　洋　赵　勇　赵涛涛　赵晶丽　赵斌斌　贺小桐　蔡　弘
颜　普

前　言

　　党的二十大报告强调，坚持创新在我国现代化建设全局中的核心地位，并对加快实施创新驱动发展战略进行部署。创新作为人类文明进步的助推器，为社会经济持续发展提供了不竭动力。经济学家约瑟夫·熊彼特在 1934 年首次提出了创新创业理论，他将创新视为经济发展的关键动力，并认为创新是创业的本质和源泉，创业是创新的载体和表现形式，创新只有通过企业家创业才能实现其更大的经济和社会价值。对于我国现阶段的社会经济发展来说，创新是社会进步的灵魂，创业是推动经济发展、改善民生的重要途径。社会正蔚然兴起崇尚创新之风，为大学生创新创业提供了广阔的舞台。因此，深化高等学校创新创业教育改革是推进高等教育综合改革、促进高校高质量人才培养的重要举措。

　　本书注重系统性、生动性和实用性。以创新型人才培养为主线，以提高学生的创新、创业能力为主要目标，从创新教育与创业教育相融合的角度，科学地构建了创新思维、创新方法、创业形势、创业精神、创业能力、创业机会的识别与评价、创业项目与创业计划、商业模式及其设计、创业风险的识别与控制、创业启动资金预测与融资、创业者与创业团队、新创企业的设立、新创企业的成长管理等体系内容。紧密结合普通高等学校创新创业教学实际情况，聚焦大学生创业参赛的实际需求，在内容方面进行了精心安排，既有助于激发学生的学习兴趣，又丰富了课堂教学的内容与形式。本书条理清晰、模块丰富，以素质为核心，以能力为本位，重在创新创业知识和技能的实际灵活应用。

　　本书主要特点有：第一，实用性强，突出创新创业能力训练，使学生在实践模拟中掌握所学知识与技能；第二，可读性强，书中穿插介绍大量我国新时代创新创业人物及创业案例，贴近学生创新创业实际生活；第三，配套资源丰富，将数字化的学习资源与学习内容深度融合，让学生拥有更好的学习体验。

　　本书共分为四部分十三章和四个附录。本书的编写具体分工如下：第八章、第九章、第十章、第十三章及附录部分由连瑞瑞、贺小桐牵头负责编写；第四章、第五章、第六章、第七章由张广斌、丁超牵头负责编写；第一章、第二章、第三章、第十一章及第十二章由蔡弘、周宇牵头负责编写,感谢所有编者对本书编著付出的努力。

本书可作为普通高等学校特别是应用型本科院校大学生创新创业课程的教材,也可以供大学生创业者、社会创业者学习和参考使用。

编 者

2024 年 6 月 10 日

目　录

第二部分 创新创业理论与实践

第三部分　大学生创新创业大赛与案例

第四部分　讲好新时代创新创业的中国故事

第一部分

时代呼唤大学生创新创业

第一章　大学生与创新创业教育

新时代背景下创新创业与大学生教育的内在关联更为紧密，两者间的融合不仅是解决中国式现代化道路中高素质人才短缺的有效途径，也是大学生实现创业梦想的重要契机。目前高校普遍越来越重视创新创业教育，大力扶持大学生进行创新创业活动，为我国实现创新驱动发展战略提供人才支撑。本章着眼于我国的现实国情，就创新创业教育的内涵及发展历程进行界定与梳理，并阐明大学生创新创业教育的重要性。

学习目标

◎ 理解创新创业教育的内涵。

◎ 了解我国创新创业教育的发展历程。

◎ 了解大学生接受创新创业教育对国家、社会、学校及个人的意义。

第一节　什么是创新创业教育

一、创新创业教育的内涵

对于我国而言，创新创业教育的重要性不言而喻，但承认创新创业教育的重要性和必然性，并不等于真正理解其内在含义。什么是创新创业教育？综合前人的研究，并吸取创新创业教育的最新研究成果，本书把创新创业教育的定义作如下表述。

创新创业教育是为了培养具有创新创业精神与能力的新型人才，在特定的教学活动中，对大学生创新精神和创业意识进行培养的一种全新教育理念、视角和模块。这一定义包含以下几方面内涵：

1. 创新创业教育涵盖所有的创新创业教育活动。创新创业教育不仅仅是创业知识的讲授，而且能让学生亲身参与创业全过程，比如通过创业大赛、参与创业模拟项目等，让学生掌握创业的相关知识和技能。

2. 创新创业教育的目的是培养具有创新创业精神与创新创业能力的新型人才。创新创业教育的目的不是让所有的学生都去开展创业，而是培养大学生的创业意识，使大学生具备创业的技能、态度及价值观念，当时机成熟时开展创业行为。

3. 创新创业教育主要包括创新教育和创业教育两个方面。创新教育主要是以培养人的创新精神和创新能力为主要目标和价值取向的教育，它贯穿于教育的整个过程。创业教育主要是培养人的事业心和开拓精神，是具有动态性、阶段性的开创性教育。

二、创新创业教育的发展历程

清华大学于 1998 年 5 月成功举办了第一届"清华创业计划大赛"，首次将创业计划大赛引入中国大学校园，自此拉开了我国高校开展创新创业教育的序幕。此次竞赛引发了学生的创业热潮，激发了创业教育需求，有力地推动了我国创业教育的发展。现在已形成一个全国范围的"挑战杯"大学生创业计划竞赛，称为中国大学生创业竞赛的"奥林匹克"，吸引了全国所有省份高校组织师生参赛，大学生创业教育的作用和意义渐渐被社会各界所认同。纵观创新创业教育在我国发展的二十多年，其历程大致可以分为四个阶段。

（一）萌芽阶段（1998—2002 年）

1998 年，清华大学举办的首届创业计划大赛成为我国高校内最早的创业实践活动，自此创新创业教育在中国开始萌芽。1999 年，由多个单位联合举办的首届"挑战杯"中国大学生创业计划竞赛掀起了国内高校开展创业大赛的热潮。但在这一阶段属于国内高校自发性探索阶段，国家还没有出台针对创新创业教育的教育政策，因此创新创业教育实践尚未起步。

（二）试点阶段（2002—2010 年）

2002 年，教育部高教司确定了包括中国人民大学、清华大学在内的 9 所高校作为"创业教育试点"高校，并给予政策和经费的支持，探索我国高校大学生创业教育的基本方法和教育模式，由此拉开了创新创业教育在我国高校试点的实践序幕。在这一阶段，国家将创新创业教育与建设创新型国家紧密联系在一起，彰显出国家对创新创业教育的重视，创新创业教育在高校中得以从理论走向更大范围的实践。

（三）全面推进阶段（2010—2015 年）

2010 年 5 月，教育部发文指出，创新创业教育有助于把高校建设成为更高水平的高校，鼓励各个层次高校着手推进创新创业教育，这标志着高校创新创业教育工作进入全面推进阶段。2014 年，国家首次提出"大众创业、万众创新"的理念，将创新创业活动再一次推向了高潮，"大众创业、万众创新"也逐渐成为推动中国经济继续前行的"双引擎"之一，对于促进经济发展起到了重要作用。

（四）深化改革阶段（2015 年至今）

在经历了大规模推进之后，创新创业教育不断深化。2015 年，我国正式成立了全国高等院校创新创业联盟。2016 年 1 月，12 个"国家职业院校创新创业教育基地"首获国家批准成立。2022 年 10 月，党的二十大报告中强调必须坚持科技是第一生产力、人才是第一资源、创新是第一动力，深入实施科教兴国战略、人才强国战略、创新驱动发展战略，再一次推动了创新创业教育的发展与完善。随着国家的重视与支持以及各个组织、高校的不断探索改进，目前已逐步形成创新创业教育的完整体系。

第二节　大学生为什么要接受创新创业教育

创新是一个民族进步的灵魂，是一个国家兴旺发达的不竭动力。一个拥有创新能力和大量高素质人力资源的国家，将具备发展知识经济的巨大潜力。2021 年国务院《关于进一步支持大学生创新创业的指导意见》着重指出，纵深推进大众创业、万众创新是深入实施创新驱动发展战略的重要支撑，要深化高校创新创业教育改革，将创新创业教育贯穿人才培养全过程，建立以创新创业为导向的新型人才培养模式。同时，加强大学生创新创业服务平台建设，优化大学生创新创业环境，加强对大学生创新创业的财税扶持和金融政策支持，加大中央高校教育教学改革专项资金支持力度。可见，大学生作为大众创业、万众创新的生力军，支持大学生创新创业具有重要意义。

在弄清楚为什么要接受创新创业教育之前，要对创业有一个正确的认知。首先，创业并不神秘。创业不一定要创造全新的生意，也不是学历高、智商高、知识广、能力强者的专利。其次，创业是很多人心中的梦，但只有极少数人能够梦想成真。对于有创业想法和计划的大学生而言，尽管他们有知识、有激情、有梦想、有冲劲，但创业并不是凭借一时的冲动或追求个人的情怀就能够成功的。最后，创业需要扎实的商业知识和商业逻辑，以及对商业运营的全盘考虑。因此通过创新创业课程的学习，大学生能够系统地了解创业的全过程，培养系统思考问题和解决问题的能力，从而建立起对商业运营的全局思维，为创业成功打下基础。

一、创新创业教育对国家的重要性

在百年未有之大变局下，综合国力的竞争归根结底就是科技实力与人才的竞争，现如今想要在复杂多变的科技创新环境中赢得主动、赢得未来，就必须要加强自身"硬科技"实力，否则难以立足于世界之林。而我国要想由"中国制造"升级为"中国创造"，实现中国式现代化的目标，就必须要拥有属于我国大量原创的成果。创新创业教育不仅能够培养大量高素质的创新型人才，还能够进一步提升我国科技创新的能力，帮助我国以科技创新为刃，破国际竞争之局。此外，中国经济发展的关键突破口在于创新发展。创新创业教育是促进我国经济增长、改善国民经济、带动就业、创造新兴经济体和新产业模式的有力工具。因此，开展创新创业教育对我国综合国力和经济增长具有重要的意义。

二、创新创业教育对社会的重要性

社会发展对人的发展不断提出新要求、新标准。云计算、物联网、大数据等新技术的发展，使得自主创新精神与创新能力成为现代社会衡量人才的重要标准之一，在这种背景下，创新创业教育应运而生。以创业带动就业能够解决大学生就业问题，有效地缓解社会就业压力。创业具有扩大就业的倍增效应，大学生创业不仅是就业的重要形式，而且能带动就业，为更多的人解决就业问题。2016年，人力资源和社会保障部劳动科学研究所调查结果表明，一个大学生创业，平均可以带动8个大学生或社会待业人员的就业。因此，培育大学生创业精神和创业技能，提倡和鼓励大学生自主创业，通过创业来解决大学生就业问题是一种可行且有效的途径。

三、创新创业教育对高校的重要性

（一）有利于高校培养适应新时代经济社会高质量发展需要的人才

对于承载着培养青年学子成才重任的高校来说，在不断探索教学方式和教学规律的同时，也应该积极探索符合和顺应新时代要求的教学方式，培养出社会经济发展需要与人才市场更加接轨的优秀毕业生。高校的教育一直以来偏重理论化，大学生学到的专业知识难以直接运用到工作当中。通过创新创业教育让学生提前参与到真正的创业过程中，了解一家公司从0到1的过程中所需要考虑的诸如资金、团队、市场营销、生产等环节，能更好地培养大学生的创新创业意识。因此开展创新创业教育是新时代高校承担的新使命。

（二）有利于高校建立一支高素质创新创业教育教师队伍

教师是教育质量的根本保障，推动高校双创教育发展需要一大批优秀教师，高校教师参与大学生创新创业大赛，在为学生提供支持和指导的同时，也能更全面地提升自身教学研究能力。在创新创业大赛中，教师可以在技术咨询和指导方面为学生提供有价值的建议和支持。同时，这些活动也为教师提供了提升自身教学研究能力的平台并能更好地调整其自身的教学理论和教学方法，进而提升教学研究能力。

四、创新创业教育对个人的重要性

（一）有利于提高个人综合素质和核心竞争力，实现自我价值

接受创新创业教育是大学生自身发展的需要。在人的综合素质中，不仅要德智体美劳全面发展，更要具有创新意识、创业精神和创业能力，而创业素质和创业能力的养成可以通过创新创业教育来实现。通过创新创业教育，能够培养大学生良好的创业素质、实践精神和探索精神，进而能促使大学生注重自身基本素质的提高。同时，大学生通过自主创业，可以把自己的兴趣与职业结合起来，做自己想做的事和能做的事，有利于大学生自身价值的实现。

（二）有利于增强个人创新意识，培养创业精神

创新是一个民族的灵魂，是一个国家兴旺发达的不竭动力。大学生作为我国最具活力的群体，如果失去了创新的冲动和欲望，那么中华民族最终将失去发展的不竭动力。创新创业教育重在精神培育，是以培养具有创新思维和创业能力的高素质创新型人才为目标的教育。通过让大学生参与到创新创业项目中，了解创业实际面临的主要问题应该如何解决，能够更好地培养大学生开拓创新的精神，培养出更多的各行各业的创业者。

（三）有利于提高个人就业能力，扩展职业生涯

创新创业教育注重培养学生的实践能力与培育创新精神，在提高学生的创业意识、创业知识及创业能力方面有着不可替代的作用，有利于拓宽大学生的就业渠道，创造就业机会。无论是创业抑或是高质量就业，都需要建立在大学生自身的综合知识结构和创新能力结构上。以高校为主体开展创新创业教育既能够在创新理论教育中训练大学生的创新思维，又能够在创新实践活动中训练大学生的创新素质和塑造大学生的创新人格，从内涵上提升大学生的就业能力。包含创新创业知识的综合结构能够帮助大学生建立宽广的视野，应聘到所学专业和招聘岗位匹配的岗位，从而实现高质量就业。

第二章 大学生创新创业政策发展历程

在"双创"时代背景下,对大学生实施创新创业教育显得尤为重要,国家也颁布了一系列相关政策支持创新创业教育的推进与完善。本章以大学生创新创业政策的梳理为重点,先介绍了我国大学生创新创业政策体系的形成,然后对国家和地方两个层面的大学生创新创业政策予以解读。

📍 学习目标

◎ 了解我国创新创业教育政策体系的形成。
◎ 了解我国创新创业教育政策体系的构成。
◎ 了解关于大学生创新创业的国家及地方政策。

第一节 我国大学生创新创业政策的发展历程

高校创新创业教育政策是国家为推动经济发展,促进高校开展创业教育活动而提出来的专门性、特殊性的教育政策。高校创新创业教育政策扩散这一过程是在中央政府的倡议下实现的,对各高校推进创新创业教育实践活动具有重要的指导和引领作用。以下基于国务院、各部委等官方网站及双创政策汇集发布的解读平台,根据创新创业教育发展的四个阶段,对从 1998 年 1 月 1 日到 2023 年 4 月 1 日国家颁布的创新创业教育政策进行了梳理分析。

一、我国大学生创新创业政策体系的形成

(一)萌芽阶段——政策探索期(1998—2002 年)

为了适应世界高等教育发展的新潮流及我国高等教育改革发展的需求,在 1998 年,清华大学最先引进了创业教育,随后该校又成功举办了创业设计大赛,这次比赛也被视为我国高校开展创新创业教育活动的起点。当年,教育部出台的《面向 21 世纪教育振兴行动计划》要求,要全方位推进教育改革并要提高整个民族的创新能力。此次

政策文本的出台开创了创新创业教育国家政策的先河。从总体来说，此阶段的政策文本分布不集中，系统性不强，内容较笼统，专门针对高校创新创业教育的政策文本还没有形成。

（二）试点阶段——政策初建期（2002—2010年）

随着世界经济的发展，各国之间的竞争更加激烈，而国际竞争的实质归根到底是教育的竞争、人才的竞争，是民族创新能力的竞争。在这样的背景下，国家对创新型人才的需求日渐增强，有关创新创业教育的政策文本也随之增多（见图2-1）。2002年，教育部高教司确定九所高校为创业教育试点院校，这标志着高校创新创业教育在政策指导下正式启动。2004年，劳动和社会保障部、教育部联合颁布的《关于印发2004年高职院校毕业生职业资格培训工程的通知》要求组织部分高等院校进行创业培训试点。2009年，教育部联合财政部发布《关于批准2008年度人才培养模式创新实验区建设项目的通知》以设立项目的方式建立了100个人才培养模式创新实验区，其中用来培养创新创业教育人才的实验区就有32个。在这一时期，国家不断加大对高校创新创业教育政策试点的推广力度，出台了一些更具体的创新创业教育政策文本，相关的创新创业教育政策也开始由中央逐步向地方扩散。

（三）全面推进阶段——政策落实期（2010—2015年）

2010年，教育部颁布的《关于大力推进高等学校创新创业教育和大学生自主创业工作的意见》提出了各地要大力推进创新创业教育，并强调要增加创业基地建设。这是国家第一次以文件形式明确指导创新创业教育，同时也表明了高校创新创业教育政策正式进入全面推进阶段。2014年，人力资源和社会保障部等九部门《关于实施大学生创业引领计划的通知》提出要普及创业教育，各个高校要将创业教育融入人才培养体系。这一阶段，虽然政策的综合效能有所提升，但我国创新创业教育政策体系并不健全，有待进一步探究完善。

（四）深化改革阶段——政策完善期（2015年至今）

2015年，国务院办公厅颁发了《关于深化高等学校创新创业教育改革的实施意见》，此文件的出台标志着我国高校创新创业教育开始步入全新的发展阶段。2018年，国务院《关于推动创新创业高质量发展 打造"双创"升级版的意见》提出了持续推进创业带动就业能力升级、深入推动科技创新支撑能力升级等八条具体举措，高校的创新创业教育开始进入深化改革和总体升级阶段。2021年，国务院办公厅发布的《关于进一步支持大学生创新创业的指导意见》比较系统地提出了加强大学生自身创新创业能力养成、优化创新创业环境、完善服务平台建设、助力科技成果转化等一系列综合措施。在这一阶段，政府的指导工作更加细致与规范，高校强化了创新创业人才培养体系建设，企业提供的创业平台也趋向多样，政策建设朝着体系化、科学化、专业化的方向稳步迈进。

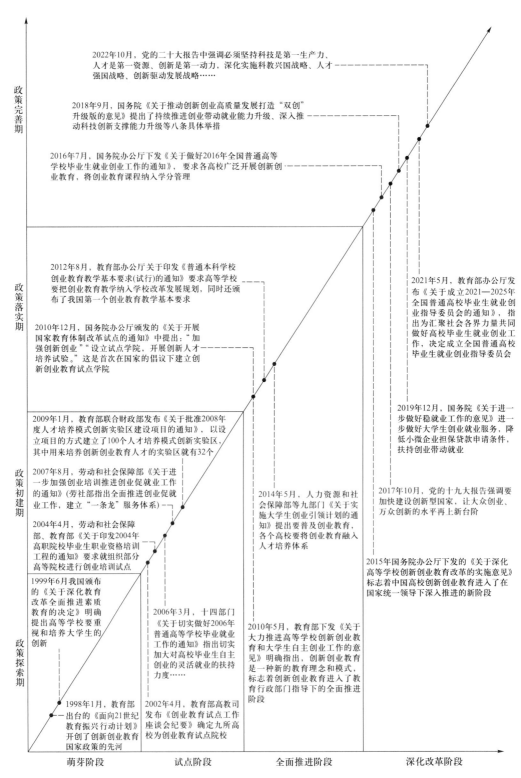

图 2-1　1998—2023 年大学生创新创业教育政策发展脉络

二、我国大学生创新创业政策体系的构成

在大学生创新创业政策方面，国家层面出台的大学生创新创业政策文件主要由综合性政策、科技创新政策、创新创业教育政策、公共服务政策、平台建设政策、财政支持政策、税收优惠政策、金融扶持政策八个方面构成。

（一）综合性政策

综合性政策主要文件如表 2-1 所示。

表 2-1　综合性政策

发布时间	文件名称	发文机构	主要内容
2015 年 6 月	国务院《关于大力推进大众创业万众创新若干政策措施的意见》（国发〔2015〕32 号）	国务院	综合统筹
2017 年 7 月	国务院《关于强化实施创新驱动发展战略进一步推进大众创业万众创新深入发展的意见》（国发〔2017〕37 号）	国务院	综合统筹
2018 年 9 月	国务院《关于推动创新创业高质量发展打造"双创"升级版的意见》（国发〔2018〕32 号）	国务院	综合统筹

（二）科技创新型政策

创新是经济发展的原动力，通过政策导向，鼓励以产业需求为出发点，勇于创新，同时促进产学研合作，协同发展。科技创新主要政策文件如表 2-2 所示。

表 2-2　科技创新型政策

发布时间	文件名称	发文机构	主要内容
2016 年 4 月	国务院办公厅《关于印发促进科技成果转移转化行动方案的通知》（国办发〔2016〕28 号）	国务院办公厅	科技转化
2018 年 1 月	国务院《关于全面加强基础科学研究的若干意见》（国发〔2018〕4 号）	国务院	科技服务、协同创新
2020 年 7 月	国务院办公厅《关于提升大众创业万众创新示范基地带动作用进一步促改革稳就业强动能的实施意见》（国办发〔2020〕26 号）	国务院办公厅	科技转化、协同创新

（三）创新创业教育政策

创新创业要靠人才，人才的培养需要创新创业相关政策的指导，创新创业教育的主要政策文件如表 2-3 所示。

表 2-3 创新创业教育政策

发布时间	文件名称	发文机构	主要内容
2020 年 7 月	国务院办公厅《关于支持多渠道灵活就业的意见》（国办发〔2020〕27 号）	国务院办公厅	政策指导
2021 年 10 月	国务院办公厅《关于进一步支持大学生创新创业的指导意见》（国办发〔2021〕35 号）	国务院办公厅	政策指导、培训教育
2022 年 5 月	国务院办公厅《关于进一步做好高校毕业生等青年就业创业工作的通知》（国办发〔2022〕13 号）	国务院办公厅	政策指导

（四）公共服务政策

为了降低创业的成本与门槛，国家制定了政府相关部门简政放权的政策，主要政策文件如表 2-4 所示。

表 2-4 公共服务政策

发布时间	文件名称	发文机构	主要内容
2015 年 6 月	国务院《关于大力推进大众创业万众创新若干政策措施的意见》（国发〔2015〕32 号）	国务院	审批制度、商事制度
2016 年 12 月	国务院《关于取消一批职业资格许可和认定事项的决定》（国发〔2016〕68 号）	国务院	审批制度
2019 年 5 月	国务院办公厅《关于印发职业技能提升行动方案（2019—2021 年）的通知》（国办发〔2019〕24 号）	国务院办公厅	审批制度

（五）平台建设政策

为了方便创新创业政策的实施，有效集成高校、科研院所、企业、中介机构、银行、社会组织等机构的力量，建设创新创业孵化平台、众创空间，国家出台了关于示范与孵化基地、众创空间平台建设等政策。主要政策文件如表 2-5 所示。

表 2-5　平台建设政策

发布时间	文件名称	发文机构	主要内容
2015 年 3 月	国务院办公厅《关于发展众创空间推进大众创新创业的指导意见》（国办发〔2015〕9 号）	国务院办公厅	众创空间
2016 年 5 月	国务院办公厅《关于大力建设大众创业万众创新示范基地的实施意见》（国办发〔2016〕35 号）	国务院办公厅	信息平台、示范基地
2018 年 9 月	国务院《关于推动创新创业高质量发展打造"双创"升级版的意见》（国发〔2018〕32 号）	国务院	示范与孵化基地
2020 年 7 月	国务院办公厅《关于提升大众创业万众创新示范基地带动作用进一步促改革稳就业强动能的实施意见》（国办发〔2020〕26 号）	国务院办公厅	示范与孵化基地

（六）财政支持政策

财政支持政策主要包括健全就业创业服务经费、建立地方政府创业投资引导基金、利用国家引导基金、发挥政府采购支持作用四个部分，主要政策文件如表 2-6 所示。

表 2-6　财政支持政策

发布时间	文件名称	发文机构	主要内容
2015 年 6 月	国务院《关于大力推进大众创业万众创新若干政策措施的意见》（国发〔2015〕32 号）	国务院	建立地方政府创业投资引导基金
2015 年 7 月	国务院《关于积极推进"互联网＋"行动的指导意见》（国发〔2015〕40 号）	国务院	发挥政府采购支持作用
2016 年 9 月	国务院《关于促进创业投资持续健康发展的若干意见》（国发〔2016〕53 号）	国务院	利用国家引导基金
2019 年 12 月	国务院《关于进一步做好稳就业工作的意见》（国发〔2019〕28 号）	国务院	健全就业创业服务经费

（七）税收优惠政策

通过减免税费支持创新创业的税收优惠政策主要包括鼓励吸纳重点群体就业、促进创新创业两个部分。主要政策文件如表 2-7 所示。

表 2-7　税收优惠政策

发布时间	文件名称	发文机构	主要内容
2015 年 6 月	国务院《关于大力推进大众创业万众创新若干政策措施的意见》（国发〔2015〕32 号）	国务院	促进创新创业
2017 年 7 月	国务院《关于强化实施创新驱动发展战略进一步推进大众创业万众创新深入发展的意见》（国发〔2017〕37 号）	国务院	促进创新创业
2021 年 10 月	国务院办公厅《关于进一步支持大学生创新创业的指导意见》（国办发〔2021〕35 号）	国务院办公厅	促进创新创业
2022 年 5 月	国务院办公厅《关于进一步做好高校毕业生等青年就业创业工作的通知》（国办发〔2022〕13 号）	国务院办公厅	促进创新创业

（八）金融扶持政策

创新创业投资资金是促进大学生创新创业的重要因素，这方面的主要政策文件如表 2-8 所示。

表 2-8　金融扶持政策

发布时间	文件名称	发文机构	主要内容
2015 年 9 月	国务院办公厅《关于推进线上线下互动加快商贸流通创新发展转型升级的意见》（国办发〔2015〕72 号）	国务院办公厅	健全电商投融资机制
2016 年 9 月	国务院《关于促进创业投资持续健康发展的若干意见》（国发〔2016〕53 号）	国务院	完善融资服务，引进外资
2020 年 7 月	国务院《关于促进国家高新技术产业开发区高质量发展的若干意见》（国发〔2020〕7 号）	国务院	加强金融服务

第二节　我国大学生创新创业政策的类型

近几年，随着国家对大学生创新创业的关注度越来越高，政府出台了一系列优惠扶持政策，支持高校毕业生创业，鼓励在校大学生创业。与此同时，各地政府部门也都开始通过推行各种政策来帮助高校学生进行创新创业教育，加大对大学生就业创业的支持，积极鼓励和引导大学生就业。

一、国家政策

（一）税收支持

高校毕业生在毕业年度内从事个体经营，符合规定条件的，在 3 年内按每户每年 12 000 元为限额依次扣减其当年实际应缴纳的增值税、城市维护建设税、教育费附加、地方教育附加和个人所得税；对月销售额 15 万元以下的小规模纳税人免征增值税，对小微企业和个体工商户按规定减免所得税。

（二）创业担保贷款和贴息

落实创业担保贷款政策及贴息政策，将高校毕业生个人最高贷款额度提高至 20 万元，对 10 万元以下贷款、获得设区的市级以上荣誉的高校毕业生创业者免除反担保要求；对高校毕业生设立的符合条件的小微企业，最高贷款额度提高至 300 万元。

（三）免收有关行政事业性费用

毕业 2 年以内的普通高校学生从事个体经营（除国家限制的行业外），自其在工商管理部门首次注册登记之日起 3 年内，免收管理类、登记类和证照类等有关行政事业性费用。

（四）享受培训补贴

对大学生创办的小型微利企业，新招用毕业年度高校毕业生，签 1 年以上劳动合同并缴纳社会保险费的，给予 1 年的社会保险补贴。对大学生在毕业学年（即从毕业前一年 7 月 1 日起的 12 个月）内参加创业培训的，根据其获得创业培训合格证书或就业、创业情况，按规定给予培训补贴。

（五）免费创业服务

有创业意愿的大学生，可免费获得公共就业和人才服务机构提供的创业指导服务，包括政策咨询、信息服务、项目开发、风险评估、开业指导、融资服务、跟踪扶持等"一条龙"创业服务。

（六）取消高校毕业生落户限制

高校毕业生可在创业地办理落户手续（直辖市按有关规定执行）。

（七）创新人才培养

创业大学生可免费加入各地各高校实施的系列"卓越计划""科教结合协同育人行动计划"等，同时免费学习跨学科专业开设的交叉课程，免费加入创新创业教育实验班等。社会及学校也可建立跨院系学科、跨专业交叉培养创新创业人才的新机制。

（八）开设创新创业教育课程

自主创业的大学生可免费利用各高校的各类专业课程和创新创业教育资源，免费学习面向全体学生开设的研究方法、学科前沿、创业基础、就业创业指导等方面的必修课和选修课；同时可免费学习各地区、各高校推出的资源共享的慕课、视频公开课等在线开放课程，可进行在线开放课程学习认证和学分认定。

（九）强化创新创业实践

自主创业大学生可共享学校面向全体学生开放和使用的大学科技园、创业园、创业孵化基地、教育部工程研究中心、各类实验室、教学仪器设备等科技创新资源和实验教学平台；可参加全国大学生创新创业大赛、全国高职院校技能大赛和各类科技创新、创意设计、创业计划等专题竞赛，以及高校学生成立的创新创业协会、创业俱乐部等社团，提升创新创业实践能力。

（十）改革教学制度

自主创业大学生可享受各高校建立的自主创业大学生创新创业学分累计与转换制度的政策；还可享受将学生开展创新实验、发表论文、获得专利和自主创业等情况折算为学分，将学生参与课题研究、项目实验等活动认定为课堂学习的新探索政策；同时，可享受为有意愿、有潜质的学生制订的创新创业能力培养计划，以及创新创业档案和成绩单等系列客观记录，并量化评价学生开展创新创业活动情况的教学实践活动的政策；还可享受优先支持参与创业的学生转入相关专业学习的政策。

（十一）完善学籍管理规定

有自主创业意愿的大学生，可享受高校实施的弹性学制，允许放宽修业年限，允许调整学业进程、保留学籍休学创新创业的政策。

二、地方政策

大学生在创新创业方面，除了需要了解国家层面关于创新创业的政策之外，更需要了解当地的最新政策。以下梳理了 31 个省份、自治区、直辖市（以下简称省份）关于大学生创新创业的当地政策（详见附录 1），并从担保贷款和贴息政策、创业补贴、税费减免、经营场地补贴四个方面进行比较。

（一）担保贷款和贴息政策

国家设立的创业担保贷款提出，个体经营享有最高 20 万的创业担保贷款额度，小微企业则享有最高 300 万的额度。多省份在国家规定标准的基础上进一步提高了创业担保贷款额度，12 个省份将个体经营创业担保贷款额度提高至 30 万或 50 万。广东、江西、吉林、陕西、湖北等 5 个省份提高了小微企业创业担保贷款限额，其中陕西省小微企业最高担保贷款额度上限为 1 000 万。除提高贷款限额，各地都有贴息补助，以减轻创业者的经济负担，其中西藏对个人及小微企业担保贷款给予全额贴息补助。

（二）创业补贴

各地都设有创业补贴，其中包括一次性创业补贴、求职就业补贴、创业带动就业补贴等。各地区创业补贴类型及补贴标准各不相同，其中山东省给予不低于 1.2 万的创业补贴；吉林省给予 5 000 元的一次性创业补贴；安徽省给予初创补贴 1 万元；西藏给予 6 万元的创业补贴。不同省份的具体补贴标准可参考附录 1。

（三）税收减免

减轻税收压力是各地政府促进创业的着力点，一方面有助于减轻企业经营成本；另一方面也能激发高校毕业生创业热情。通过梳理发现，超过 90% 的省份在国家规定额度的基础上提高了减税额度，由原先的 12 000 元提高至国家规定的上限 14 400 元。

（四）经营场地补贴

获得启动资金只是创业的开始，如何降低后续经营成本也是各地促进创业政策的关注点。通过梳理数据发现，各地出台多种政策减轻企业经营压力，初创企业除了可以优惠价格甚至免费入驻创业孵化园区，还可以获得几千元至几万元不等的经营场地补贴。

【实训项目 1：项目选址】

请结合你所学专业选择一个创业项目，查询各地创业扶持政策，对比分析和判断选择在哪个地区落户创业项目更有利，请说明理由。

第三章　大学生创新创业的法律实务

对大学生而言，自主创业既是其实现自身价值，将所学知识应用于实践的一种方式，也是其对自身所拥有的资源进行整合以创造社会价值的一种途径。在自主创业的过程中，为了最大限度地规避风险，大学生必须对与创业相关的、基础性的法律问题进行深入了解。本章将对大学生在实现创新创业过程中可能面临的各种法律问题进行讲解，以帮助大学生在创业道路上少走弯路。

📍 学习目标

◎ 了解企业创办筹备过程中应当遵循的相关法律法规。
◎ 掌握企业经营过程中相关的法律实务。
◎ 了解企业解散过程中应当遵循的相关法律法规。
◎ 掌握创业过程中常见的法律纠纷及处理方法。

第一节　企业创办筹备法律实务

一、企业法律形式的确定

（一）个体工商户

个体工商户对于大多数创业者而言是首要选择目标，因为个体工商户门槛低、起步快，如果日后发展得不错，同样也能够成为大中型企业。根据《中华人民共和国民法典》的规定，个体工商户并无资金限制，成立者可以是个人，也可以是家庭，成立者享受完全的经营主导权，自己既是劳动者又是管理者，同时所有收益归成立者所有，个人或家庭的资产对企业债务承担无限责任。个体工商户要想生产经营必须依法到当地市场监督管理局进行合法登记，在取得营业执照后即可进行正常生产经营。

（二）个体独资企业

独资企业又称一人公司、独股公司，是指个人出资经营、归个人所有和控制、由个人承担经营风险和享有全部经营收益的企业。从上面的定义可以看出，所谓独资企业就是一个人出资创建的企业，整个企业的运营和发展方向完全按照个人意愿所决定，但是公司经营的好坏，是否盈利也是由出资人一个人完全承担，在很多时候，公司规模的大小完全取决于出资人本身具有的资金实力。但是对于小规模的手工业、农业、服务业等创业者来说这并不是坏事，简单的经营模式带来的是相对简单的管理方式，创业者可以将更多的精力放在产品的品质上。

（三）合伙企业

合伙企业也就是几个人共同合资创办一个企业，根据《中华人民共和国合伙企业法》的规定，合伙企业必须由两个或两个以上自然人组成，这些组成的自然人即为企业的合伙人，合伙人通过签订合伙协议共同出资组建企业。这些合伙人对企业债务负有完全的责任，也就是说，当企业承担巨大债务时，企业全部的资金如不足以偿还该债务时，作为股东的所有自然人有义务且必须承担剩下的债务，而对于企业的盈利，可以根据签订的合伙协议自行分配。

（四）公司

公司是依据《中华人民共和国公司法》设立的企业法人，它有独立的法人财产，以其全部财产对公司债务承担责任，公司的投资人（股东）对公司承担有限责任。我国《公司法》规定的公司分为有限责任公司和股份有限公司两种。

1. 有限责任公司

有限责任公司是我国主要的公司类型之一，有限责任公司的每个股东以其所认缴的出资金额为限，为公司共同承担有限的责任，而法人以其全部的公司资产承担公司全部的责任。与股份有限公司等额股份不同的是，有限责任公司的每份金额可能不是等额。也就是说，某公司有 2 位股东，总出资金额 100 万元，某股东只出资 20 万元，另一位股东出资 80 万元，那么出资 20 万元的股东可能占公司股份的 80%，另一位股东则占 20%，股权占比可以由出资股东自行协商分配，这种公司类型几乎可适用于所有的微小企业。

2. 股份有限公司

股份有限公司在我国一般是规模较大的企业，许多股份有限公司都是上市企业，在股份有限公司中，股东对公司的债务仅负其认购股份的有限责任，而公司的债权人是不能直接向公司的股东提出偿还债务要求的。股份有限公司的股份是将公司所有的资产分成许多份额，每股份额所占资金一致。股份有限公司的典型特征包括：根据《中华人民共和国公司法》第三条规定，股份有限公司的股东以其认购的股份为限对公司承担责任；第七十八条规定，设立股份有限公司，应当有 2 人以上 200 人以下为发起人，其中须有半数以上的发起人在中国境内有住所；第一百二十五条规定，股份有限公司的资本划分为股份，每一股的金额相等，公司的股份采取股票的形式，股票是由公司签发的证明股东所持股份的凭证。

【实训项目 2：组建实体】

请结合实训项目 1 所选定的创业项目，谈一谈您选择组建什么形式的实体，并说明理由。

二、企业股权结构设计

俗话说，亲兄弟明算账，初创企业股权结构如果设置不合理，可能在创始股东之间埋下隐患，甚至会导致创业伙伴走向反目的结局，因此合理地设置初创企业股权对于企业长期稳定的发展具有至关重要的作用。

（一）股权、股权结构的含义

股权，简言之，就是股东的权利。这里所说的"股东"，泛指一切企业的投资者，如公司股东、企业合伙人。股东通过对企业承担出资义务获得股权。股权的内容包括身份权、财产权（分红权、增资认购权、剩余财产分配权等）、参与管理权（话语权），股权可以依法转让。初创企业如果发展得好，其股权未来升值空间很大。

股权结构，是股东的持股比例、持股方式及其组合，体现股东对企业的控制方式，以及不同股东之间的利益分配方式。合理的股权结构，不仅能理顺创始股东之间的权利义务关系，而且能为企业的未来发展打好基础，为吸引投资、人才留下充分的空间。但是，许多创业者在创业之初往往不重视股权结构的设计，这也是不少大学生创业时的通病。

（二）股权结构设计应遵循的原则

1. 公平性原则

好的股权结构应当公平合理地分配股权，应该让大家觉得股权比例设置合情合理，没有谁吃亏，或者是谁占便宜，而且能够激励大家继续为企业做更多的贡献。这里的公平，不是搞平均主义，更不是大锅饭，一定要注意权、责、利相一致。

2. 效率性原则

好的股权结构应当确保核心创始人拥有决策权，避免陷入决策僵局。要完全地做到公平合理的分配股权，有时只是一个理想，并不容易做到。但是，即便不能够保证绝对公平合理，也要保证核心创始人的控制权，以提高决策效率。

3. 稳定性原则

好的股权结构应当事先建立股东退出机制，确保股权结构稳定。创业企业人的合作性特别重要，股东一条心，才好往前冲。但实践中难免出现各种原因导致有的股东中途退出，这些情形都会影响创业企业股权结构的稳定性，影响创始人对企业的有效控制。因此，要针对上述情况做好制度性安排。

4. 发展性原则

好的股权结构应当为企业未来发展预留空间，便于吸引人才、资本与资源。创业企业要做大做强，都需要进一步招兵买马和"烧钱"，而初创企业往往自身资源有限，只有通过股权融资，通过股权激励吸引人才。那么，这些股权从何而来？则需要在最初的股权结构设计时预留出一定比例。

【实训项目 3：选择合伙人】

就您选择的创业项目，您计划找几个合伙人作为实体股东？请说明理由。

三、企业章程的拟定

（一）企业章程的定义

企业章程是企业设立的必备法律文件，是企业组织和行为的基本准则。公司章程、合伙协议都属于这个范畴。企业章程对企业的成立及运营具有十分重要的意义，它既是企业成立的基础，也是企业赖以生存的灵魂。

1. 企业章程是企业设立的最基本条件和最重要的法律文件，设立企业必须订立企业章程，没有章程，企业就不能获准成立。

2. 企业章程是确定企业权利、义务关系的基本法律文件。企业章程一经有关部门批准即对外产生法律效力，企业需依章程享有各项权利，并承担各项义务。

3. 企业章程是企业投资者内部之间利益博弈的产物，对于每一个投资者而言，参与制定企业章程，是避免投资风险、确保自身合法权益的重要手段。

4. 企业章程是企业实行内部管理和对外进行经济交往的基本法律依据。企业章程规定了企业组织和活动的原则及细则，它是企业内外活动的基本准则。同时，企业章程向外公开申明的企业宗旨、营业范围、资本数额及责任形式等内容，为投资者、债权人和第三人与该企业进行经济交往提供了条件和资信依据。

（二）拟定企业章程需要做的准备工作

首先，拟定企业章程之前，必须了解法律所规定的章程必备的内容，并搞清楚这些内容的具体内涵及其意义。凡是必备条款，也就是企业章程的法定记载事项，一个都不能少，没有记载法定事项意味着章程存在瑕疵，如表 3-1 所示。

其次，还应进一步了解，哪些内容是必须如此规定的（强制性条款），哪些内容是可以自行决定如何规定的（非强制性条款）。对于强制性条款，照抄法条即可，而对于非强制性条款则需要和其他投资者进行充分协商、讨论以确定其内容。其中，强制性条款，是指该条款的内容由法律和行政法规强制性规定的，章程不得做出变更的条款。如《中华人民共和国公司法》第四十三条关于"股东会会议作出修改公司章程、增加或者减少注册资本的决议，以及公司合并、分立、解散或者变更公司形式的决议，必须经代表三分之二以上表决权的股东通过"的规定就是强制性条款，公司章程在记载该法定事项时只能复述法律而不能对其做出变更。而非强制性条款，是指在不与法律、法规明文规定相抵触的前提下，章程可以进行自行规定的条款，如《中华人民共和国公司法》第十三条规定："公司法定代表人依照公司章程的规定，由董事长、执行董事或者经理担任，并依法登记。"再如《中华人民共和国公司法》第四十二条规定："股东会会议由股东按照出资比例行使表决权。"根据这一规定，股东如何行使表决权就是公司章程可以自行决定的事项。

表 3-1　企业章程法定记载事项

《中华人民共和国公司法》第二十五条　有限责任公司章程应载明事项	《中华人民共和国合伙企业法》第十八条　合伙协议应载明事项
（1）公司名称和住所	（1）合伙企业名称和主要经营场所地点
（2）公司经营范围	（2）合伙目的和合伙经营范围
（3）公司注册资本	（3）合伙人的姓名或者名称、住所
（4）股东的姓名或者名称	（4）合伙人的出资方式、数额、缴付期限
（5）股东的出资方式、出资额和出资时间	（5）利润分配、亏损分担方式
（6）公司的机构及其产生办法、职权、议事规则	（6）合伙事务的执行
（7）公司法定代表人	（7）入伙与退伙
（8）股东会会议认为需要规定的其他事项	（8）争议解决办法
	（9）合伙企业的解散与清算
	（10）违约责任

最后，就是和其他投资者一起就非强制性条款的内容进行协商、讨论、草拟。如股权结构如何设定、法人治理结构如何架构、董事会由几名董事组成、会议如何召开等。必须注意的是，拟定章程水平的高低往往就体现在这些非强制性条款上面。如果感到力不从心，可以考虑咨询专业的律师。

【实训项目 4：起草实体章程】

就您选择的实体形式，按照实体主管部门提供的实体章程格式文本，结合自身实际情况，在股东讨论达成共识的基础上，尝试撰写实体章程。

四、企业经营场所的选择

经营场所又称住所，是企业设立时必须登记的事项。记载于营业执照上的企业住所、经营场所、主要经营场所或营业场所等，是企业的主要办事机构所在地，为法律文书送达地址和确定司法、行政地域管辖的依据。在选择经营场所时，应当遵循以下规定：

1. 企业的住所(经营场所)只能有一个，并与其经营活动相适应。企业(个体工商户除外)在其住所(经营场所)外从事经营活动的，应当依法设立分支机构。在同一登记管辖区域内的，可以申请经营场所登记(相当于"一照多址")。

2. 仅通过互联网开展经营活动的电子商务经营者申请登记为个体工商户的，可将网络经营场所作为经营场所进行登记。

3. 住所(经营场所)所在建筑物应当符合国家关于建筑安全、安全生产及国家安全等要求，违法建筑或危险房屋等依法不得作为企业住所(经营场所)。

4. 住所(经营场所)的用途应与企业生产经营活动相适应。例如用于开饭店的经营场所，应当具备餐饮用途。对住宅登记为住所(经营场所)的，除遵守法律、法规及管理规定外，应当经有利害关系的业主一致同意。所以不能随便在自己家里办企业。

对企业住所(经营场所)的具体要求，由省、自治区、直辖市人民政府根据法律法规的规定和本地区管理的实际，自行或者授权下级人民政府作出具体规定。因此，创业者还应当关注创业所在地地方政府的相关规定。

【实训项目5：选择经营场所】

就您选择的创业项目，从安全性、经济性、便利性、合法性等因素考虑，应选择何种合适的经营场所？并请说明理由。

五、企业筹资与出资

（一）创业之初筹集资金的方式

对于连企业都尚未设立起来的创业者而言，大部分的融资渠道都走不通，道理很简单，没有人愿意和你一起承担创业的巨大风险。本书只介绍对于创业者而言比较可行的几种融资方式。

1. 民间借贷

创业者一开始最容易获得资金的方式就是向亲朋好友借贷。当然，还有其他渠道的民间资本可以为你提供借贷资金。民间借贷利率比银行高(当然亲朋好友提供的无息借款除外）。通过民间借贷融资，需要注意以下两个方面：第一，要订立书面协议，明确彼此的权利义务，以免空口无凭，产生不必要的争议。第二，民间借贷的利率高于司法保护上限的属于"高利贷"，不受法律保护。同时，不得将利息计入本金中计算复利（即"利滚利"）。

2. 银行贷款

近年来，国家出台了多项鼓励创业的扶持政策，其中包括完善小额担保贷款政策，给予创业者资金支持。除专门的创业贷款外，银行还有其他一些贷款方式（抵押贷款、质押贷款、保证贷款等）也可供选择。

3. 引入直接投资者

直接投资者就是以合伙人或股东身份对企业进行投资的人。创业者可以在创办企业之前向有实力的企业或个人介绍自己的创业计划，邀请其共同创业。大学生创业通过这种方式获得资金的也有不少成功的案例。

4. 网络借贷

网络借贷即个体网络借贷，是指个体和个体之间通过互联网平台实现的直接借贷。在个体网络借贷平台上发生的直接借贷行为属于民间借贷范畴，网络借贷平台为投资方和融资方提供信息交互、撮合、资信评估等中介服务。但网络借贷在迅速发展的同时暴露出诸多乱象。例如，实施高利贷、欺诈和暴力催收等行为，因此创业者通过网络途径借贷一定要慎重，可以考虑商业银行推出的互联网贷款服务，或者如支付宝、微信等自身提供的贷款服务。

5. 申报政府基金

政府基金是各级政府通过财政拨款设立专项的扶持资金，一般用于扶持科技型企业、中小企业、创业企业等的发展。创业者通过及时了解政府扶持政策信息，选择政府扶持项目作为创业方向，按照规定程序申报，就有可能获得政府基金的资助。

6. 参加创业竞赛

近年来，各类创业竞赛越来越多，如"挑战杯"中国大学生创业计划竞赛、中国国际"互联网+"大学生创新创业大赛、中国创新创业大赛等，这些赛事对于优胜者均有资助奖励。

（二）出资

出资是投资人设立企业的基本义务，通俗地说，就是投资人必须向企业投钱。我们常说创业离不开钱，对于企业而言，则必须有资本（注册资本），这个资本就是由企业的投资人出资形成的。下面以设立有限责任公司为例来介绍出资义务，就有限责任公司而言，出资是指有限责任公司的股东对公司资本所做的直接投资及所形成的相应资本份额，一个公司全体股东的出资就构成这个公司的注册资本。

1. 出资方式

出资方式有货币资产和非货币资产两种。货币资产容易理解，非货币资产的形式包括实物、知识产权、土地使用权等可以用货币估价并可依法转让的资产，选择何种出资方式，股东可以根据实际情况作出决定。同时，出资必须进行评估作价（评估邀请专业的评估机构，需要支付评估费用），核实财产，不得高估或者低估作价。

2. 出资义务的履行

简单地说，就是要及时、足额缴纳出资。股东应当按期足额缴纳公司章程中规定的各自所认缴的出资额。股东以货币出资的，应当将货币出资足额存入有限责任公司在银行开设的账户；以非货币财产出资的，应当依法办理其财产权的转移手续。例如，以自己所拥有的专利权出资的必须将专利权转移到公司名下。

3. 股东出资不到位的责任

股东不按照章程规定及时缴纳出资的，除应当向公司足额缴纳外，还应当向已按期足额缴纳出资的股东承担违约责任。如果有股东未及时出资，公司其他股东应及时催告未及时出资的股东；经催告仍不及时出资的，应依法追究其违约责任。

【实训项目6：设计筹资和出资方案】

就您选择的创业项目和合伙人情况，设计一个可行的筹资和出资方案。

六、企业设立登记

（一）企业登记注册的必要性

根据我国相关法律规定，从事营业活动的主体，包括电子商务经营者，除豁免登记的情形外都应当进行市场主体登记，取得营业执照。未依法取得营业执照从事一般经营范围内的经营行为的，属于无照经营，将依据《无证无照经营查处办法》予以查处。

其中，可以豁免登记的有以下几种：（1）在县级以上地方人民政府指定的场所和时间，销售农副产品、日常生活用品，或者个人利用自己的技能从事依法无须取得许可的便民劳务活动。（2）依照法律、行政法规、国务院决定的规定，从事无须取得许可或者办理注册登记的经营活动。如个人通过网络从事保洁、洗涤、缝纫、搬家、配制钥匙、管道疏通等依法无须取得许可的便民劳务活动，以及个人从事网络交易活动，年交易额累计不超过10万元的不需要进行登记。

豁免登记的经营活动难以扩大规模，所以，如果想准备办好企业，那么企业登记是必需的第一步。

（二）设立登记的程序及相关法律法规

1. 企业名称预先核准登记

《中华人民共和国市场主体登记管理条例（2021）》对企业名称预先核准登记进行了规定：设立公司应当申请名称预先核准；设立有限责任公司应当由全体股东指定的代表或者共同委托的代理人向公司登记机关申请名称预先核准；设立股份有限公司应当

由全体发起人指定的代表或者共同委托的代理人向公司登记机关申请名称预先核准；预先核准的公司名称保留期为 6 个月。预先核准的公司名称在保留期内不得用于从事经营活动，不得转让。

2. 前置审批

前置审批是指企业从事经营的是否涉及法律法规的特殊商品、项目，需在企业申请登记前依照法律、行政法规规定履行一定的审批手续。

3. 设立登记申请、工商行政管理机关审查，受理及决定

《中华人民共和国市场主体登记管理条例（2021）》规定：申请公司、分公司登记，申请人可以到公司登记机关提交申请，也可以通过信函、电报、电传、传真、电子数据交换和电子邮件等方式提出申请。通过电报、电传、传真、电子数据交换和电子邮件等方式提出申请的，应当提供申请人的联系方式及通信地址。公司登记机关对通过信函、电报、电传、传真、电子数据交换和电子邮件等方式提出申请的，应当自收到申请文件、材料之日起 5 日内作出是否受理的决定。公司登记机关决定予以受理的，应当出具《受理通知书》；决定不予受理的，应当出具《不予受理通知书》，说明不予受理的理由，并告知申请人享有依法申请行政复议或者提起行政诉讼的权利。

4. 营业执照

营业执照即由企业登记机关代表国家核发给企业的，允许企业经营的凭证。企业在拿到营业执照后即被认为拿到了合法经营权，营业执照签发之日就是企业成立的日期。营业执照包括两类，一类为《企业法人营业执照》，是取得企业法人资格的合法凭证，有限公司需要有此类营业执照。另一类为《营业执照》，是合法经营权的凭证，个人独资企业、不具备法人资格的合伙企业需要有此类营业执照。同时根据《中华人民共和国市场主体登记管理条例（2021）》规定，公司登记机关已准予设立登记的企业，应出具《准予设立登记通知书》，并在准予设立之日起 10 日内领取营业执照。

【实训项目 7：模拟实体登记】

与项目小组成员模拟召开股东会，给创办实体起名，并对实体所需要登记注册的流程及所需材料进行梳理汇总。

第二节　企业经营法律实务

一、产品质量管理

2017 年 10 月党的十九大首次把"质量强国""质量第一"写入报告中，这不仅是为

了满足人们对美好生活向往的需要，也是中国制造提质升级，从制造大国走向制造强国的必然要求。质量管理不仅对企业来说很重要，它还关系着整个社会生活的安全。企业的产品都要与人接触，其质量的优劣都会影响人们的工作和生活，尤其是供人们食用的产品，它的质量管理显得更为重要。例如，2008 年曝光的婴幼儿奶粉三聚氰胺污染事件，给婴幼儿的生长发育带来了巨大的伤害，给其所在的家庭造成了极大的精神伤害和物质损失。因此，产品（服务）质量管理绝对容不得半点马虎，生产质量低劣甚至假冒伪劣产品的企业都将受到法律的严惩。

（一）国家制定的产品质量监督管理制度

1. 企业质量体系认证制度

国家根据国际通用的质量管理标准，推行企业质量体系认证制度。企业根据自愿原则可以向国务院市场监督管理部门认可的或者国务院市场监督管理部门授权的部门认可的认证机构申请企业质量体系认证。经认证合格的，由认证机构颁发企业质量体系认证证书。国际通用的质量管理标准，是指国际标准化组织（ISO）推荐的 ISO9000 系列国际标准。我国已将其转化为我国的国家标准，即质量管理体系认证系列标准（GB/T19001/ISO9001）。

2. 产品质量认证制度

国家参照国际先进的产品标准和技术要求，推行产品质量认证制度。产品质量认证包括自愿性认证和强制性认证两种。其中，自愿性认证，是指企业根据自愿原则可以向国务院市场监督管理部门认可的或者国务院市场监督管理部门授权的部门认可的认证机构申请产品质量认证。经认证合格的，由认证机构颁发产品质量认证证书，准许企业在产品或者其包装上使用产品质量认证标志。而强制性认证，是指对于国家规定必须经过认证的产品，只有在经过认证并标注认证标志后，方可出厂、销售、出口或者在其他经营活动中使用。

3. 产品质量监督检查制度

国家对产品质量实行以抽查为主要方式的监督检查制度，对可能危及人体健康和人身、财产安全的产品，影响国计民生的重要工业产品，以及消费者、有关组织反映有质量问题的产品进行抽查。

4. 产品质量社会监督制度

产品质量的社会监督，主要是指消费者及保护消费者权益的社会组织依法对产品质量所进行的监督。《中华人民共和国产品质量法》规定，任何单位和个人有权对违反本法规定的行为，向市场监督管理部门或者其他有关部门检举。同时规定，消费者有权就产品质量问题，向产品的生产者、销售者查询，向市场监督管理部门及有关部门申诉。

（二）生产者负有的产品质量责任和义务

根据《产品质量法》的规定，生产者负有以下产品质量责任和义务。

1. 生产者应当对其生产的产品质量负责。产品质量应当符合下列要求：

（1）不存在危及人身、财产安全的不合理的危险，应当符合国家标准、行业标准。

（2）产品应当具备的使用性能，但是对产品存在使用性能的瑕疵作出说明的除外。

（3）符合在产品或者其包装上注明采用的产品标准，符合以产品说明、实物样品等方式表明质量状况。

2. 生产者必须保证产品或其包装上的标识真实，并符合法定要求。

（1）有产品质量检验合格证明。

（2）有中文标明的产品名称、生产厂厂名和厂址。

（3）产品需要标明产品规格、等级、所含主要成分的名称和含量的，用中文相应予以标明。

（4）限期使用的产品，必须在显著位置清晰地标明生产日期、安全使用期。

（5）使用不当，容易造成产品本身损坏或者可能危及人身、财产安全的产品，应当有警示标志或者中文警示说明。

（6）易碎、易燃、易爆、有毒、有腐蚀性、有放射性等危险物品以及储运中不能倒置和其他有特殊要求的产品，其包装质量必须符合相应要求，依照国家有关规定做出警示标志或者中文警示说明，标明储运注意事项。

（三）生产者、销售者违反《中华人民共和国产品质量法》要承担的责任

1. 民事责任

（1）销售者需承担的民事责任。

销售者出售的产品有下列情形的，应负修理、更换、退货以及赔偿损失的法律责任。

① 不具备产品应当具备的使用性能而事先未作说明的。

② 不符合在产品或者包装上注明采用的产品标准的。

③ 不符合以产品说明、实物样品等方式表明的质量状况的。

（2）生产者需承担的民事责任。

因产品存在缺陷造成人身、缺陷产品以外的其他财产损害的，生产者应当承担赔偿责任。产品的缺陷是指产品存在危及人身、他人财产安全的不合理的危险。需要注意的是，不管生产者主观上是否有过错，缺陷产品的生产者均需要承担赔偿责任。

2. 行政责任

依照《中华人民共和国产品质量法》的有关规定，生产者、销售者如果不履行法定的义务，则可能面临下列行政处罚：警告、责令改正、责令停止生产和停止销售、没收违法产品和违法所得、罚款、吊销营业执照等。

3. 刑事责任

依照《中华人民共和国产品质量法》的有关规定，可以追究刑事责任的违法行为有以下几种。

（1）生产、销售不符合保障人体健康和财产安全的国家或行业标准的产品构成犯罪的。

（2）在产品中掺杂、掺假，以次充好，或者以不合格产品冒充合格产品构成犯罪的。

（3）销售失效、变质产品构成犯罪的。

【实训项目 8：模拟产品质量认证】

结合所学知识，就创办实体提供的产品，模拟撰写一个产品质量认证报告。

二、消费者权益

企业在生产经营或开展正当竞争时，一定不能忽视的准则就是顾客至上，既要切实保障消费者的各项权利，履行自身应履行的义务，否则就会面临非常多的法律问题，并且需要承担相应的法律责任。下面将对消费者的各项权利以及经营者应履行的义务进行具体介绍。

（一）消费者的权利

消费者的权利是指消费者在购买、使用产品或接受服务时应享有的各项权利，消费者具体享有的权利如表 3-2 所示。

表 3-2　消费者享有的权利

消费者权利	具体内容
安全保障权	安全保障权是指消费者在购买、使用产品或享受服务时所享有的保障其人身、财产不受损害的权利，这也是消费者最基本的权利
知悉真情权	知悉真情又称为获取信息权、了解权、知情权，是指消费者享有的知悉、了解其购买、使用的产品或接受的服务的真实情况的权利；经营者应尊重消费者的知情权，将自身生产经营的产品或提供的服务的真实情况告知消费者
自主选择权	自主选择权是指消费者享有的自主选择商品或服务的权利，其主要包括以下几个方面的内容：选择提供商品或服务的经营者的权利；选择商品品种或服务方式的权利；自主选择购买或不购买任何一种商品或服务的权利；比较、鉴别、挑选商品或服务的权利
公平交易权	公平交易权是指消费者在与经营者进行消费交易时享有的获得公平交易条件的权利。衡量消费者公平交易权是否得到保障的重要标志为，消费者是否以合理的价格购买到同等价值的产品或服务

续表

消费者权利	具体内容
依法求偿权	依法求偿权是指消费者在因购买、使用商品或接受服务而受到人身、财产的侵害时，依法享有的要求并获得赔偿的权利。消费者的依法求偿权属于救济性权利，是弥补消费者所受损害的必要权利
依法结社权	依法结社权是指消费者享有的依法成立维护自身合法权益的社会团体的权利。当大量消费者被同一个生产经营者侵害时，通常会利用此项权利来向企业"讨说法"
接受教育权	接受教育权是指消费者所享有的获得有关消费和消费者权益保护方面的知识的权利。消费者只有了解自己所拥有的权利，才能在权利受到损害时及时察觉，并保护自己的合法权利
获得尊重权	获得尊重权是指消费者在购买、使用商品和接受服务时所享有的人格尊严、民族风俗习惯等得到尊重的权利，以及消费者个人信息依法得到保护的权利
监督批评权	监督批评权是指消费者对商品、服务，以及消费者保护工作进行监察和督导的权利

（二）生产经营者应履行的义务

生产经营者应履行的义务包含法定的义务和约定的义务，其中法定的义务是指《中华人民共和国消费者权益保护法》和其他相关法律规定的生产经营者应履行的义务，约定的义务是指生产经营者与消费者之间约定的义务。需要注意的是，双方的约定不能违反我国相关的法律法规。下面主要介绍生产经营者应履行的法定义务。

1. 听取意见和接受监督的义务

生产经营者听取意见和接受监督的义务是与消费者权利中的监督批评权相对应的，主要是指生产经营者应通过各种方式接受消费者的监督和批评，从而提升自身生产经营的产品或提供的服务的质量。生产经营者听取意见和接受监督的途径主要有与消费者面对面沟通、书面征询消费者意见、投诉电话等。

2. 保障人身和财产安全的义务

生产经营者保障人身和财产安全的义务与消费者权利中的安全保障权相对应。《中华人民共和国消费者权益保护法》中对生产经营者应履行的保障人身和财产安全的义务进行了规定，主要包含以下几条：确保商品或服务符合安全要求，对可能危及人身、财产安全的商品和服务，应当向消费者做出真实的说明和明确的警示，并说明和标明正确使用商品或接受服务及防止伤害的方法；宾馆、餐馆、车站、机场等人流密集场所的经营者，应当对消费者尽到安全保障义务；生产经营者在发现其提供的产品或服务有缺陷，有可能危及消费者人身、财产安全时，应当立即向有关行政部门报告，同时告知消费者，并采取停止销售、警示、召回等措施。

3. 提供真实信息的义务

生产经营者有义务向消费者提供真实的信息，这与消费者权利中的知悉真情权相对应。生产经营者提供真实信息的义务包含以下三个方面的内容：生产经营者要向消费者提供其所生产经营商品或提供服务的真实信息；当消费者对其所购买的商品或服务存在疑问时，生产经营者应做出真实、明确的回答；生产经营者应当对产品或服务明码标价。

4. 标明真实名称和标记的义务

标明真实名称和标记的义务是指生产经营者应标明自身真实名称和标记；租赁他人场地或柜台的应标明自己的真实名称和标记，不能冒名顶替他人的名称和标记。

5. 出具相应凭证和单据的义务

在以下三种情况中，生产经营者应当履行出具相应凭证和单据（包括发票、收据、报修单等）的义务：国家相关法律法规、章程等规定需出具的凭证和单据；商业惯例要求出具的凭证和单据；消费者索要购物凭证或服务单据。

6. 保证商品和服务质量的义务

生产经营者保证商品和服务质量的义务主要包含以下几个方面的内容：生产经营者提供的商品或服务应具有适用性，能够满足消费者的消费需求；生产经营者应保证所生产售卖的商品或提供的服务与广告、产品说明、实物样品等方式标明的相符。需要注意的是，如果消费者在购买商品或服务前已经知道其存在质量问题，且该质量问题不违反法律强制性规定，经营者可不受上述义务约束。

7. 不得从事不公平、不合理的交易的义务

生产经营者不得从事不公平、不合理的交易的义务与消费者权利中的公平交易权相对应。生产经营者不得从事不公平、不合理的交易的义务主要是指生产经营者不得以条款、通知、店堂告示等方式做出限制消费者权利，减轻或免除经营者责任等对消费者来说不公平、不合理的规定。

8. 不得侵犯消费者的人格尊严和人身自由的义务

生产经营者不得侵犯消费者的人格尊严和人身自由的义务与消费者权利中的获得尊重权相对应。生产经营者有义务保障消费者的人身自由和人格尊严不受侵犯，具体不得出现以下行为：对消费者进行人格侮辱，诽谤；不经消费者同意搜查消费者的身体及其携带物品；限制消费者的人身自由。

【实训项目 9：维护消费者权益案例分析】

小 A 添加宠物卖家××为好友后购买宠物狗一只，过程中多次确认宠物狗身体情况，××均表示宠物狗体质健康。宠物狗空运到家几天后，小 A 发现其精神不振，伴有呕吐、腹泻等症状，经治疗无效死亡。后小 A 将××卖家诉至法院。

实训任务：结合所学知识分析生产经营者未履行哪些义务，从而损害了消费者哪些权益。

三、不正当竞争

不正当竞争是指经营者在生产经营活动中，违反《中华人民共和国反不正当竞争法》（2019 年修正）的规定，扰乱市场竞争秩序，损害其他经营者或者消费者的合法权益的行为。企业经营应当秉持公平竞争、合法经营的原则，不正当的竞争行为会严重影响企业的声誉，情节严重者还需要承担相应的法律责任。常见的不正当竞争行为包括如下几种行为。

（一）商业混同行为

经营者不得实施下列混淆行为，引人误认为是他人商品或者与他人存在特定联系。

1. 擅自使用与他人有一定影响的商品名称、包装、装潢等相同或者近似的标识。

2. 擅自使用他人有一定影响的企业名称（包括简称、字号等）、社会组织名称（包括简称等）、姓名（包括笔名、艺名、译名等）。

3. 擅自使用他人有一定影响的域名主体部分、网站名称、网页等。

4. 其他足以引人误认为是他人商品或者与他人存在特定联系的混淆行为。

（二）商业贿赂行为

商业贿赂是指经营者采用财物或其他手段进行贿赂以销售或者购买商品。商业贿赂的主要形式是回扣，通常比较多地出现在商品的流通领域中，如商品购销、土地的转让与成片开发过程中；在建筑工程的承包、银行贷款，以及为取得政府对某种经营业务的行政特许等领域也大量存在，这些都对正常的市场秩序造成了严重的危害。

（三）虚假宣传行为

经营者不得对其商品的性能、功能、质量、销售状况、用户评价、曾获荣誉等作虚假或者引人误解的商业宣传，欺骗、误导消费者。经营者不得通过组织虚假交易等方式，帮助其他经营者进行虚假或者引人误解的商业宣传。

（四）侵犯商业秘密的行为

商业秘密是指不为公众所知悉、具有商业价值并经权利人采取相应保密措施的技术信息、经营信息等商业信息。经营者不得实施下列侵犯商业秘密的行为。

1. 以盗窃、贿赂、欺诈、胁迫、电子侵入或其他不正当手段获取权利人的商业秘密。

2. 披露、使用或允许他人使用权利人的商业秘密。

3. 违反保密义务或者违反权利人有关保守商业秘密的要求，披露、使用或者允许他人使用其所掌握的商业秘密。

4. 教唆、引诱、帮助他人违反保密义务或者违反权利人有关保守商业秘密的要求，获取、披露、使用或者允许他人使用权利人的商业秘密。

（五）违反规定的有奖销售活动

有奖销售是常见的促销行为，但有奖销售必须注意避免以下情形。

1. 所设奖的种类、兑奖条件、奖金金额或者奖品等有奖销售信息不明确，影响兑奖。
2. 采用谎称有奖或者故意让内定人员中奖的欺骗方式进行有奖销售。
3. 抽奖式的有奖销售，最高奖的金额超过五万元。

（六）诋毁行为

经营者不得编造、传播虚假信息或者误导性信息，损害竞争对手的商业信誉、商品声誉。

（七）通过网络实施不正当竞争行为

经营者不得利用技术手段，通过影响用户选择或者其他方式，实施妨碍、破坏其他经营者合法提供的网络产品或者服务正常运行的行为。

【实训项目 10：不正当竞争案例分析】

执法人员依法对怀远县陈集某加油站进行检查，发现该加油站顶棚、路边广告牌、加油机使用的标识与中国石油化工集团公司（下面简称"中石化"）的注册商标相似度极高，且路边广告牌整体外观造型、加油机外观、便利店的门头牌匾外观等装潢设计与中石化加油站的外观装潢设计相似度极高，足以引人误认或产生混淆。经查，当事人于 2014 年开始经营，主要从事汽油、柴油、煤油零售。当事人在建设加油站时曾与中石化有过交涉，中石化有收购其加油站的意向，故当事人在加油站外观装潢设计时采用了与中石化加油站外观装潢设计近似的设计方案，以便于收购谈成时更换门头招牌，后收购未达成，就形成外观装潢造型与中石化高度相似的现状。

实训任务：结合所学知识，分析该加油站属于哪种不正当竞争行为，这种行为损害了消费者的哪些权益。

四、用人单位与劳动者

（一）劳动权利

劳动者享有平等就业和选择职业的权利、取得劳动报酬的权利、休息休假的权利、获得劳动安全卫生保护的权利、接受职业技能培训的权利、享受社会保险和福利的权利、提请劳动争议处理的权利，以及法律规定的其他劳动权利。劳动者应当完成劳动任务，提高职业技能，执行劳动安全卫生规程，遵守劳动纪律和职业道德。

用人单位应当依法建立和完善规章制度，保障劳动者享有劳动权利和履行劳动义务。劳动者有权依法参加和组织工会，工会应维护劳动者的合法权益，依法独立自主地开展活动。

（二）劳动者就业

劳动者就业不因民族、种族、性别、宗教信仰不同而受歧视，妇女享有与男子平等的就业权利。在录用职工时，除国家规定的不适合妇女的工种或者岗位外，不得以性别为由拒绝录用妇女或者提高对妇女的录用标准。

禁止用人单位招用未满十六周岁的未成年人。文艺、体育和特种工艺单位招用未满十六周岁的未成年人，必须遵守国家有关规定，并保障其接受义务教育的权利。

（三）劳动时间

国家实行劳动者每日工作时间不超过八小时、平均每周工作时间不超过四十四小时的工时制度。对实行计件工作的劳动者，用人单位应当根据《中华人民共和国劳动法》第三十六条规定的工时制度合理确定其劳动定额和计件报酬标准。用人单位应当保证劳动者每周至少休息一日。

用人单位由于生产经营需要，经与工会和劳动者协商后可以延长工作时间，一般每日不得超过一小时。因特殊原因需要延长工作时间的，在保障劳动者身体健康的条件下延长工作时间每日不得超过三小时，每月不得超过三十六小时。

（四）劳动报酬

用人单位根据本单位的生产经营特点和经济效益，依法自主确定本单位的工资分配方式和工资水平。用人单位支付劳动者的工资不得低于当地最低工资标准。

工资应当以货币形式按月支付给劳动者本人，不得克扣或者无故拖欠劳动者的工资。劳动者在法定休假日和婚丧假期间以及依法参加社会活动期间，用人单位应当依法支付工资。有下列情形之一的，用人单位应当按照下列标准支付高于劳动者正常工作时间工资的工资报酬：

1. 安排劳动者延长工作时间的，支付不低于工资的百分之一百五十的工资报酬。

2. 休息日安排劳动者工作又不能安排补休的，支付不低于工资的百分之二百的工资报酬。

3. 法定休假日安排劳动者工作的，支付不低于工资的百分之三百的工资报酬。国家实行带薪年休假制度，劳动者连续工作一年以上的，享受带薪年休假。

（五）劳动安全

用人单位必须建立、健全劳动安全卫生制度，严格执行国家劳动安全卫生规程和标准，对劳动者进行劳动安全卫生教育，预防劳动过程中的事故，减少职业危害。劳动安全卫生设施必须符合国家规定的标准。

用人单位必须为劳动者提供符合国家规定的劳动安全卫生条件和必要的劳动防护用品，对从事有职业危害作业的劳动者应当定期进行健康检查。

（六）劳动合同

用人单位自用工之日起即与劳动者建立劳动关系。建立劳动关系，应当订立书面劳动合同。订立和变更劳动合同，应当遵循平等自愿、协商一致的原则，不得违反法律、行政法规的规定。

【实训项目11：劳资关系案例分析】

吴某于 2019 年 12 月入职某医药公司，月工资为 18 000 元。该医药公司加班管理制度规定："加班需提交加班申请单，按程序审批。未经审批的，不认定为加班，不支付加班费。"吴某入职后，按照该医药公司安排，实际执行每天早 9 时至晚 9 时，每周工作 6 天的工作制度。其按照该医药公司加班管理制度提交了加班申请单，但该医药公司未实际履行审批手续。2020 年 11 月，吴某与该医药公司协商解除劳动合同，要求该医药公司支付加班费，并出具了考勤记录、与部门领导及同事的微信聊天记录、工作会议纪要等。该医药公司虽认可上述证据的真实性但以无公司审批手续为由拒绝支付。吴某向劳动人事争议仲裁委员会(简称仲裁委员会)申请仲裁。

实训任务：结合所学知识，分析劳资关系纠纷的事实及适用法律条款。

五、知识产权

知识产权又称为智力成果权，是指人们对其智力成果所享有的权利。知识产权是一种无形财产权，它与房屋、汽车等有形资产一样，都受到国家法律的保护，都具有价值和使用价值。有些重大专利、驰名商标或作品的价值要远远高于房屋、汽车等有形资产。知识产权主要包括著作权(版权)、专利权、商标权、地理标记权、未公开信息专有权(商业秘密权)等。

（一）著作权

所谓著作权，简单来讲就是基于文学、艺术、科学作品而依法产生的权利，通常被认为是"版权"的同义词。《中华人民共和国著作权法》所保护的是著作权人在作品方面的权利，因此，对"作品"这一概念的正确理解就成为维护著作权的关键所在。《中华人民共和国著作权法》中的"作品"是指文学、艺术、科学等领域内的，具有独创性且能够以某种有形的形式加以复制的智力成果。也就是说，作品具有三个构成要素：第一，必须是人的智力成果，是思想或感情的表现；第二，具有可复制性，能够通过一定的方式复制表现；第三，具有原创性或独创性，能够证明为作者原创或独立创作。

（二）专利权

在我国，专利权是指一项发明创造向国务院行政部门提出的专利申请，经依法审查合格后，国务院专利行政部门向专利申请人授予在规定的时间内对该发明创造享有的专有权。为了保护专利权人的合法权益，鼓励发明创造，促进科学技术进步和经济社会发展，我国在 1984 年制定了《中华人民共和国专利法》，并于 2020 年第四次修正。

（三）商标权

商标是指商品或服务的提供者为了将自己的商品或服务与他人所提供的同类商品或服务区分开来，而使用的一种标记。包括文字、图形、字母、三维标志、颜色组合和声音等，以及上述要素的组合。而商标权是注册商标专用权的简称，是指商标注册人依法支配其注册商标并禁止他人侵害的权利。

六、合同管理

合同是平等主体的自然人、法人、其他组织之间设立、变更、终止民事权利义务关系的协议，是连接各经济主体、处理各种经济关系的重要法律依据和经济纽带。而合同管理是在企业内部通过建立一系列合同管理制度，对企业经营活动中各种合同的订立、变更、解除、审查、监督、履行进行规范，使合同依法订立并全面履行的一系列活动。

（一）合同的分类

按照不同的分类标准，我们可以将合同分为不同的类型，如表 3-3 所示。

表 3-3　合同的类型

分类标准	合同类型	具体内容
根据合同的名称及相应规则是否在法律上有着明确的规定	有名合同	有名合同是指法律已明确规定其名称与规则的合同
	无名合同	无名合同是指法律尚未明确规定相应的名称与规则的合同
根据合同当事人所承担的权利与义务为标准	双务合同	双务合同为最常见的交易形式，在双务合同中，一方当事人所享有的权利正是另一方当事人应当承担的义务
	单务合同	单务合同则是指合同当事人中仅有一方须承担给付义务，另一方仅需享有权利的合同
根据当事人能否从合同中获得某种利益	有偿合同	有偿合同是商品交换过程中最典型的法律形式，是指规定一方通过履行合同规定的义务来给对方一定的利益，而对方要想获得该利益则必须付出相应代价的合同
	无偿合同	无偿合同则是指当一方当事人给付对方当事人某种利益时，对方当事人无须支付任何报酬的合同

分类标准	合同类型	具体内容
根据合同的成立是否需要以当事人交付标的物为前提	诺成合同	诺成合同是指只要一方当事人的意思表示能够经过对方同意，即可立即产生法律效力的合同
	实践合同	实践合同其法律效力的发挥不仅需要双方当事人意思表示一致，还需要交付一定的标的物，否则该合同将无法成立
根据合同是否需要一定的形式作为要件	要式合同	要式合同是指按照法律规定的形式而订立的合同
	不要式合同	不要式合同是指当事人依法订立、并不需要采用某些特定形式的合同，即当事人既可以通过口头形式也可以通过书面形式来订立的合同
根据合同之间的主从关系	主合同	主合同是指可以独立于其他合同而存在并生效的合同
	从合同	从合同是指必须以其他合同的存在为前提，否则将无法生效的合同

（二）合同订立的程序

根据《中华人民共和国民法典》的规定，当事人订立合同，采取要约、承诺方式。

1. 要约

企业在经济活动中，要订立合同，就需要发出要约。要约是希望和他人订立合同的意思表示，又称发盘、出价，是订立合同的必经阶段。发出要约的人为要约人，接受要约的人为受要约人或相对人。要约的内容应具体确定，并表明经受要约人承诺，要约人即受该要约的约束。例如，某超市向某乳业公司发电文称："我公司欲以10万元购买贵公司近日生产的250 mL装纯牛奶10万盒，如贵公司愿意出售，请在两日内复电。"显然，超市发出的是一个要约。要约到达受要约人时生效，要约可以撤回，也可以撤销。

2. 承诺

承诺是受要约人同意要约的意思表示。例如上面提到的超市向乳业公司发出的要约，正常情况下，乳业公司在两天时间内给超市回复"愿意出售"或者直接将货物送往超市，那么乳业公司做出的回复行为就是"承诺"。承诺到达要约人时生效，承诺生效时合同成立，承诺生效的地点为合同成立的地点。当然，承诺可以在到达要约人之前或者同时到达要约人时撤回。上例中，如果乳业公司觉得超市给的要约价格太低，想以12万元出售，于是回复超市要求售价为12万元，那么乳业公司发出的这个回复将成为新的要约，而不是承诺。

七、企业所得税

企业所得税是国家对企业和其他组织获取的生产经营所得和其他所得开征的一种税。根据《中华人民共和国企业所得税法》的规定，企业和其他取得收入的组织为企业所得税的纳税人，应当缴纳企业所得税。

（一）纳税人

纳税人包括居民企业和非居民企业。居民企业是指依法在中国境内成立，或者依照外国（地区）法律成立，但实际管理机构在中国境内的企业。非居民企业，是指依照外国（地区）法律成立且实际管理机构不在中国境内，但在中国境内设立机构、场所的，或者在中国境内未设立机构、场所，但有来源于中国境内所得的企业。个人独资企业、合伙企业无须缴纳企业所得税。

（二）征税对象和计税依据

企业所得税的征税对象是企业每一纳税年度的各类所得。计税依据，即

$$应纳税所得额 = 收入总额 - 准予扣除的项目。$$

收入总额由以下各部分构成：销售货物收入；提供劳务收入；转让财产收入；股息、红利等权益性投资收益；利息收入；租金收入；特许权使用费收入；接受捐赠收入；其他收入。准予扣除的项目包括不征税收入、免税收入、各项扣除及允许弥补的以前年度亏损等。

（三）税率、应纳税额

企业所得税的税率为25%。非居民企业在中国境内未设立机构、场所的，或虽设立机构、场所但取得的所得与其所设机构、场所没有实际联系的，就其来源于中国境内的所得缴纳企业所得税，适用20%的税率，即

$$应纳税额 = 应纳税所得额 × 适用税率 - 准予减免或抵免的税额。$$

（四）优惠

国家对重点扶持和鼓励发展的产业和项目，给予企业所得税优惠。符合条件的小型微利企业，减按20%的税率征收企业所得税。国家需要重点扶持的高新技术企业，减按15%的税率征收企业所得税。

第三节　企业解散法律实务

一、企业解散

企业解散是指企业依法停止一切业务经营活动，着手处理善后事务，经批准注销

后，企业的法律主体资格消灭的法律行为。通俗地说，就是企业的"死亡"。在现实经济活动中，由于各种原因，企业也会像人一样面临"死亡"的命运。有时由于企业违反了法律、行政法规的规定，在外部强制力量的干预下被迫解散，如法院判决解散等，我们称为"强制解散"；有时则是企业根据章程、协议的约定或自己的意愿决定解散，包括强制解散以外的其他原因导致的解散，我们称为"任意解散"。企业生命的终止并不是一个自然的生理过程，它必须按照法律的规定，在出现合法的解散事由的前提下依法进行。

《中华人民共和国公司法》第一百八十条，公司因下列原因解散：

（一）公司章程规定的营业期限届满或者公司章程规定的其他解散事由出现；

（二）股东会或者股东大会决议解散；

（三）因公司合并或者分立需要解散；

（四）依法被吊销营业执照、责令关闭或者被撤销；

（五）人民法院依照本法第一百八十二条的规定予以解散。

第一百八十二条：公司经营管理发生严重困难，继续存续会使股东利益受到重大损失，通过其他途径不能解决的，持有公司全部股东表决权百分之十以上的股东，可以请求人民法院解散公司。

《中华人民共和国合伙企业法》第八十五条，合伙企业有下列情形之一的，应当解散：

（一）合伙期限届满，合伙人决定不再经营；

（二）合伙协议约定的解散事由出现；

（三）全体合伙人决定解散；

（四）合伙人已不具备法定人数满三十天；

（五）合伙协议约定的合伙目的已经实现或者无法实现；

（六）依法被吊销营业执照、责令关闭或者被撤销；

（七）法律、行政法规规定的其他原因。

《中华人民共和国个人独资企业法》第二十六条，个人独资企业有下列情形之一时，应当解散：

（一）投资人决定解散；

（二）投资人死亡或者被宣告死亡，无继承人或者继承人决定放弃继承；

（三）被依法吊销营业执照；

（四）法律、行政法规规定的其他情形。

二、清算

企业解散时，需对其债权债务进行清理，了结其存续期间的法律关系，这就是清算。也就是说，在企业作为一个法律主体消灭之前，必须对其财产、债权债务进行清理，该讨债的讨债，该还钱的还钱，一切未了事务必须全部完成才能干干净净地退出市场。

（一）清算的负责人

清算是企业投资人的法定义务。因此，一般情况下，清算由企业投资人来进行，具体如下。

1. 有限责任公司的清算组由股东组成。

2. 股份有限公司的清算组由董事或者股东大会确定的人员组成。

3. 合伙企业的清算人由全体合伙人担任。

4. 个人独资企业则由投资人自行清算。

如果企业投资人怠于履行清算义务的，债权人及其他有关人员可以申请人民法院指定清算人员。如果企业投资人不履行清算义务，导致债权人损失的，债权人还可以向法院提起诉讼，要求其对企业的债务承担连带清偿责任或者赔偿责任。

（二）清算的程序

清算组成立后，应当立即开始以下清算程序。

1. 通知债权人。清算组应当在成立之日起 10 日内通知债权人，并于 60 日内在报纸上公告，以催告债权人前来申报其债权。

2. 清理企业财产。清算组在通知债权人的同时，应当调查和清理公司的财产，如实编制公司资产负债表、财产清单和债权、债务目录。

3. 制订清算方案。财产清理完毕后，清算组应当制订清算方案，提出收取债权和清偿债务的具体安排。

4. 进行财产分配。根据清算方案，清算组把企业未了结的业务一一处理完毕，收取企业享有的债权后，可以进行财产分配，包括清偿企业的债务，分配剩余财产。

5. 办理企业注销登记。清算结束后，清算组织应当制作清算报告，经依法确认后报企业登记机关，按照登记机关的要求办理注销登记。

如果清算过程发现企业所有财产不足以偿付其债务的，那就意味着企业破产了，这时应当向人民法院申请宣告破产，企业被依法宣告破产的，根据《中华人民共和国企业破产法》的规定来进行破产清算。

三、破产

破产通常是指一个经济体无力偿还债务的事实状态。从法律的角度看，破产是债务人不能清偿到期债务时，由法院主持债务人财产的清理、分配，使债权人得到公平清偿的法律程序。我国目前只有《中华人民共和国企业破产法》（2007 年 6 月 1 日起施行），还没有个人破产法，但是个别地方已经出现了个人破产的司法实践。2020 年 5 月 11 日，中共中央、国务院《关于新时代加快完善社会主义市场经济体制的意见》明确要健全破产制度，改革完善企业破产法律制度，推动个人破产立法，建立健全金融机构市场化退出法规，实现市场主体有序退出。破产申请请参考以下内容。

1. 申请的标准

企业不能清偿到期债务，并且资产不足以清偿全部债务或者明显缺乏清偿能力时，可以申请破产。

2. 申请人

申请人分为三种情况：债务人（破产企业）自己、债权人或者清算责任人。清算责任人是指企业已经解散但未清算或者未清算完毕，已经发现资不抵债的，依法负有清算责任的人应当向法院申请破产清算。负有清算责任的人一般就是企业的投资人，如有限责任公司的清算责任人是公司股东。

3. 管辖法院

破产案件由债务人住所所在地人民法院管辖。

4. 申请需提交的材料

向法院提出破产申请，应当提交破产申请书和有关证据。破产申请书上要载明申请人、被申请人的基本情况、申请目的、申请的事实和理由等事项。债务人提出申请的，还应当向法院提交财产状况说明、债务清册、债权清册、有关财务会计报告、职工安置预案、职工工资的支付，以及社会保险费用的缴纳情况。

5. 申请的受理

债务人自己申请破产或者清算责任人申请破产的，法院会在收到申请之日起15日内裁定是否受理。债权人提出破产申请的，法院会在5日内通知债务人。债务人可以在7日内提出不同意见，法院将最终作出是否受理的裁定。特殊情况下，法院裁定受理的期限可以延长15日。

第四节　常见创业法律纠纷处理

一、常见创业中法律纠纷的类型

法律纠纷是指由法律来调整的各种社会关系之间的纠纷。大学生在创业过程中可能会遇到各种问题，难免会与其他社会关系产生纠纷，并且部分是法律纠纷。常见的法律纠纷有劳动争议、经济纠纷、行政争议等类型。

（一）劳动争议

劳动争议是指劳动关系双方当事人因实现劳动权利和履行劳动义务而发生的纠纷，又称劳动纠纷。劳动争议具有如下特征：首先，劳动争议主体一方为用人单位，另一方必须是劳动者。其次，劳动争议主体之间必须存在劳动关系，而且劳动争议是在劳动关系存续期间发生的。最后，劳动争议的内容必须是与劳动权利义务有关。近几年，据劳动部门统计，全国的劳动争议案件数量均呈逐年大幅攀升趋势。企业因为裁员、辞退员工、工资社保待遇等而引发的劳动纠纷案例越来越多，这对于企业依法处理劳动争议的能力提出了更高的要求。

（二）经济纠纷

经济纠纷是指企业经营活动中与各市场主体、消费者等发生的平等民事主体之间的法律纠纷，属于民事纠纷，如物权纠纷、合同纠纷、知识产权纠纷、不正当竞争纠纷、与股东有关的纠纷、侵权责任纠纷等。在大学生创业实践中，最常见的是各类合同纠纷。

（三）行政争议

行政争议是指因行政机关行使行政职权的行为所引起的争议。构成行政争议必须同时具备以下四个条件：首先，争议的双方，其中有一方是行政机关。其次，争议是由行政机关实施行政管理引起的。再次，行政争议必须以特定的具体行政行为为前提。最后，这种争议是法律争议，即当事人不服行政机关的裁处，提出复议或诉讼，是法律允许的，而且不管是提出行政争议，还是解决行政争议，都必须依照法定程序进行。

二、法律纠纷的处理方法

大学生创业中常见的法律纠纷均可通过民事诉讼、仲裁这两种方法来解决，下面将对这两种方法进行具体地介绍。

（一）民事诉讼

1. 民事诉讼的内涵

诉讼，即打官司，是指国家审判机关——人民法院，在当事人和其他诉讼参与人的参加下，依照法律规定解决诉讼争议问题的活动。民事诉讼是诉讼的一种，其他还有行政诉讼、刑事诉讼等。民事诉讼是大学生在创业过程中最常接触的诉讼类型。民事诉讼的定义为人民法院在当事人双方和其他诉讼参与人的参加下，审理和解决民事案件的活动。民事诉讼主要依据的法律为《中华人民共和国民事诉讼法》。

2. 民事诉讼的具体内容

进行民事诉讼的第一个步骤为起诉，其是指公民、法人或其他组织因自己的民事权益受到侵害或与他人发生争议，而向法院提出诉讼请求的行为。在诉讼过程中，证据有着非常重要的作用。一般来说，当事人对自己提出的诉讼请求所依据的事实或反驳对方诉讼请求所依据的事实具有举证责任。在诉讼裁决后，若当事人双方任意一方对判决结果不服，可行使上诉权提起上诉，要求上级人民法院对案件进行二审。

（二）仲裁

仲裁是指当事人双方在争议发生前或发生后达成协议，将争议事项提交仲裁机构进行审理，并由仲裁机构做出具有约束力的裁决，当事人双方对此裁决有义务执行的争议处理方式。仲裁充分尊重当事人双方的意见，并且具有法律效力。仲裁是不公开审理的，并且仲裁一旦生效，当事人双方即使不服也无法再次针对同一纠纷申请仲裁或向法院提起诉讼。通过仲裁处理争议或纠纷时，需要注意以下几点问题。

首先，明确仲裁的范围，《中华人民共和国仲裁法》规定，平等主体的公民、法人与其他组织之间发生的合同纠纷和其他财产权益纠纷，可以申请仲裁，婚姻、收养、监护、抚养、继承纠纷，以及应当依法由行政机关处理的行政争议及劳动争议案件不能仲裁。

其次，通过仲裁处理争议必须是当事人双方自愿的，并且要达成仲裁协议，并以书面形式提交仲裁机构。

最后，仲裁没有二审，但可在满足一定的条件下撤销。

第二部分

创新创业理论与实践

第四章　创意、创新与创业

　　在"大众创业、万众创新"的时代背景下，创新和创业已经成为当下的热点。如果继续走模仿道路，那我国社会经济发展之势必不能长久，怎样通过创意撬动创新，再以创新行为带动创业事业的繁荣发展，是目前创业黄金时代的热点。对于创业者而言，创新的范畴很大，并不仅局限于技术与产品方面，要想实现有效的创新创业，必须深入了解具体的问题，如什么是创意、什么是创新、什么是创业、如何创新与创业等。创意、创新与创业三者并不是独立存在的，而存在相互融合、相互促进的有机关系。

⚐ 学习目标

◎ 了解创意、创新、创业的区别与联系。
◎ 了解创意思维、创新意识的特点和培养训练方法。
◎ 了解创业的特点、阶段及意义。
◎ 了解创业精神的内涵与特点。

【实训项目 12：创意与创新项目案例分析】

　　如今，很多在职场打拼的女性都会开车上下班，所以她们往往会在车里放一双平底鞋。但这毕竟有些麻烦，所以"换鞋"问题成了这类人群的痛点。对女鞋市场具有较高的市场敏锐度的赵明发现了这一市场需求，便萌生了研制换跟鞋的想法。

　　赵明的父亲开了一家女鞋加工厂。工厂的研发团队人才济济，有高等院校教授、3D 打印机研发者、民间老工匠等。强大的研发实力给了赵明充足的信心。父亲在听取赵明的创新想法后表示支持，并为他提供了研发和生产所需的人才与资金。历经 1 年时间，赵明和他的团队通过充分合作与努力钻研，成功研制出了第一批换跟鞋。虽然目前市场上已有换跟鞋，但它们大多数工艺不达标，消费者穿上后体验不佳，因此销量不理想。而赵明团队研发的换跟鞋的鞋掌部分采用了特殊工艺，使鞋跟与鞋掌紧密贴合，提高了消费者上脚的舒适度，同时鞋跟还能轻松拆卸。因此，赵明对本次研发的换跟鞋的销售前景十分看好。

　　实训任务：本案例中的赵明是采用何种方法实施创新的？创新的前提是创意吗？是否有了创意就可以实现创新？

第一节　创意与创意思维

一、创意的含义与基本属性

（一）创意的含义

根据中文的含义拆解来看，"创"是开始、开始做，"意"是思想、含义。在英文中，创意也被赋予创造力的意思。创意与其称为一种思维方式，更像一种思维方式的更新。创意既是名词又是动词。作为名词时，创意是个体产生的新想法与金点子；作为动词时，创意则是创造与构思一种新的观念与思维的过程。由于不同学科的研究视角不同，对于创意的定义也有了多种解读。

本书对于以人为主体的创意含义给出解释：创意是以人类创造性思维为基础，以科技为动力，以文化为背景，以管理为手段的价值创造过程。通俗来讲，创意是一个打破常规和传统拓展至另一个全新方向的想法，它拥有随时随地发生与发散的特性。类似于人们在生活中独处时，大脑的发散性思维使得我们开始思考，很多经典的创意就出自于此。狭义角度的创意是思想、观念、立意与想象等全新的思维成果；广义角度的创意被赋予产生思维成果的能力。

（二）创意的基本属性

创意的含义在不同的解读视角下，也被解构出丰富的特有属性。

1. 创意的普遍性

创意并不是高不可攀的，运用的能力是人们平时的普通能力：想象力、判断力、语言能力、推理能力等，并且在我国教育体系中是着重强化的部分，这种能力在日常工作中也备受重视。

2. 创意的关联性

创意需以价值为导向，并在发生效用过程中与生产者、消费者及竞争者发生联系，并且任何创意都不能脱离现实，否则只能成为无根之木、无源之水。

3. 创意的系统性

创意的思维是多种要素的组合结果，具有鲜明的多样性与互补性特质。同时，在创意构思过程中也是遵循着一定的规律：创意的准备、创意的酝酿、创意的启发、创意的发生。

4. 创意的独特性

创意的独特性是指它与其他想法或方案具有本质上的差异。创意的独特性可以来自多种因素，如个人经验、想象力、创造力、文化背景、知识储备等。创意的独特性使得它能够在众多想法中脱颖而出，引起人们的注意和兴趣，成为有价值的创意（图4-1）。

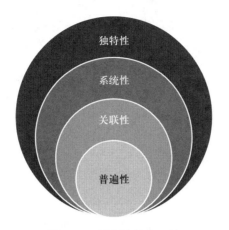

图 4-1　创意的基本属性

二、创意思维的含义与特征

（一）思维的特征

思维是人类的一种认知活动，它是指在感知、记忆、想象、理解、推理、判断等过程中进行的一种心理活动。思维具有以下特性：

1. 主动性

思维是一种主动的认知活动，它需要人的自我激发和积极参与。人们在感知、理解和判断过程中都需要主动地寻找和整合信息，进行思考和分析。主动性是思维的核心特性。

2. 目的性

思维是为了实现某种目的而进行的认知活动。人们在进行思维活动时，通常会有一个明确的计划或者任务，通过思考和分析来达到这个计划或者完成这个任务。

3. 可塑性

思维具有一定的可塑性，即在不同的环境和条件下，人们的思维方式和认知结构会发生变化。通过学习、训练和实践，可以改变自己的思维方式和认知结构，从而提高自己的思维能力。

4. 创造性

人们在进行思考和分析的过程中，可以产生新的想法和解决方案。这种创造性思维可以帮助人们在解决问题和创造新想法时更加高效和更具有创造性。

5. 系统性

思考并不是不着边际，需要按照一定的逻辑和思维方式来组织信息和分析问题。

系统性思维可以帮助人们更加全面和深入地理解问题，并提出有效的解决方案(图 4-2)。

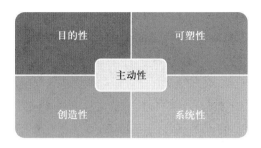

图 4-2 思维的特征

（二）创意思维的含义

创意思维是指在解决问题和创造新想法时所采用的一种思维方式和方法论。创意思维强调的是发散性思维，即不拘泥于传统的思维模式和固定观念，而是通过多角度、多元化的思考方式来寻找新的解决方案和创新想法，在与创造性活动交互作用时成为多种思维活动的统一，发散思维与灵感是创新的主要驱动力。创意思维强调的是多元化的思考方式，即通过不同的角度、视角和思维方式来看待问题，从而获得更多新的想法和解决方案。这种思维方式需要具备广泛的知识储备和开放的思维态度。

（三）创意思维的阶段

创意思维一般要经历准备阶段、孵化阶段、点子产生阶段、评估阶段和实践验证阶段五个阶段。

1. 准备阶段

在这个阶段，个体需要收集信息，了解相关的知识和技术，为创意思维做好准备。这个阶段需要广泛阅读、学习和探索，为后续的创意思维实践提供必要的素材和条件。该阶段的投入程度，如收集的资料是否丰富，将有助于打开思路、受到启发、对问题充分敏感并能找到解决问题关键所在。

2. 孵化阶段

在这个阶段，个体需要对已有的信息和素材进行整合和加工，将其深入思考和理解，为创意思维打下基础。这个阶段是在知识与经验累积的基础上，通过个体独处及相互讨论，对现有问题与信息进行深入分析与思考，让思维自由发散，创造出新的解决问题的想法和观点。

3. 点子产生阶段

在这个阶段，个体需要将已有的素材和想法进行融合和创造，产生新的独特想法和创意。这个阶段需要大胆尝试，勇于提出不同于常规解决问题的想法和观点。

4. 评估阶段

在这个阶段，个体需要对新想法和创意进行评估和筛选，判断其可行性和实用性。这个阶段需要理性思考，综合考虑解决问题的各种因素和限制条件。

5. 实践验证阶段

在这个阶段，个体需要将新想法和创意付诸实践，测试其可行性和贡献值，并且基于理论与实践进行反复检验，使最终成果趋于完善。

（四）创意思维的特点

1. 发散性

创意思维的核心特点是发散性思维，即能够从一个点出发，产生多个不同的想法和观点的思维方式。与传统的收敛性思维不同，发散性思维强调的是从不同的角度出发，创造出不同的解决方案和创新成果。

2. 开放性

开放性的个体一般拥有更为开放的思维，接受不同的想法和观点，同时也能够主动寻找信息和素材，以促进自己迸发出更多的创意思维。创意思维鼓励个体开放心态，接受不同的观点和经验，并充分利用外部资源。

3. 系统性

系统性是指个体能够从宏观角度出发，整合和分析各种不同的信息和因素，形成系统性的思维模式，从而更好地解决问题和创造新事物。创意思维需要个体具备对问题和事物的整体把握能力，以产生更有创造性的想法和观点。

4. 潜在性

潜在性表现为不自觉的、无意识的，这一特性经常被人忽视，然而在实践中对于解决复杂问题常常起到关键作用，置身于放松的环境氛围中创意者往往容易迸发出灵感(图4-3)。

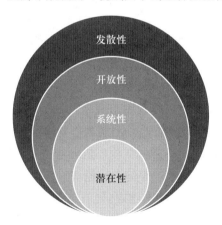

图 4-3 创意思维的特点

三、创意思维的培养与训练

（一）创意思维的培养

1. 注重知识的积累和拓宽视野

大学生在大学期间应该注重知识的积累和拓宽视野。只有具备广泛的知识和丰富的文化背景，才能从多个角度出发，思考问题和创新思维。因此，大学生应该多读书、多接触人、多探索、多思考，大学生可以通过参加各种培训和讲座，学习各种知识和技巧，丰富自己的阅历。

2. 培养大学生的好奇心、观察力与思维方式

好奇是人类最基本的本性之一，它是创意思维能力的关键所在。大学生应该通过多读书、多关注社会热点、多到户外旅游等方式，开阔自己的视野，培养自己的好奇心。同时，还可以在日常生活中尝试新鲜事物，逐步脱离自己的舒适区，开拓自己新的思维方式。

3. 培养团队合作和沟通能力

创意思维需要个体具备团队合作和沟通能力，因此大学生应该注重团队合作和沟通能力的培养。大学生可以通过参加学生组织、社团、志愿者等活动，锻炼自己的团队合作和沟通能力。此外，大学生可以参加一些讲座和培训，学习团队合作和沟通技巧。

4. 学习逻辑思维和系统思维

逻辑思维和系统思维能力是创意思维的重要组成部分，大学生需要学习逻辑思维和系统思维能力，才能更好地解决问题和创造新事物。大学生可以通过学习大学数学、计算机等科目，提高自己的逻辑思维能力。

（二）创意思维的训练方法

1. 扩散思维训练

扩散思维是催生出新创意的重要动力，通过以下几种方法，可以训练你的扩散思维：

（1）材料扩散。以某一客观物品为思考基点进行思维扩散，以设想物品用途的形式展开。例如，可以将回形针当作发卡使用等。

（2）功能扩散。通过某一功能的应用与获取的所有可能进行扩散。例如，达成照明的目的有多种方式，可以通过点油灯、点蜡烛、划火柴，甚至可用镜子反射阳光。

（3）结构扩散。通过设想利用某一结构所有可能进行扩散。例如，利用含有圆形结构的物品将其形状画出来：酒杯、眼镜、草帽等。

（4）形态扩散。通过设想利用某一形态所有可能进行扩散。例如，绿色可以联想到树、军装等。

（5）方法扩散。通过设想关于解决问题与制造生产的某一方法进行扩散。例如，"吹"的方法可以应用到吹气球、吹蜡烛等。

（6）组合扩散。通过设想与其他事物联系产生更多价值的可能性进行扩散。例如，钥匙圈可以和门禁卡、指甲刀组合。

（7）因果扩散。通过设想导致某一现象出现的前因与后果的所有可能性进行扩散。例如，推测门开了的原因：自己忘记关门了，有人开门，门锁坏了等。

（8）语词扩散。通过对于某一个字、词进行造句的可能性进行扩散。例如成语

接龙(图4-4)。

图4-4 扩散思维训练方法

2. 摆脱惯性思维训练

惯性思维会使人们受到既定思维模式的禁锢，难以创造新的思考方式和解决方案。在面对新问题或新挑战时，惯性思维会使人们无法从新的角度去思考问题，从而阻碍了创新思维的发展。只采用一种思考方式，从而忽略了其他可能的方案，导致做出错误的决策。以下几种训练有助于你摆脱惯性思维。

(1) 观念弹性训练

该训练的目的在于帮助个体去思考事情的各种可能，不要被事物的常规定义所束缚。例如，爸爸的衬衣纽扣掉进了已经倒入咖啡的杯子中，他连忙从咖啡里取出纽扣，但手又不能湿，他是怎样取出纽扣的？答案很简单，杯子中还未冲水，倒入杯子的咖啡是固体粉末。在人们的观念里，总是以为咖啡就是一种液体饮料，而很少会想到它是固体粉末，进而导致解决问题的障碍。

(2) 摆脱"功能"固定训练

该训练主要是为了杜绝定式思维，对于事物功能的判定与使用进行全新角度的思索。例如，小韩房间的天花板上悬挂着两根长绳，两绳间距离五米，旁边的桌面上有些小纸条和一把剪刀。聪明的小韩能够站在两绳间不动，伸开双臂，两手各拉住绳子。你知道用的是什么办法吗？小韩先用一根绳子把剪刀系住，用一只手抓住另一根绳子，等系有剪刀的绳子摆动到面前时，用另一只手抓住摆过来的剪刀。

3. 缺点列举训练

缺点列举训练是一种常见的思维训练方法，旨在帮助人们更好地认识和理解某个事物或问题的缺点。例如，尽可能列举玻璃杯的缺点：易碎、隔热性差等。

4. 愿望列举训练

愿望列举训练法是一种思维训练方法，以人们对于满足自身的愿望向往与追求为动力，增加发明创造的可能性。例如，理想中的手机：轻巧、便捷，功能强大，摄影像素高。

5. 想象力训练法

想象力训练方法是一种基于认知心理学和创造性思维的思维训练方法，其目的在于提高个体的想象力和创新能力。该方法的实施过程包括选定具体的主题、放松身心、想象主题、发挥想象力、记录想象的内容以及反思和总结等步骤。

【实训项目 13：创意思维练习】

新时代的就业压力无疑是每个毕业大学生的最大问题，大学生小明临近毕业，却一直没有争取到心仪的职位，感到迷茫和无助，如何利用创意思维的练习帮助其找到适合自身的岗位呢？

第一，对于小明来说，他可能需要开阔自己的思维视野，尝试新的职业发展方向。他可以在网上搜索和阅读相关行业新闻或者职业发展指南，或者和各行各业的从业者交流，了解新的趋势和需求，扩大自己的视野。他也可以考虑参加一些职业训练或行业研讨会，从而了解当前行业的最新趋势和有参考价值的信息。

第二，习惯性思维是一种惯性思维，过于惯性的思考方式会令人陷入思维盲区，忽视了可行的其他方案。小明可以在自己的探索中，从自身实际状况与学习进度的角度逆向地考虑学习问题，以带来新的思路或者灵感。比如设想自己拥有不同的身份或职业，再考虑下一步该如何努力，从而摆脱习惯性思维，拥有新的视角。

第三，小明可以通过自我反思、职业指导或其他方法，找到自己的不足之处，例如缺乏工作技能、沟通能力欠佳、经验不足等。然后，小明可以通过不同的途径来改进这些缺点，例如学习专业课程，加入学术组织，获得职业指导等。要学会列举自己的优点和缺点，既不要过于苛刻也不要过于乐观，要诚实和客观地评估自己。

第四，小明需要首先确立自己的职业愿望和目标，例如想要在哪个领域作出贡献，憧憬自己的工作成果等。然后，他需要考虑如何实现这些愿望和目标，例如制订具体的学习计划和目标，寻找合适的工作机会和下一步的发展路径。对于每一个目标，需要列出一些具体的行动步骤，例如学习相关技能、寻找实习机会、参加行业展会等。

第五，与第5种想象力训练方式与心理暗示相似，小明通过想象自己实现职业梦想的场景，例如成功参加面试、受到不同职业领域领导的表扬，从而激励自己朝着目标努力前进。小明需要尽可能地去想象自己所追求的职业生涯的情景，包括晋升、成就和满足感等方面。这种训练可以明确职业目标及如何实现目标，同时也可以鼓励和提高小明的信心和自我驱动力。同时，还可以联想到实现目标所需的某些情境，从而在实际工作中做出更正确的决策。

实训任务：请概括小明找到职业的过程。

第二节 创新与创新意识

一、创新的含义

（一）创新的定义

创新是指在一定的环境下，通过创造性的思维和方法，创造出新的、有价值的、具有实用性的产品、服务、流程、组织形式、商业模式等。在已有的模式、掌握的知识与物质的特定环境中，以造福社会为最终目标，改进或者创造新的事物。创新可以发生在任何领域，例如科技、医疗、教育、文化艺术、社会管理等。

（二）创新的原则

在进行创新过程中要遵循以下原则：

1. 实践导向

创新必须紧密结合实际问题和需求，以实践为导向，注重解决实际问题和提升实践能力，同时也要注重创新成果的实用性和可持续性。例如，苹果公司在开发新产品时，会先进行大量的市场调研和用户反馈，以了解用户的需求和喜好，从而开发出更符合市场需求的产品和服务。

2. 多元融合

创新需要多学科、多领域、多元文化的融合，通过跨学科、跨领域的合作，集中各种资源和知识，以创造更具有创新性和影响力的成果。例如，特斯拉公司在研发电动汽车时，融合了机械工程、电气工程、计算机科学等多个领域的知识，从而创造出了一种全新的、更加环保的新能源汽车。

3. 开放共享

开放共享是将创新成果和创新思想向外界开放，接受外界的评价和反馈的行为。例如，谷歌公司开发的安卓操作系统是一个开放源代码的软件，任何人和组织都可以免费下载和使用，这大大促进了移动设备的普及和发展。

4. 热情投入

创新需要热情投入，不断挑战自己，勇于尝试新的思路、新的方法和新的领域，不断探索和创新，要持续不断地学习和提升自己的综合素质。例如，马斯克创办的SpaceX 公司在研发火箭和宇宙飞船时，充满激情和投入，不断地尝试和挑战，最终成功实现了火箭的回收和重复使用。

5. 尊重知识产权

创新需要尊重知识产权，注重知识产权的保护和利用，遵守知识产权法律法规，以确保创新成果的合法性和可持续发展。例如，华为公司在开发新产品时，会严格遵守知识产权法律和规定，不侵犯他人的专利和商业机密。

6. 风险控制

创新需要进行风险控制，风险控制包括风险评估、风险预警、风险管理等，以确保创新成果的可持续性和风险可控性。例如，华为公司在推出新产品和服务时，会进行充分的市场调研和风险评估，以确保新产品和服务的可行性与市场前景。

（三）创新的类别

根据不同的标准可以将创新分为以下五种类别：

1. 技术创新与非技术创新

技术创新是指在技术领域中，通过引入新的或改进现有的技术，创造出新的产品、服务或生产方式等创新成果；非技术创新是指在非技术领域中，通过创造性思维和方法，创造出新的组织形式、商业模式、设计理念、管理体系等成果。

2. 产品创新、服务创新和流程创新

产品创新是指通过创新思维和方法，创造出新的产品或改进现有的产品，以满足市场和用户需求；服务创新是指通过创新思维和方法，提供新的服务或改进现有的服务，以提升用户的体验感和满意度；流程创新是指通过创新思维和方法，创造出新的生产、管理或服务流程，以提高效率和效益。

3. 增量创新与突破性创新

增量创新是指在现有产品、服务或流程的基础上进行改进和优化，以满足市场和用户的新需求；突破性创新是指通过引入全新的技术、产品、服务或流程等，创造出全新的市场和用户需求。

4. 开放式创新和封闭式创新

开放式创新是指通过与外部企业、机构或个人进行合作，共同研发、共享资源，以推动创新成果的形成和发展；封闭式创新则是在企业或组织内部进行研发，以保护和控制知识产权和商业机密。

5. 原始创新与衍生创新

原始创新是指通过自主研发或基础研究，衍生创新则是在原始创新的基础上，通过改进、优化或整合等方式，创造出更高级别的创新成果。

二、创新意识的含义、价值与作用

（一）创新意识的含义

创新意识的核心是对变化的敏感性，它能够使个人或组织察觉到外部环境和内部需求的变化，及时地调整自己的思路和行动，以应对变化和挑战。作为一种包容和接纳新事物的态度，能够使个人或组织跨越传统和陈旧的思维方式和方法，寻求新的突破和创新。

（二）创新意识的特点

1. 敏锐性

创新意识者具有高度的观察力和洞察力，能够发现身边的问题和机遇。创新者能够将这些发现与自己的经验和知识联系起来，产生新的想法和观点。他们对事物的敏感度和判断力往往比其他人更强，能够发现他人所忽略的问题和机遇。

2. 开放性

创新意识能够帮助我们接受新的想法和观点，使我们不会局限于自己的想法和观点，而是能够将这些想法和观点融合到自己的创新过程中。同时，也需要接受不同的观点和意见，进行多方面的思考和分析。

3. 实践性

拥有创新意识的思考者往往注重实践和实验，不断尝试新的方法和技术，通过实践不断优化和改进创新成果。他们不会止步于理论和想法，而是会将想法付诸实践，通过实践来验证自己的想法和观点。

（三）创新意识的价值

创新意识是指个人或组织中的一种意识形态，即鼓励和推动创新思维和行为的态度与信仰。它包含了一系列的价值观念，如勇于尝试新事物、不断学习和探索、愿意接受挑战、勇于创新、追求卓越等。在现代社会中，创新意识已经成为一个非常重要的能力和素质，对于个人和组织的发展和进步有着重要的促进作用。

三、创新意识的类型

根据创新意识的特征，可以将其分为如下几类：

1. 拓展性意识

这种意识可以扩大思维的局限性，将思考问题的角度和方向进行拓展，以获得更多的解决问题的思路和方案。大学生在学习过程中，不仅要关注自己的专业知识，还要拓展自己的知识面，比如学习其他领域的知识，关注时事新闻。

2. 系统性意识

这种意识可以将事物看作一个整体，从整体的角度来思考问题，分析问题的各个方面之间的关系和相互作用，从而找到最优解决方案。我们通过对所学知识进行分类和整理，形成一个完整的知识体系。比如，可以制作思维导图、总结笔记、制订学习计划等，以提高学习效率和理解能力。

3. 创造性意识

这种意识可以激发人们的创造力，从不同的角度和思维模式出发，寻找新的思路和方法，以创造出新的产品、服务、技术和文化。

4. 反思性意识

这种意识可以从过去的经验和教训中学习，分析和总结失败和成功的原因，以提高创新的成功率和效果。比如，可以定期写日记、交流心得、请教老师等，以不断改进自己，提高学习和生活质量。

5. 玩味性意识

这种意识可以放松思维的约束和限制，充分发挥创新者的想象力和创造力，从而产生出富有趣味性的新思路和方法(图4-5)。

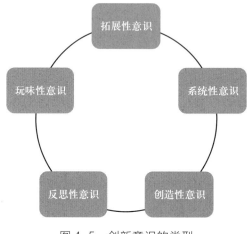

图 4-5　创新意识的类型

第三节　创业与创业精神

一、创业的概念与要素

（一）创业的概念

"创业"一词，在我国最早出现在《孟子·梁惠王下》中，"君子创业垂统，为可继也。若夫成功，则天也。君如彼何哉？强为善而已矣。"意思是君子开创事业流传后世，是为了后代可以继承。在这里，"创业"广义地是指开创事业、建立国家。在商业领域中，"创业"这个词最早是在19世纪初的英国出现的，在当时它的意义是指一个人开始在商业领域自主经营。从此以后，"创业"这个词的含义逐渐扩大，成为创造新的商业机会和价值的过程，是一种通过创新手段开展商业活动的行为。随着经济全球化和信息化的发展，创业这个词的含义也变得更加广泛和深刻，成为推动社会进步和经济发展的一种重要力量。中国的创业文化源远流长，早在商周时期，商人就已经开始进行商业活动和创业。在现代，中国的创业者们也在经历着从传统产业到现代服务业的转型，越来越多的人开始认识到创业对于个人和社会的重要性，创业热潮也逐渐兴起。随着中国经济的飞速发展，创业已经成为推动中国经济发展和社会进步的重要力量。

（二）创业的特点

创业是一种具有创新性、冒险性和成长性的活动，它具有以下几个特点：

1. 创新性

创业活动通常是基于新的商业模式、新的产品或服务、新的技术等方面的创新，旨在满足市场需求、提高效率和创造新的商业机会。

2. 冒险性

创业过程中会面临很多风险和不确定性，如市场风险、技术风险、资金风险等，创业者需要具有承担风险和应对风险的能力。

3. 成长性

创业通常是一种快速增长和扩张的过程，创业企业有望在短时间内实现快速发展，并发展成为一个具有相当规模和影响力的企业。

4. 独立性

创业者通常希望独立自主地经营企业，实现自己的理想和价值观，不愿意受制于他人或组织的限制。

5. 综合性

创业活动需要涉及多个领域和方面，如市场营销、财务管理、人力资源管理等，创业者需要具备综合素质和能力。

6. 法律性

创业需要按照法律的规定，创立新的社会经济单元。为促进社会资源的合理配置和市场的公平交易，我国对创立经济单元有相关的法律规定，需要创业者遵守（图4-6）。

图 4-6　创业的特点

（三）创业的要素

根据蒂蒙斯模型，一般成功的创业主要包含以下要素：创业者、创业资源、商业机会、技术、人力资源、组织设计、产品服务等。

1. 创业者

创业者是指具有创新意识和创新能力、有创造新的商业机会、建立新的商业模式、开发新的产品或服务，并将其推向市场的人，他们是一类具有创新思维和行动能力，敢于承担风险，具有综合素质和能力的人。通过创造新的商业机会和创新产品或服务，为社会创造价值，推动社会进步和发展。

创业者通常具有以下特点：（1）敢于冒险：创业者通常敢于承担风险，具有独立思考和行动的勇气和决心。（2）具有创新思维：创业者通常具有创造性的思维，能够发现新的市场机会，提出新的商业模式和产品设计。（3）具有执行力：创业者能够将创意付诸实践，具有良好的组织和管理能力，能够较好地实现自己的目的。（4）具有市场敏感度：创业者通常了解市场需求，预测市场趋势，快速响应市场变化。（5）具有人际和资源网络：创业者需要建立广泛的人际网络，以寻找合作伙伴和投资人，建立企业品牌和形象。（6）具有一定的财务管理能力：创业者需要具有财务管理能力，能够有效地管理企业的资金和财务，确保企业的健康发展。

2. 创业资源

创业资源是指创业者在创业过程、商业活动中所需的各种资源，能够帮助创业者实现商业目标，推动企业的发展。创业者需要进行资源策划和管理，合理配置各种资源，确保企业的长期稳定发展。创业资源包括财务资源、人力资源、物质资源、信息资源、市场资源等。

3. 商业机会

商业机会是指创业者在市场环境中发现的、可以创造经济效益的、有商业潜力的机会。商业机会的本质是市场需求和供给之间的不平衡，创业者通过发现和把握商业机会，提供创新产品或服务，满足市场需求，实现商业成功。它能够是市场需求和供给之间的不平衡所带来的商业潜力。创业者需要关注市场、技术、竞争和资源整合等方面的变化和趋势，把握商业机会，提供创新产品或服务。商业机会的发现和把握需要创业者具有市场敏感度、创新思维和执行力等素质。

4. 技术

技术是指运用科学知识和工程技能，应用于生产、工程、设计、制造、计算机科学等领域的一系列方法、工具和过程。技术的本质是通过对自然规律的研究和应用，制订一种可实现的方案或方法，以解决具体问题或实现某种目标。技术的发展和应用是产业升级和社会进步的重要推动力。技术的创新和应用需要具备科学素养、工程技能、创新思维和实践能力等素质。

（四）创业的类型

创业类型的选择与创业动机、创业者的风险承受力相关，也会直接决定创业策略。因此，对于创业类型的探讨也是创业过程中不可忽视的议题(图4-7)。

二、创业阶段与创业的意义

（一）创业的四个阶段

第一阶段：识别和评估市场机会。该阶段需要创业者具备市场洞察力、判断力和执行力，需要进行充分的市场调研和行业分析，同时需要创新思维和个人经验的支持，以确定市场机会的可行性和潜在收益。

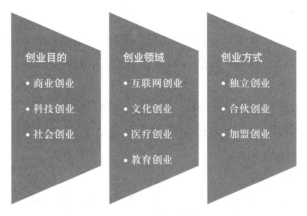

图 4-7　创业类型

第二阶段：准备并撰写创业计划书。在创业计划书的开头，需要概述创业项目的背景、目标和愿景，以及创业者的背景和经验。同时也需要制订相应的营销策略、财务计划和风险管理策略，以评估创业项目的可行性和盈利能力。

第三阶段：获取创业所需资源。创业所需资源包括资金、人力资源、物资、技术、市场等方面。以下是获取创业所需资源的具体方法。

1. 资金。创业最需要的是资金，有以下获取途径。

自筹资金：创业者用自己的积蓄、借款、信用卡等方式筹集资金。

向投资者寻求投资：向天使投资人、风险投资人、私募股权基金等机构或个人寻求投资。

政府支持：政府会提供一些创业扶持政策，如创业补贴、税收优惠等。

2. 人力资源。创业需要有一支优秀的团队，可以通过以下途径获取。招聘：通过招聘网站、社交媒体、校园招聘等方式招聘人才；合作伙伴：通过与其他公司或个人合作，共同完成项目；外包：通过外包公司或自由职业者来完成一些专业性较强的工作。

3. 物资。创业需要一些办公设备、生产设备等物资。租赁：通过租赁公司租赁办公设备、生产设备等物资；购买：通过购买公司或个人出售的二手设备等物资；捐赠：通过向企业或个人申请捐赠物资。

4. 技术。创业需要一些技术支持，主要有以下两种获取方式。

自主研发：通过自主研发来获取技术支持。

合作伙伴：通过与其他公司或个人合作，共同完成技术研发；外包：通过外包公司或自由职业者来完成一些技术性较强的工作。

5. 市场。创业需要有市场需求。调研：通过市场调研来了解市场需求；推广：通过广告、公关、社交媒体等方式来推广产品或服务；合作伙伴：通过与其他公司或个人合作，共同开发市场。

第四阶段：管理新创企业。该阶段需要全面、系统地考虑各个方面，注重团队建设和创新，不断优化和提高企业的管理水平和竞争力。

（二）创业的意义

创业是一个波澜壮阔的历程，能够提供更多的就业岗位，并且激发创业参与者提高素质，推动社会发展的动力。其意义如下：

1. 促进社会多样性

创业对于社会多样性有着深远的影响。创业者来自不同的文化、种族、性别、年龄、教育背景和经济状况，他们的创业经历和成功故事可以激励和启发更多的人，尤其是那些来自少数群体的人。

2. 经济持续繁荣的基础

创业是拉动经济发展的动力源。美国学者约翰·奈斯比特认为，创业是美国经济持续繁荣的基础。美国新经济的兴起与发展离不开硅谷创业企业的大批创立，直到现在，硅谷依旧是美国经济发展的重要支柱。据统计，美国表现最优秀的 50 家高新技术公司中有 46% 参加过美国麻省理工学院的创业大赛。因此，从某种意义上讲，美国高校的创业大赛已经成为美国经济的直接驱动力之一。

3. 促进社会变革

创业对于政府转变发展观念、改变政府职能、促进社会和谐发展有着重要的影响。政府应该积极支持和鼓励创业活动，与创业者合作，共同推动社会的发展和进步。

4. 促进科技进步与成果转化

创业可以促进科技进步和成果转化，因为创业者通常是创新者，他们能够将新技术和新想法转化为商业机会。科技成果转化是将科技成果转化为商业价值的过程。

5. 缓解就业压力

就业能够有效增加百姓的收入，也能够有效促进社会的和谐与稳定。近些年来，我国经济增速放缓，但是就业需求逐步增加，通过鼓励创业能够对全社会就业起到重要的推动作用。

6. 有利于社会资源的合理配置

创业对合理配置社会资源的影响是非常重要的。创业可以促进资源的有效利用、优化配置、可持续利用和公平分配，从而实现整体社会资源的合理配置。

三、创业精神

（一）创业精神的内涵

创业精神这个概念最早出现于 18 世纪，其含义一直在不断演化。很多人仅把它等同于创办个人工商企业，但创业精神的含义要广泛得多。今天的大多数经济学家都认为，创业精神是在社会中刺激经济增长和创造就业机会的一个必要因素。

创业家应该具备的创业精神包括：

1. 创新精神。创业者需要不断寻找新的商业机会和创新方法，不断推陈出新，寻找独特的竞争优势。

2. 冒险精神。创业者需要敢于冒险，尝试新的商业模式和市场策略，勇于面对风险和挑战。

3. 信念精神。创业者需要持有坚定信念，相信自己的创业理念和商业模式，并且始终坚持不懈地追求既定目标。

4. 自信精神。创业者需要拥有自信心，相信自己的能力和判断力，敢于承担责任和决策。

5. 坚韧精神。创业者需要具备坚韧不拔的精神，面对困难和挫折时能够坚持不懈，始终保持积极进取的心态。

（二）创业精神的特点

创业精神是对于创新和创造的热情和追求，以及对于成功的渴望和决心。创业精神是现代社会中非常重要的一种精神力量，它是推动社会进步和发展的核心动力。创业精神的特点如下：

1. 创新性

创业精神的核心是创新，它不断地探索新的商业模式、产品和服务，以满足消费者的需求。创业家不断地挑战传统的思维模式，他们具有敏锐的观察力和判断力，能够把握时机，在最短的时间内获得最大的收益。

2. 风险承担

创业家在创业过程中面临着各种各样的风险，包括财务风险、市场风险、技术风险等。创业家需要有足够的勇气和信心去承担这些风险，他们不会因为一时的失败而放弃，而是会继续努力，不断寻找新的机会。

3. 自我驱动

创业家的成功不仅仅取决于外部环境，更取决于自身的能力和动力。创业家具有强烈的自我驱动力，他们热爱自己的事业，对自己的目标充满热情，不断地追求自我提升和成长。

4. 灵活性

创业家需要具备灵活性，能够随时调整自己的计划和策略。他们对市场和消费者的需求保持敏锐的观察和反应能力，可以快速地做出决策和调整，以适应不断变化的市场环境。

5. 团队合作

创业家通常需要与其他人合作。创业家需要具备优秀的团队合作能力，能够与其他人建立成功的合作关系，以实现共同的目标。创业家需要具备领导能力，能够带领团队实现共同的愿景（图4-8）。

图 4-8　创业精神的特点

第四节　创意、创新、创业的区别与联系

一、创意、创新与创业的区别

创意和创新是两个不同但有关联的概念。创意是创新的基础，创新则是创意的实现和应用。从广义上来看，创意和创新的区别主要在于定义、范畴、难度、风险和创造价值等方面。

（1）定义不同：创意是指产生新思想、新概念、新观点等的能力，是一种思维过程。创新则是指将这些新思想、新概念和新观点应用到实际生产和服务中，开发出新产品、新工艺、新模式等，是一种行动过程。（2）范畴不同：创意是一种广泛的概念，可以应用于各种领域，包括艺术、文学、科学、技术等。而创新则通常指在商业领域中，将创意转化为商业价值的过程。（3）难度不同：创意产生的难度相对较低，可以通过思考、想象、灵感等方式获得。而创新则需要在市场、技术、资金、人力等诸多方面进行综合考虑和实践，难度相对较高。（4）风险不同：创意的风险相对较小，因为它不需要进行实际的投入和行动，只需要思考和想象。而创新的风险相对较大，因为它需要实际的投入和行动，面临技术、市场、资金等方面的挑战和风险。（5）创造价值不同：创意在于为后续的创新提供素材和基础，创造新的可能性和发展机会；而创新则在于创造新的产品、服务和生产方式，提高企业的竞争力和社会的发展水平。

从狭义上来看，创意和创新的区别可以在以下几个方面进行分析：

（1）内容不同：创意是指新思想、新概念、新观点等的产生，是一种思维能力；而创新则是指将这些新思想、新概念、新观点应用到实际生产和服务中，是一种行动能力。（2）目的不同：创意的目的是产生新的可能性和想法，为后续的创新提供素材和基础；而创新的目的则是为了解决实际问题，提高效率和质量，满足市场需求。（3）风险不同：创意的风险相对较小，它并不一定需要付出实际的成本和投入，只需要思考和想象；而创新的风险相对较大，它需要实际的投入和行动，可能面临技术、市场、资金等方面的挑战和压力。（4）价值不同：创意的价值在于为后续的创新提供素材和基础，为企业和社会带来新的可能性和发展机会；而创新的价值则在于创造新的产品、服务和生产方式，提高企业的竞争力和社会的发展水平。

创业和创新是两个不同的概念，尽管它们经常被混淆或混为一谈。创业是指创造新的商业机会或企业，而创新则是指创造新的产品、服务或流程。以下从广义与狭义的角度来区别两者。

广义上的创业包括了所有创造新的商业机会和价值的行为，不仅仅是创办新企业，还有创新营销策略、开拓新市场、产品线扩展等。而广义上的创新则包括了引入新的思想、方法或技术来改善现有产品、服务或流程的行为，无论是产品创新、管理创新还是营销创新等。

狭义上的创业特指创办新企业的行为，包括了创业者从创意、策划到落地实施的一系列过程。而狭义上的创新则特指通过引入新的思想、方法或技术来创造新的产品、服务或流程的行为，通常指的是技术创新、产品创新等。

二、创意、 创新与创业的联系

创意和创新是密不可分的，它们是相互促进和相互作用的关系。创意为创新提供了新的思路和想法，创新则将创意转化为具有商业价值的实践。只有在创意和创新的密切配合下，企业和社会才能不断创造新的价值和发展机会，推动社会的进步和发展。

从广义上来看，创意是创新的基础和前提。创意是指产生新思想、新概念、新观点等的能力，是一种思维过程，它为创新提供了原材料和灵感。创新是指将新思想、新概念和新观点应用到实际生产和服务中，开发出新产品、新工艺、新模式等，是一种行为过程。

从狭义上来看，创意和创新的联系更加紧密，它们是相互促进和相互作用的。创意是创新的源头和驱动力，是创新过程中的关键因素之一；创新则是创意的实现和应用。在狭义的定义中，创新通常是指商业领域中的创新，是将创意转化为商业价值的过程。

创新和创业是密不可分的。创新是指通过创造新的想法、方法或产品来改善或解决现有问题的过程。创业则是指将这些创新想法转化为商业机会并实现商业成功的过程。创新与创业的联系如下：

1. 创新是创业的基础

创新是创业的源头和动力。只有不断地进行创新，才能够不断地推陈出新，提升企业的核心竞争力和市场地位，才能够在市场上获得成功。创业需要创新的想法来创造新的商业机会。创新可以帮助创业者发现新的市场需求，开发新的产品或服务，提高生产效率，降低成本等。

2. 创业是创新的实践

创业是创新的实践和应用。创业者通过创业实践来验证和实现他们的创新想法。

创业者需要将创新想法转化为商业模式，并通过市场验证来证明其商业价值。只有将创新付诸实践，将新的想法、产品或服务转化为商业机会，并通过创业的方式将其推向市场和客户，才能够实现社会效益和商业价值。

3. 创新和创业相互促进

创新可以帮助创业者发现新的商业机会，而创业则可以促进创新的发展。创业者可以通过市场反馈来不断改进和完善他们的产品或服务，从而推动创新的发展。

第五章　创新源泉与创新能力

创新意识和创新能力是两个相互关联且互相促进的概念。创新意识是指人们在面对问题和挑战时，能够采取创新的思维方式和方法，寻找独特的解决方案的能力；而创新能力是指人们具备将创新想法转化为实际行动的能力。两者紧密联系，创新意识为创新能力提供了思想上的支持和指导，而创新能力则是创新意识的实际表现和实现。只有同时具备创新意识和创新能力，才能进行有效创新，并且提升创业的成功率。

📍 学习目标

◎ 了解创新意识的含义和基本特征。
◎ 了解什么是创新的源泉。
◎ 了解创新能力的内涵。
◎ 掌握创新的方法。

【实训项目 14：创新方法案例分析】

1915 年，可口可乐公司向美国的玻璃制造公司下发征集令，要求他们生产一款在黑暗中仅凭触觉即能辨认，甚至摔碎在地也能一眼识别的玻璃瓶。最终，鲁特玻璃公司从可可豆的外形获得了灵感，设计出了"弧形瓶"，并被可口可乐公司选中。专家认为，理想的瓶子应该具备以下 3 个条件：第一，握住瓶子颈部时，不会有滑落的感觉；第二，感觉瓶子中所盛的液体比实际多；第三，外观精巧别致。新设计的这种瓶子完全具备了上述优点。这种玻璃瓶瓶身带有棱带或花纹，使消费者一眼就能认出它来，同时玻璃瓶造型优美，给消费者带来很强的视觉享受。可以肯定的是，可口可乐公司的瓶子造型已成为其品牌资产的一部分，使消费者对其品牌印象深刻，取得了巨大的营销效果，推动了可口可乐公司的发展。

实训任务：鲁特玻璃公司使用的是哪种创新方法？常用的创新方法有哪些？应该如何进行灵活运用？

第一节　创新的源泉

一、创新信息

随着科技的不断进步和经济的快速发展，创新已经成为现代社会发展的核心力量。而大学生作为未来社会的中坚力量，其创新能力和创新水平的提高也成了现代社会发展的重要保障。然而，大学生创新能力的提高需要有足够的信息来源作为支撑和指导。本文将从大学生内部和外部两个方面，详细探讨大学生创新的信息来源。

（一）大学生内部的信息来源

1. 学科课程

大学生的知识技能主要来源于学科课程，也是大学生创新的重要信息来源之一。学科课程通过系统地传授学科基础知识和专业技能，向大学生提供了进行创新的必备知识和技能。大学生可以通过对学科课程的深入学习和思考，发现其中蕴含的创新机会和创新点，并将其应用到实际创新中去。

2. 科研实践

通过参与科研项目和实验室研究，大学生可以接触到最新的科学研究成果和技术前沿，了解科学研究的方法和思路，以此提高自己的创新能力和创新水平。

3. 课外活动

课外活动是大学生获取多元化知识和经验的重要途径。通过参与社会实践、志愿服务、文体活动等课外活动，大学生可以接触到不同领域的人才和经验，了解社会的发展和变化，从而发现创新点和机会。

4. 学生社团

学生社团是大学生创新的重要平台和信息来源之一。学生社团可以为大学生提供创新思维和实践的机会，同时还可以为大学生提供丰富的资源和信息，包括行业前沿信息、创业经验和资源等。

（二）大学生外部的信息来源

1. 行业前沿信息

行业前沿信息是指与学生所学专业相关的最新科技、市场趋势及未来发展方向等信息。大学生可以通过多种途径获取行业前沿信息，例如订阅相关行业杂志、参加专业论坛、关注行业博客或者通过社交媒体关注行业领袖等。

2. 创业经验

创业经验是指创业者在创业过程中所积累的经验和教训。大学生通过学习和了解成功的创业经验和失败的创业教训，能更好地理解创新的过程和规律，从而提高自己的创新能力和创新水平。可以通过参加创业讲座、与成功创业者的交流、阅读创业书籍等方式来获取创业经验。

3. 社会需求

社会需求是指社会对于某种产品或服务的需求和反馈。了解社会需求是大学生创新的重要信息来源之一。大学生通过社会调查、市场调研等方式，了解社会的需求和反馈，从而提供更加符合市场需求的创新产品和服务。

4. 创新大赛

大学生可以参加创新大赛获得启发和经验，感受创新趋势和方向，同时也可以与其他创新者进行交流和合作，从而提高自己的创新能力和水平。创新大赛还可以提供一定的奖金和资源支持，帮助大学生实现创新创业梦想。

二、需求转化

需求转化是指将消费者的需求转化为产品或服务的过程。

1. 发现新的需求

在需求转化的过程中，企业需要深入了解消费者的需求，这可能会带来新的商机。例如，一家公司可能会发现消费者需要更加环保的保温杯，这可能会促使他们研发更加环保的产品。在这个过程中，创新可以帮助企业发现新的市场机会，从而开发出新的产品或服务来满足消费者需求。

同时，在开拓市场过程中贯彻创新意识也能带来新需求的发现。例如，企业可以通过市场调研、消费者反馈、竞争对手分析等方式来了解消费者的真实需求。此外，企业还可以通过创新性的思考来发现新的需求。例如，企业可以通过想象未来的生活方式和消费习惯发现新的需求。

2. 创造新的产品或服务

需求转化可以帮助企业创造新的产品或服务。通过深入了解消费者的需求，企业可以发现新的市场机会，企业通过技术创新、设计创新、商业模式创新等方式来创造新的产品或服务。例如，苹果公司在推出 iPhone 手机时，发现市场上存在一些智能手机的不足之处，例如操作系统不够稳定、屏幕分辨率不够高等。苹果公司针对这些不足进行了改进，推出了更加符合市场需求的 iPhone 手机，从而获得了巨大的成功，这是一款革命性的产品，改变了整个手机市场。在这个过程中，创新可以帮助企业，从而提高企业的竞争力。

3. 提高产品或服务的质量

需求转化可以帮助企业提高产品或服务的质量。通过了解消费者的需求，企业可以发现产品或服务存在的缺陷，并进行改进。这不仅能够提升企业的服务与质量，也能提升消费者的满意度。例如，一家汽车制造商发现消费者对汽车的安全性能有更高的要求，这将促使他们改进汽车的安全性能，从而提高汽车的质量，满足消费者的安全需求。

4. 降低成本

需求转化可以帮助企业降低成本。通过了解消费者的需求，企业可以发现哪些功能是消费者不需要的，从而减少不必要的开发成本。这可以帮助企业更加高效地开发产品或服务，并降低成本。例如，一家电子产品制造商发现消费者对某些功能并不感兴趣，这可能会促使他们减少这些功能的开发，从而降低开发成本。企业也可以通过技术创新、工艺创新、管理创新等方式来降低成本。

三、创造发明

创造发明是创新的源泉，它是推动社会进步和经济发展的重要力量。创造发明不仅可以带来商业机会和经济增长，改善人们的生活质量，推动科学技术的进步和创新，还可以促进社会发展和文化传承。

首先，创造发明可以带来新的商业机会和经济增长。新技术的产生可以帮助企业开拓新的市场，提高竞争力，增加收入和利润。例如，发明了智能家居系统，可以为家电企业带来新的商业机会和经济增长点。同时，创造发明也可以促进产业升级和转型，推动经济结构优化和转型升级。例如，发明了新型材料，可以为制造业带来新的商业机会和经济增长。

其次，创造发明可以改善人们的生活质量。新技术与发明可以提高生产效率，降低成本，提高产品质量和服务水平，提高人们的生活品质。例如，发明了智能医疗设备，可以为医疗行业带来新的技术和服务，提高医疗水平和服务质量。同时，创造发明也可以促进社会公共服务的提升及社会公平，例如发明了智能交通系统，可以提高交通安全和效率，改善人们的出行体验。

再次，创造发明可以推动科学技术的进步和创新。新产品或技术是推动科学技术的研究和发展的关键要素，促进知识产权的保护和创新，推动科技创新和产业升级。例如，发明了新能源技术，可以为能源行业带来新的突破和进展，推动能源结构的转型和升级。同时，创造发明也可以激发人们的创造性思维和实践能力，培养创新型人才和创新文化，推动全社会科技创新和产业升级。

最后，创造发明可以促进社会发展和文化传承。通过发明新产品或技术，可以推动社会发展和文化传承，促进文化多样性和文化创新。例如，发明了数字化文化遗产保护技术，可以为文化传承和保护带来新的思路和方法。同时，创造发明也可以促进社会公益事业的发展，例如发明了智能环保设备，可以为环保事业带来新的技术和服务，推动环保事业的发展。

四、竞争补足

竞争补足是企业在市场竞争中的一种重要策略，它可以促进企业的创新和发展，提高产品质量和技术水平，推动市场竞争，从而为消费者带来更好的产品和服务。以下是竞争补足带来创新的方式。

第一，竞争补足激发企业的创新意识。在竞争激烈的市场环境中，企业需要不断寻找新的解决方案和创新的方法，以满足市场需求。这种竞争可以促使企业不断思考如何提高产品的性能、降低成本、提高效率等，推动企业的创新和发展。例如，华为技术有限公司（下面简称"华为"）是一个典型的例子，作为全球领先的通信技术解决方案供应商，华为一直面临激烈的市场竞争，为了在竞争中保持领先地位，华为一直致力于技术创新和研发投入。公司设立了全球研发中心，每年投入大量资金用于科研和开发，不断推出新产品和新技术。同时，华为也通过与国内外顶尖高校、研究机构合作，开展技术研究和人才培养，提高公司的创新能力和竞争力。可以说，竞争对于华为来说是一种动力，激发了华为公司的创新意识。

第二，竞争补足促使企业不断提高产品质量。在市场竞争中，消费者是最终的裁判，他们会选择质量更好、价格更合理的产品。因此，企业必须把重点放在提高产品质量上来，以赢得消费者的信任和支持。这种竞争可以促使企业不断改进产品设计、生产工艺和质量控制等，从而提高产品的质量和竞争力。例如，海尔集团是全球领先的家电制造商，面临着激烈的市场竞争，为了在竞争中获得优势，海尔集团一直致力于提高产品质量。公司设立了全球质量管理中心，引入国际先进的质量管理体系，不断优化和完善产品的设计、生产和服务环节，提高产品的质量和可靠性。

第三，竞争补足促进市场竞争，使市场更加公平和透明。在竞争激烈的市场环境中，企业需要不断提高效率和降低成本，以提高产品的竞争力。这种竞争可以促进市场的发展和壮大，为消费者带来更多的选择和更好的服务，进而刺激产生更多的创新想法。在 2013 年，支付宝和微信支付开始在中国市场上竞争。在市场竞争的激烈环境中，支付宝和微信支付不断推出新的服务和功能，如红包、生活缴费、信用卡还款等，以吸引更多的用户。此外，其他公司也开始进入移动支付市场，如银联、京东支付、美团支付等。这些竞争者不断推出新服务和新功能，使得移动支付市场变得更加多元化。这些竞争促进了市场行为的竞争，使得移动支付市场逐渐成了一个相对公平的市场。

第四，竞争补足促进企业的长期发展。在竞争激烈的市场环境中，企业需要不断创新和改进，才能保持竞争优势。这种竞争可以促使企业不断提高自身的能力和竞争力，从而实现长期的发展和壮大。为了在竞争中获得优势，腾讯一直致力于提高自身的核心竞争力，公司通过不断加强技术研发和创新，推出了一系列具有市场竞争力的产品和服务，如微信、QQ 等。同时，腾讯也通过与其他企业的合作，不断完善自己的商业模式和战略布局，提高自身在市场竞争中的地位。这些措施不仅使腾讯在竞争中获得了优势，而且也促进了公司的长期发展。

第五，竞争补足激发企业探索创新商业模式的灵感，发掘新的市场机会。在竞争中，企业需要不断探索新的商业模式以应对市场的变化，通过发现竞争对手商业模式的不足和短板，企业可以尝试新的商业模式，提供更加符合市场需求的产品和服务。例如，滴滴出行作为出行领域的新创企业，通过发现传统出租车市场存在的不足，例如等待时间长、服务质量较差等，提出了共享出行的商业模式，在市场上取得了巨大的成功。

第二节　创新的方法

创新方法是指一系列用于促进创新和解决问题的方法和技术。根据不同的分类方式，创新方法可以分为以下几种类型：

一、创新思维分析类

（一）设计思维

设计思维是一种以人为本的创新方法论，通过从用户的角度出发，以解决问题为核心，以快速原型、测试和反馈为手段，不断迭代优化设计方案，最终达到解决问题、提高用户体验的目的。

1. 设计思维的作用

（1）强调用户体验

设计思维的核心是将用户放在设计过程的中心，通过深入了解用户需求和问题，以创造性的方式解决问题。作为强调用户体验的方法论，以持续迭代和反馈的方式，不断优化设计方案，以达到最佳的用户体验。在帮助设计师更好地了解用户的需求和期望的基础上，从而创造出更符合用户需求的设计方案。

（2）提高效率

设计思维通过迭代和反馈的方式，不断优化设计方案，以达到更佳的用户体验。在持续的方案更新中找到突破口，在新路线的推动下提高设计效率。通过不断的迭代和反馈，设计师可以更快地找到更佳的设计方案，从而节省时间和成本。

（3）降低风险

设计思维通过测试和用户反馈，不断优化和改进设计方案，以达到最佳的用户体验。设计者经过有效的数据分析与处理，对于外部环境的了解更为深入，帮助自己做出正确的抉择，从而降低设计风险。通过测试和用户反馈，设计师可以更好地了解用户的需求和期望，避免设计方案的失败。

（4）促进跨学科合作

设计思维强调团队合作和跨学科合作，以便更好地解决问题。这种方法论可以促进不同领域的专家和团队之间的交流合作，使得更多奇思妙想产生碰撞，进而迸发出绝佳的创意，以创造更好的设计方案。同时通过跨学科合作，设计师可以更好地了解用户需求和问题，从而使得设计方案更符合用户的需求。

2. 如何训练设计思维

（1）研究用户需求

设计思维的核心是以用户为中心，研究用户的需求和痛点，了解用户的心理和行为，从而为用户提供更好的服务和产品。在设计思维的第一阶段，需要通过各种方式（如用户访谈、问卷调查、观察法等）了解用户的需求和痛点，确定用户的真正需求，为后续的设计提供指导。

（2）定义问题

在了解用户需求之后，需要对问题进行定义和分析，确定要解决的问题是什么，以及问题的具体范围和限制条件。此阶段需要通过头脑风暴或其他创新方法，将问题进行分解和归类，以便更好地理解问题并为解决问题找到更多的切入点。

（3）创造解决方案

在确定问题之后，设计思维的下一步是创造解决方案。这一步可以通过头脑风暴、原型设计、故事板等方式，收集和整合各种想法和创意，进而生成一系列解决方案。此阶段的目的是通过创意激发创新思维，为解决问题提供更多的可能性。

（4）原型测试

设计思维的第四步是原型测试。通过制作原型，可以让用户更好地了解方案，同时可以更好地发现问题和不足之处。在原型测试阶段，需要收集用户反馈，了解用户对解决方案的看法和建议，并根据反馈对方案进行修改和优化。

（5）反复优化

在原型测试之后，设计思维需要进行反复优化。通过不断地制作原型、测试和反馈，可以不断优化解决方案，提高解决方案的可行性和用户体验。此阶段需要灵活应对用户反馈和意见，不断调整和优化解决方案，以达到更好的效果。

（二）侧向思维法

侧向思维是英国心理学家爱德华·德博诺在 20 世纪 60 年代提出的一种创新思维方法。作为一种非常重要的思维方式，它可以帮助人们创新创意、提高效率、增强竞争力，以便更好地解决问题。在当今快速变化的社会中，侧向思维已经成为一种必备的能力。垂直思维是一种线性、逻辑、顺序的思考方式，它是基于已知事实和通过逻辑推理来解决问题的，而侧向思维则是一种非线性、非逻辑、非顺序的思考方式，它是基于创造性思维和通过想象力来解决问题的。

1. 侧向思维的作用

在解决问题的过程中，我们经常会陷入传统的思维模式，难以找到创新的解决方案。这时候，侧向思维就能够帮助我们跳出常规思维，从不同的角度和方向来思考问题。比如，在解决一个产品设计问题时，我们可以用侧向思维来寻找新的灵感。我们可以从不同的文化、历史、艺术等方面入手，寻找与产品相关的元素和概念。或者，我们可以从用户的角度出发，思考他们的需求和期望，从而找到更好的设计方案。

2. 如何训练侧向思维

（1）创造不同的思维环境。走出舒适区，尝试新的事物可以激发侧向思维。可以通过旅行、参加不同的社交活动、尝试新的兴趣爱好等方式创造不同的思维环境。

（2）提出不同的问题。通过提出不同的问题，从不同的角度思考，可以培养侧向思维。例如，从"为什么会发生这种事"转变为"如果这种事情发生了，我们该怎么应对"。

（3）进行思维游戏。例如，尝试用一种新的方法解决一个问题，或者从一个单词或物品出发，尽可能多地想到与之相关的事物等，都可以锻炼侧向思维。

（4）阅读、观察和学习。通过阅读、观察和学习，可以接触到不同的思想和观点，从而拓展自己的思维。可以读一些富有创意的小说，观看创意广告，学习新的知识等。

（三）类比思维法

类比思维法是一种将两个或多个不同领域的事物进行比较和联系的思维方式。它是一种非常重要的创新思维方法，可以帮助人们从不同的角度看待问题，寻找新的解决方案。其基本原理是：将一个问题与另一个领域的问题进行比较，找到它们之间的相似之处，从而得出新的解决方案。

1. 类比思维的作用

（1）加速学习。通过将新的知识和经验与已有的知识相类比，可以更快地学习新的事物。

（2）提高决策质量。通过将不同领域的经验和知识相类比，可以更全面地考虑问题，从而做出更优的决策。

（3）提高创作能力。通过将不同领域的想法和概念相类比，可以激发人们的创作灵感，从而产生更有创意的作品。

2. 如何训练类比思维

（1）确定问题。首先需要确定要解决的问题，明确问题的性质和范围。

（2）找到类比对象。找到与问题相关的另一个领域或对象，这个领域或对象与所处理的问题有相似之处。

（3）比较相似之处。比较问题和类比对象之间的相似之处，找到它们之间的联系和共性。

（4）应用类比思维。将类比对象的解决方案应用到所处理的问题中，寻找新的解决方案。

（四）逆向思维法

逆向思维是一种通过反向思考而得出解决问题的方法。传统的思维方式是通过分析现象和数据来找到问题的解决方案，而逆向思维则是从问题的结果出发，通过追溯问题的根源来找到解决问题的方法。

1. 逆向思维法的作用

逆向思维的应用范围非常广泛，可以用于解决各类问题，包括个人生活、工作、商业、科学等方面。例如，在商业领域，逆向思维可以帮助企业识别市场需求，改进产品设计，提高销售业绩；在科学领域，逆向思维可以帮助科学家发现新的研究方向和解决方案，推动科学技术的进步。

2. 如何训练逆向思维

（1）确定问题。首先明确要解决的问题是什么，可以通过分析和整理问题，明确问题的性质、范围和影响，以便更好地确定解决问题的目标。

（2）定义目标。确定问题的最终目标是什么，即达到什么样的结果就算解决了问题。通过设定目标，可以更好地指导整个思考和解决问题的过程。

（3）追溯原因。从目标出发，想办法追溯问题的原因，找到问题产生的根源。通过追溯原因，可以更好地理解问题的本质，为解决问题提供更有针对性的方案。

（4）设想解决方案。基于问题的根源和目标，设想出解决问题的方案。可以通过思考、讨论、头脑风暴等方法，找到多种可能的解决方案。

（5）验证方案。对方案进行评估和验证，看是否能够达到预期目标。可以通过实验模拟、数据分析等方法，不断对方案进行验证和改进。

（6）实施方案。选择最合适的方案，并着手实施。在实施过程中，需要不断地监督和调整方案，确保最终达到预期目标。

【实训项目 15：运用创新思维方法分析产品的价值】

以苹果公司为例，运用不同的思维方法分析其产品的价值。

逆向思维法：苹果公司在设计产品时，往往是先从用户体验出发，而不是先考虑产品功能。它们不断思考"用户需要什么"，而非"我们能够做什么"。因此，苹果产品的设计一直坚持简洁、直观、易用的原则，让用户无需花费额外的时间和精力就能上手使用，这给用户带来了极大的方便和舒适感。

类比思维法：苹果公司一直致力于把消费者的生活方式与技术融合在一起。例如，iPhone 中的 Siri 语音助手就类比了人与机器之间的对话，让用户可以通过与手机交流来完成各种任务。这种类比思维，使苹果公司的产品和服务更接近用户的生活，从而满足用户需求，提升了产品的价值。

苹果公司通过创新的策略，不断引领市场，实现了与众不同的产品设计。例如，苹果公司在可穿戴设备领域的创新，推出的 Apple Watch 不仅具备基本的手表功能，还能检测人体健康数据，支持支付宝等多种应用。这种侧向思维法，为苹果公司提供了更广泛的市场和更有针对性的解决方案，提升了产品价值。

设计思维法：苹果公司将设计视为产品成功的关键。除了外观设计上的优化，苹果公司还注重对产品细节的关注，例如，在 Apple Watch 上使用了触觉反馈技术等。这种设计思维，让苹果公司的产品更加人性化和智能化，吸引消费者的青睐，提升了产品的价值。

实训任务：苹果公司运用了怎样的创新方法，以及具体是如何运用的？

二、创新工具分析类

（一）试错法

试错法又称试验法或实验法，是一种通过不断尝试和调整的方式来解决问题的方法。它是一种基于实践和经验的方法，通过尝试不同的解决方案，并不断从中学习和调整，来达到解决问题的目的。试错法的基本原理是通过反复实验和调整，不断修正和改进解决方案，从而逐步接近问题的最优解。试错法通常适用于问题复杂、解决方案不明确或者需要逐步优化的情况。

1. 试错法的作用

在试错法中，人们通常会尝试多种不同的解决方案，并根据每次实验的结果，不断调整和优化方案，直到找到最优解或者接近最优解。试错法在实践中应用广泛，特别是在工程设计、科学研究、产品开发等领域。它的优点是可以在不断调整和优化的过程中逐渐接近最优解，并且可以不断从实践中学习和积累经验。但是，试错法也存在一些缺点，例如需要大量的时间和资源投入、存在风险和不确定性等，在实践中是否采用要慎重考虑。

2. 如何训练试错法

（1）学习和了解试错法的基本理论和实践方法，包括试错法的核心思想、流程和技巧等。可以通过阅读相关书籍和文章、参加培训课程等途径来学习。

（2）选择一个实际的问题或挑战，并进行实践。可以从工作中遇到的问题、自己感兴趣的领域、社会问题等方面选择一个问题或挑战，进行实践和尝试。在实践中，可以通过不断尝试和调整，从中学习和积累经验。

（3）尝试不同的解决方案和创意。在实践中，可以尝试不同的解决方案和创意，从中发现问题和不足，并进行改进和优化。可以通过头脑风暴、思维导图、创意工具等方法来产生不同的创意和解决方案。

（4）记录和总结实践过程和结果。在实践过程中，可以记录和总结每次实验的过程和结果，包括尝试的解决方案、实验结果、经验教训等。通过总结和反思，可以发现问题和不足，并进行改进和优化。

（5）探索和尝试新的工具和技术。试错法需要不断尝试和探索新的工具和技术，以帮助我们更好地实践和应用。可以通过网络搜索、参加培训课程、参加社区活动等途径来了解和学习新的工具和技术。

（6）坚持实践和反思。试错法需要坚持实践和反思，不断尝试和调整，从中发现新的机会和灵感。在实践过程中，需要保持开放的心态，不断学习和尝试，从中获得成长和进步。

（二）六顶思考帽法

六顶思考帽是一种思维工具，通过不同的"思考帽"来引导人们采取不同的思维方式，从而更加全面和深入地思考问题。六顶思考帽包括白帽思考、红帽思考、黄帽思考、黑帽思考、绿帽思考和蓝帽思考六种思考方式（图5-1）。

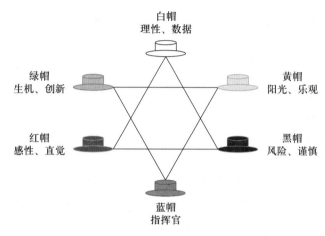

图5-1 六顶思考帽法

1. 六顶思考帽法的作用

（1）白帽思考。白帽思考主要是指以事实和数据为基础的思考方式。在进行白帽思考时，可以关注问题的真实情况和现实数据，进行客观分析和判断，以便更好地了解和解决问题。白帽思考可以帮助人们摆脱主观情感的影响，从客观事实出发，进行更为准确的分析和判断。

（2）红帽思考。红帽思考主要是指以感性和情感为基础的思考方式。在进行红帽思考时，可以关注个人情感和心理感受，进行主观评价和表达，以便更好地了解和表达自己的观点和立场。红帽思考可以帮助人们充分发掘自己的感性和情感，从而更好地表达自己的观点和立场。

（3）黄帽思考。黄帽思考主要是指以积极和乐观为基础的思考方式。在进行黄帽思考时，可以关注问题的优势和潜在机会，进行积极评价和探索，以便更好地发掘和利用问题的价值和潜力。黄帽思考可以帮助人们摆脱负面情绪，从积极的角度出发，寻找问题的优势和潜在机会。

（4）黑帽思考。黑帽思考主要是指以负面和批判为基础的思考方式。在进行黑帽思考时，可以关注问题的缺陷和风险，进行负面评价和分析，以便更好地识别和解决问题。黑帽思考可以帮助人们发现问题的风险和隐患，从而更好地预防和解决问题。

（5）绿帽思考。绿帽思考主要是指以创新和想象为基础的思考方式。在进行绿帽思考时，可以关注问题的未来和潜在变化，进行创造性思考和探索，以便更好地创新和发展。绿帽思考可以帮助人们发掘自己的创造性和想象力，从而更好地发现新的解决方案和创新机会。

（6）蓝帽思考。蓝帽思考主要是指以组织和控制为基础的思考方式。在进行蓝帽思考时，可以关注问题的整体和目标，进行组织和规划思考过程，以便更好地整合和管理各种思考方式，达到最终的目标。蓝帽思考可以帮助人们有效地组织和管理思考过程，从而更好地达成目标和解决问题。

2. 如何训练六顶思考帽法

（1）熟悉六顶思考帽法的基本概念和原理。在训练六顶思考帽法之前，需要先熟悉六顶思考帽法的基本概念和原理，以便更好地理解和运用该方法。可以通过阅读相关的书籍或文章进行学习。

（2）练习六顶思考帽法的转换。在训练六顶思考帽法时，需要在不同的情境下迅速转换思考帽子，从而能够更好地应用该方法。

（3）进行实践演练。在训练六顶思考帽法时，需要选择一些具体的问题或情境，通过运用六顶思考帽法进行思考和决策，从而加深对该方法的理解和掌握。例如在团队讨论或会议中，可以运用六顶思考帽法进行讨论和决策。

（4）进行反思总结。在训练六顶思考帽法时，需要对每次实践演练进行总结和反思，分析优缺点，寻找改进方法，从而不断提高运用六顶思考帽法的能力。例如记录每次运用六顶思考帽法的情境和效果，并进行总结和反思。

（三）头脑风暴法

头脑风暴法是一种创造性思维方法，旨在通过集体讨论和自由联想的方式，激发人们的创造力和想象力，快速产生大量的创意，从而解决问题或实现目标。它是一种开放性、自由性的思维方式，可以帮助人们打破常规思维模式，从而产生更加创新和多样化的思路。头脑风暴法的核心思想是"不批评、自由联想、数量优先、合并和改进"，它可以应用于各个领域，例如企业管理、市场营销、教育培训等。

1. 头脑风暴法的作用

（1）创造自由联想的环境

头脑风暴法的核心原则之一是"自由联想"，即在这个环境中，人们可以尽情地发挥自己的想象力和创造力，不受任何限制和约束。这种自由联想的环境可以激发人们的创新思维，打破传统思维模式，产生更加创新、多样化的思路。

（2）集思广益

头脑风暴法的另一个核心原则是"集思广益"，即利用多人的智慧和创意，通过集体讨论和交流，共同产生更多的创意。这种集思广益的环境可以带来更多的思维资源和创意，从而增加创新的可能性。

（3）产生大量的创意

头脑风暴法的第三个核心原则是"数量优先"，即在头脑风暴的过程中，要尽可能快速产生大量的创意。这种方式可以带来更多的选择和机会，在众多的创意中筛选出最优秀的方案。

（4）合并和改进

在头脑风暴的过程中，可以结合和改进不同的创意，以产生更多创新和可行的思路。这种方式可以将不同的创意结合起来，进一步增加了创意的多样性和创新性。

2. 如何进行头脑风暴

在进行头脑风暴之前，要明确问题与目标，制定一系列规则与原则，在进行过程中应遵循以下步骤：首先，让所有参与者安静下来，放松身心，集中注意力，必要时可以进行柔性训练。然后，提出问题或目标，让参与者进行自由联想，从而产生大量的创意。在这个过程中，不要批评或评判任何一个创意，只需记录下来。接着，可以通过提出更具体的问题或提示，引导参与者产生更加创新和有价值的创意。同时，可以要求参与者进一步阐述和解释他们的创意，以更好地理解和挖掘其中的潜力。最后，将所有的创意进行分类、筛选、合并和改进，选出最优秀的方案。

（四）六西格玛法

六西格玛法是一种数据驱动的质量管理方法，旨在通过最小化缺陷数量来提高企业或组织的业务流程和绩效。六西格玛法基于一套系统化和统计分析的方法，通过收集和分析数据，以最大限度地减少产品或服务的变异性和缺陷率，从而实现优化流程和提高质量的目标。

1. 六西格玛法的作用

（1）提高质量。通过对生产和服务过程进行优化和改进，可以减少生产过程中的变异，从而提高产品或服务的质量。

（2）降低成本。通过减少缺陷和浪费，可以降低生产和服务的成本，从而提高企业的利润。

（3）提高效率。通过优化生产和服务过程，可以消除不必要的步骤和环节，从而提高效率。

（4）加强组织管理。六西格玛法需要全员参与，才能够加强组织管理。它要求所有员工都要对质量管理负责，从而提高企业的组织效率和团队合作精神。

2. 如何训练六西格玛法

（1）学习六西格玛法的基本概念和原理

六西格玛法核心是通过对业务流程的优化和改进来提高产品或服务的质量。为了学习六西格玛法，需要了解其基本概念和原理，包括 DMAIC 流程、六西格玛法的核心工具和技术等。

（2）参加培训课程

参加六西格玛法的培训课程，可以帮助我们快速掌握六西格玛法的知识和技能。

培训课程分为入门、中级和高级课程，可以根据自己的需求和情况选择适合自己的课程。在培训课程中，可以学习六西格玛法的理论知识和实际应用，同时还可以与其他学员交流经验和思路。

（3）实践

在学习六西格玛法的过程中，需要进行实践来巩固所学知识和技能。可以选择一个能够持续改进的业务流程，应用六西格玛法进行改进。在实践过程中，要收集和分析数据，确定业务流程中的瓶颈和问题，并通过改进措施来提高业务流程的质量和效率。实践过程可以帮助深入理解六西格玛法的应用，并提高实际操作能力。

（4）参加项目

参加六西格玛法的项目，与其他专业人员一起合作解决实际问题。在项目中，可以运用所学的六西格玛法知识和技能，同时也可以通过与其他人的合作，学习到更多的知识和经验。参加项目可以帮助更好地了解六西格玛法在实际应用中的效果和作用。

（5）持续学习

六西格玛法是一个持续改进的过程，要不断学习和掌握新的技能和工具，以提高自己的能力和水平。可以通过参加专业培训、阅读相关书籍和文章、与其他专业人员交流等方式进行持续学习。持续学习可以帮助不断提高自己的能力和知识水平。

【实训项目 16：头脑风暴法练习】

以小米公司为例，介绍其运用头脑风暴法设计实体产品或服务的营销方案：小米公司曾经推出过名为"米家好客"的产品，它是一款功能复合型的餐厅设备，集智能打印点单、自助结账、环保餐具等多种服务于一身，旨在为餐厅提供更智能、快捷、环保的服务。在推出这款产品之前，小米公司召集了一支跨领域的团队，使用头脑风暴法展开创意思考，团队成员可以自由提出各种创意。

团队首先从顾客的需求与行为出发，探讨顾客在用餐过程中的痛点和需求，如点餐麻烦、结账缓慢等。随后，他们展开头脑风暴，提出了许多创意解决方案，如智能点餐机、数字支付等。经过筛选，他们最终决定将这些创意融合在一起，设计出了"米家好客"这一产品，并很快将其推向市场。

小米公司的这一案例表明，头脑风暴法是启发创意的一种有效方法。通过多样化的思维方式，激发跨领域的团队成员的创造力，小米公司成功设计出了一个实用性强、满足环保要求的智能餐饮设备，帮助餐饮行业提高营销效果，并获得成功的推广和商业价值。

实训任务：小米公司是怎样运用头脑风暴法的？

三、创新系统分析类

（一）TRIZ法

TRIZ法是一种创新方法，其全称为"理论解决问题的发展"，是俄罗斯发明家阿尔图尔·盖纳里耶维奇·阿尔图谢夫基于对大量专利文件的研究和分析，提出的一套解决问题的方法和工具。TRIZ法的核心思想是"找到已有的解决方案，重新组合应用到新的问题中"，其目的是通过找到既简单又有效的解决方案，提高问题解决的效率和质量。

1. TRIZ法的作用

（1）提供创新思路和方法。TRIZ法中包含许多工具和技术，如39项发明原则、矛盾矩阵、物理矩阵等，这些工具和技术可以帮助人们分析问题、挖掘问题背后的根本原因，并找到最优解决方案。通过应用这些工具和技术，TRIZ法为创新提供了更多的思路和方法。

（2）挖掘潜在问题和需求。TRIZ法通过对问题的分析和解决，可以帮助人们挖掘出潜在的问题和需求，从而为创新提供更加明确和具体的方向和目标。例如，TRIZ法中的"矛盾矩阵"可以帮助人们找到问题的矛盾点，从而为创新提供更加明确的方向和目标。

（3）提高创新效率和质量。TRIZ法通过发现既简单又有效的解决方案，可以帮助人们快速找到最优解决方案，提高创新效率和质量。例如，TRIZ法中的"39项发明原则"可以帮助人们快速找到已有的解决方案，并将其应用到新的问题中，进而提高创新效率和质量。

2. 如何训练TRIZ法

（1）确定要解决的问题或挑战。这是TRIZ法应用的前提，需要明确需要解决的问题或挑战，问题或挑战要尽可能地清晰明确，这样才能有针对性地应用TRIZ法进行分析和解决。

（2）收集相关信息。TRIZ法要求收集和分析大量相关信息，包括历史上类似问题的解决方案、问题的根本原因、相关技术的发展状况等。这些信息可以从各种渠道获取，例如专业书籍、专利文献、行业报告等。

（3）应用TRIZ工具和方法。TRIZ法包含大量的工具和方法，其中包括39项发明原则、矛盾矩阵、物理矩阵等。需要根据具体情况选择合适的工具和方法，并应用到问题的分析和解决之中。例如，对于一个存在矛盾的问题，可以应用矛盾矩阵找到矛盾的本质，再结合39项发明原则寻找最优解决方案。

（4）创造新的解决方案。TRIZ法的目标是创造既简单又有效的解决方案。需要根据应用的工具和方法，结合实际情况，创造新的解决方案，并对其进行评估和改进。例如，对于一个需要减少重量的产品，可以应用物理矩阵找到相应的物理效应，并找到最优的解决方案，例如使用轻质材料或者减少结构复杂度等。

（5）实施和持续改进。TRIZ 法提出的解决方案需要实施和持续改进，需要对其进行有效的实施和跟踪，以确保解决方案的效果和质量。同时，需要在实施过程中不断寻找改进的机会，不断优化解决方案，以满足不断变化的需求。

（二）属性列举法

属性列举法是一种分析和分类事物的方法，通过列举事物的属性或特征，将其分成不同的类别或类型。这种方法通常用于研究和分类复杂的事物，如自然界中的植物、动物等，或社会中的人、产品等。在分析和研究这些事物时，可以通过属性列举法来帮助我们更好地理解和分类。

1. 属性列举法的作用

（1）帮助分析问题。通过列举事物的属性，可以更好地了解问题的本质，从而深入分析问题。

（2）拓展思路。通过列举不同的属性，可以拓展思路，找到新的解决方案。

（3）提高问题解决能力。通过反复使用属性列举法，可以培养解决问题的能力，从而提高问题解决能力。

2. 如何训练属性列举法

第一，选择需要分析和分类的事物，并确定研究的目的和范围。

第二，列举事物的各种属性或特征，可以通过观察、实验、调查等方式来收集这些属性或特征。

第三，对列举出来的属性或特征进行分类和组合，将相似的属性和特征归为一类。

第四，对不同的类别进行比较和分析，找出它们之间的联系和差异。

第五，根据研究目的，对不同的类别进行归纳和总结，得出结论。例如，对于一种植物，我们可以通过属性列举法来研究和分析它。首先，我们可以列举出这种植物的各种属性和特征，如叶子形状、花朵颜色、果实大小等。然后，我们可以对这些属性进行分类和组合，如将叶子形状相似的植物归为一类，颜色相似的植物归为一类，果实大小相似的植物归为一类。接着，我们可以对不同的类别进行比较和分析，找出它们之间的联系和差异，如颜色相似的植物可能生长在同一地区，果实大小相似的植物可能有相似的营养成分。最后，我们可以根据研究目的，对不同的类别进行归纳和总结，得出结论，如不同类别的植物可能有不同的生长环境和营养需求等。

（三）核检表法

核检表法是一种通过列出问题的各种可能原因，并逐一对其进行排除或确认，以找到问题的根源或最终解决方案的方法。

1. 核检表法的作用

该方法通常采用表格的形式进行记录和分析，旨在帮助人们更系统、更全面地分析问题，并找到最适合的解决方案。基本思想是将问题分解为各个可能的原因，并对这些原因进行逐一排除或确认，从而找到问题的根源或最终解决方案。该方法适用于各类问题的解决，包括工作、生活、科学、技术等方面。其优点是可以帮助人们更全面、更系统地分析问题，避免忽略某些可能的原因，从而提高解决问题的准确性和效率。缺点是需要较长的时间和精力来完成，对问题分析者的能力和经验要求比较高。

2. 如何训练核检表法

（1）确定问题。首先要明确要解决的问题是什么，包括问题的性质、范围和影响等方面。

（2）制作核检表。制作核检表是核检表法的核心步骤。可以将问题作为表格的标题，将所有可能的原因列在表格的左侧，然后在表格的右侧进行确认或排除，以帮助分析问题。

（3）收集信息。收集有关问题的所有可用信息，包括事实、数据、经验等方面。可以通过调查、讨论、研究等方式收集信息。

（4）分析信息。对收集到的信息进行分析和整理，找出问题的各种可能原因，并将它们填写到核检表的左侧。

（5）逐一排除或确认。从核检表的左侧开始，对每一个可能原因进行排除或确认。如果某一个原因不是问题的根源，就将其排除；如果某一个原因是问题的根源，则需要确认它并继续对其进行深入分析。

（6）找到根源。通过逐一排除或确认，最终找到问题的根源，并确定最适合的解决方案。

（7）实施方案。选择最合适的解决方案，并开始实施。在实施过程中，需要不断地监督和调整方案，以确保最终达到预期目标。

【实训项目 17：TRIZ 法的运用】

上海某汽车零部件有限公司是一家致力于开发和制造新型汽车底盘零部件的企业，该公司采用 TRIZ 法进行创新，开发了许多成功的新产品。

上海某汽车零部件有限公司将 TRIZ 法应用于汽车底盘零部件的研发中。他们通过分析汽车底盘零部件的工作机理、功能和结构等特点，发现存在的技术矛盾和瓶颈，并利用 TRIZ 法中的方案解决技术矛盾。

例如，该公司在开发汽车底盘产品时，利用 TRIZ 反向思维模式，解决了底盘结构复杂、安装和维护困难等问题，研发了一种全新的动力传输系统。该系统结构复杂度大大降低，安装和维护简单多了。同时，这种新的动力传输系统提高了汽车的性能和驾驶舒适性，提高了汽车的安全性。此外，生产成本也有了显著降低。

该公司的成功案例表明，TRIZ 法在国内企业中的应用已经得到了广泛认可。它可以帮助企业通过创造性的方法解决技术难题，推出新产品，提高产品质量，并降低成本，更好地满足消费者的需求，为企业的发展注入强劲的动力。

实训任务：该公司是怎样运用 TRIZ 法的？

【实训项目 18: 属性列举法的运用】

联想曾经运用属性列举法进行创新, 在笔记本电脑的设计和生产方面取得了成功。传统笔记本电脑的设计以结实和耐用为主要考虑因素, 因此它们通常都比较重, 不方便携带。联想在问题解决中应用了属性列举法, 以轻量化为主要目标, 进行了一系列的创新设计。

首先, 联想针对电池这一问题进行了属性列举, 找到了问题的多个属性, 例如容量、重量、安全等。然后联想使用创新的思维来重新设计电池, 以减轻重量而不影响容量和安全性。最终, 联想开发出了一种轻巧、高容量的电池, 这大大减轻了笔记本电脑的重量, 使得用户能够更方便地携带电脑。

除此之外, 联想还针对其他笔记本电脑的属性进行了创新。例如, 他们对键盘进行了重新设计, 以提高键盘的舒适性和使用寿命。他们还推出了一款特别的笔记本电脑, 配有一块触控屏幕, 可以折叠和旋转, 方便用户在不同场景下使用。

这些创新设计使联想在笔记本电脑市场上赢得了广泛的用户认可, 使其成为一个备受消费者信赖的品牌。

实训任务: 联想公司是怎样运用属性列举法的?

【实训项目 19: 核检表法的运用】

小米集团作为一家新兴科技企业, 一直在探索新的业务模式和产品创新, 以适应市场的需求和变化。在面对市场和客户不断提出的新需求时, 小米会采用核检表法来分析问题, 找到问题的根本原因, 并提出应对方案, 用科学的方法来解决问题。

当小米在制定新款手机规划时, 他们会持续关注市场需求和竞争对手的产品, 并将这些数据纳入到核检表中进行分析和比较, 找到其产品短板和优化点。还会进行利益分析, 找出哪些功能更受用户欢迎, 哪些功能可以给客户带来更多价值等, 从而制定更加合理的改进方案。

小米还在智能家居、电视等领域积极探索并创新, 这也是小米团队在市场竞争中一直保持领先地位的关键所在。他们会围绕着客户需求, 沿着核检表所列出的方向进行产品创新, 以最大化地提高产品质量和用户体验。

总之, 小米通过运用核检表法分析市场需求、产品竞争和客户利益等多方面信息, 从而找到了创新的突破口, 提升了公司的创新质量和开发效率。

实训任务: 小米公司是怎样运用核检表法的?

第三节　创新能力的构成

一、创新思维能力

这是创新能力的核心，包括思维的广度、深度、敏捷度、灵活度、创造性和创意表达等方面，是创新过程中最基本的能力。创新思维能力是指个体在解决问题和面对挑战时，通过创造性思维方式，寻找出新的思路、新的观念和新的解决方案的能力。创新思维能力是创新能力的核心，它是现代社会所必需的一种能力。在现代经济和社会发展中，创新思维能力成为企业和个人获得竞争优势的重要因素。创新思维能力的构成见图5-2。

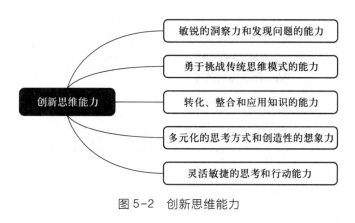

图 5-2　创新思维能力

二、创新行动能力

创新需要付诸实践行动，因此，创新能力还包括将创新想法付诸实践的能力，如勇于尝试、敢于冒险、快速试错、不断学习和改进等。

创新行动能力是指个人或组织在面对新的挑战和机遇时，能够快速、灵活地采取行动，创造出新的解决方案和新的价值。因为在快速变化的环境中，只有具备创新行动能力的个人或组织才能够在竞争中获得优势。创新行动能力的构成见图5-3。

三、创新协作能力

创新往往需要多人协作，团队的成功才是真正的成功，因此，创新能力还包括有效的团队合作和协调能力，如团队沟通、共享知识、协同工作和相互鼓励等。创新团队合作能力是指团队成员在创新过程中，能够协同合作，共同实现创新目标的能力。它是团队成功的关键因素之一，因为在创新过程中，需要不同领域的人才共同合作，

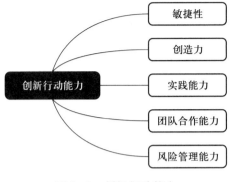

图 5-3 创新行动能力

才能够创造出新的价值。创新团队合作能力的构成见图 5-4。

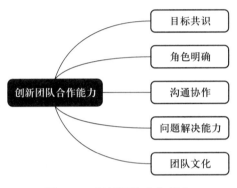

图 5-4 创新团队合作能力

四、创新管理能力

创新需要有效的管理和组织，因此，创新能力还包括有效的创新管理和组织能力，如领导力、资源配置、风险管理和项目管理等。创新管理能力是指企业管理层和人员在面对日益激烈的市场竞争环境下，通过创新思维和方法，推动企业内部各个方面的创新，旨在提高企业的竞争力和实现可持续发展。创新管理能力的构成见图 5-5。

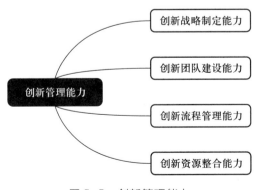

图 5-5 创新管理能力

第六章　创业团队建设与创业资源整合

在"大众创业、万众创新"的号召下，创业英雄层出不穷，虽然每个创业者的创业历程各不相同且具有不可复制性，但是每个创业成功者的背后都有一支强大的创业团队。只有有效的团队合作和不懈的团队精神，创业企业才能具有强大的生命力，所有成功的创业企业无不在创业历程中经历创业团队的组建、成长、更新等过程。所以，创业者在创业过程中要重视企业的团队建设与人力资源管理。

⚲ 学习目标

◎ 了解创业团队与创业资源的含义，懂得组建创业团队的重要性。

◎ 了解创业团队的常见类型，掌握如何组建、管理创业团队。

◎ 了解创业资源的类型，掌握获取创业资源的方法。

【实训项目 20：创业团队组建案例分析】

在某大学的商学院有一个由 4 名大学生组成的创业团队，团队核心领导名叫魏江。魏江带领这个团队成立了一家公司，并将公司定位为考证培训服务类企业。由于缺乏经验，他们只能进行一些小语种方面的培训。为了解决师资力量匮乏的问题，魏江打算再找一些有能力的、想创业的同学加入他们的团队。经过团队成员们的认真筛选，仅用了一周的时间，整个团队的规模就从最初的 4 人发展为 8 人。团队成员各有所长：有的口语能力强；有的擅长分析考试的重点和难点；有的成员获得过雅思考试高分。这些富有创业激情和才华的合伙人加入公司后，不仅壮大了公司创业团队，还让语言培训班也得以顺利开班，公司也开始盈利。

到了创业后期，由于团队成员专业知识扎实，公司形成了相对稳定的客户群，还增开了其他类型的培训班，如秘书职业资格认证考试培训班、计算机等级考试培训班等。由于客户的考证通过率较高，所以公司的口碑也越来越好，报名的人也越来越多。3 年后，魏江所带领的团队将公司越做越大，使公司成为当地最大的培训公司。

实训任务：魏江所带领的团队创业成功的关键因素是什么？如何组建一个优秀的创业团队？组建团队时有哪些注意事项？

第一节 创业资源与创业团队

一、创业资源概述

（一）创业资源的内涵

创业资源是指创业者在创业过程中所需要的各种生产要素与支撑条件的总和。创业资源所容纳的要素众多，是创业成功的重要保障。创业者需要全面了解和有效利用这些资源，不断提高公司的竞争力和创新能力，实现公司的长期发展。同时创业资源也是新创企业在创造价值的过程中需要的特定的资产，包括有形与无形的资产，它是新创企业创立和运营的必要条件。

（二）创业资源的特点

创业资源具有经济价值并能够创造新的价值，除此之外它还具有以下特点。

1. 创业资源的外部性

创业资源大多为外部资源，新创企业普遍资源短缺，创业者往往只拥有少量的资源，甚至两手空空。因此，创业者获取资源的有效途径就是使外部资源内部化，特别是对于关键性创业资源要能够有效地获取与整合。成功的创业者大多是资源整合的高手，创造性地整合外部资源是他们成功的关键因素之一。

资源整合在创业过程中是必不可少的，发挥自己的长处，整合别人的优势，用更少的成本创业，才能使得企业长期生存并得到更大发展。

2. 创业资源的异质性

资源基础理论认为企业的竞争优势源于企业拥有的异质性资源。资源的异质性表现为价值性、稀缺性、难以模仿性和难以替代性，从而构成了企业竞争优势的内生来源，包括创业者在创业过程中形成的有特色的创意、创业精神、创业动力、创业初始情境等，就是属于这类具有异质性的资源。

3. 创业资源的差异性

人们拥有的知识不总是对于具体事物而言，而是分属不同的认识主体，相互之间难以完全统一，这就是所谓的知识分散性。分散性知识的存在，意味着对于同样的资源，创业者会看到他人未能发现的不同效用、产生的不同期望、投入和产出的不同判断，从而产生超出一般商业资源的新价值甚至是超额价值。例如，苹果手机正是由于创始人乔布斯在面对手机市场资源时发现了手机的其他应用场景，发明了智能手机，才占领了市场。

4. 创业资源能实现新效用

资源价值来自资源属性的效用,而资源效用不是一成不变的,会在社会活动中不断地被发现。创业者按自身发现的效用对所获资源进行开发利用,把发现的资源新效用变成产品或服务的新功能,以此获得价值增值。这种发现和实现资源新效用的过程,就是创业活动的本质。

二、创业团队概述

(一)创业团队的内涵

创业团队是由一群有共同目标、愿景和价值观的人组成的团队,他们共同致力于创造和发展新的商业机会,实现自己的创业梦想。创业团队通常由创始人、联合创始人、技术专家、市场营销专家、财务专家等不同领域的人才组成,他们各自拥有不同的技能和经验,共同协作完成创业项目。

在创业团队的形成过程中,学者们曾经提出了不同的定义。例如,美国学者史蒂夫·布兰克认为,创业团队是由一群有创业精神、创新能力和执行力的人组成的团队,他们共同致力于创造和发展新的商业模式。而另一位学者埃里克·里斯则认为,创业团队是由一群有创新思维、快速学习和持续改进能力的人组成的团队,他们通过不断试错和反馈来不断优化产品和服务,实现商业价值。无论是哪种定义,创业团队都是一个具有创新性、执行力和团队协作能力的团队,他们能够克服各种困难和挑战,实现自己的创业梦想。

(二)创业团队的类型

1. 星状型创业团队

星状型创业团队是一种由核心创始人和多个分支成员组成的团队结构,类似于星座的形状。核心创始人是团队的中心,负责制定战略和决策,而分支成员则负责执行任务和提供支持。他们在不同领域有着不同的专业知识和技能,这些人员可以包括技术人员、市场营销人员、财务人员、法律顾问等(表6-1)。

表6-1　星状型创业团队的优缺点

优点	缺点
领导者明确:星状型创业团队中有一个明确的领导者,可以带领团队朝着共同的目标前进,提高团队的凝聚力和执行力	缺乏创新性:由于星状型创业团队中的成员角色分工明确,导致成员的思维和观点比较单一
角色分工明确:星状型创业团队中的成员根据自己的专业和能力分工合作,可以提高工作效率和质量	缺乏灵活性:星状型创业团队中的成员角色分工明确,可能会导致团队在面对变化和挑战时缺乏灵活性和应变能力

续表

优点	缺点
决策效率高：星状型创业团队中的领导者可以快速做出决策，避免团队在决策上浪费时间和精力	领导者过于强势：星状型创业团队中的领导者可能会过于强势，导致成员的意见和想法被忽视，影响团队的凝聚力和执行力
管理方便：星状型创业团队中的成员数量相对较少，管理起来比较方便，可以更好地掌控团队的进展和问题	成员之间缺乏互动：由于星状型创业团队中的成员角色分工明确，成员之间缺乏互动和交流，影响团队的协作和合作能力
任务分配合理：星状型创业团队中的领导者可以根据成员的能力和兴趣分配任务，使每个成员都能够发挥自己的优势，提高工作效率和质量	风险承担不均：由于星状型创业团队中的成员角色分工明确，风险承担不均，一些成员可能会承担更多的风险和责任

2. 网状型创业团队

与星状型团队不同，网状型创业团队的特点在于，创业团队不存在一个独立的核心成员，而是由多个核心成员组成(表6-2)。

表6-2　网状型创业团队的优缺点

优点	缺点
创新性强：网状型创业团队中的成员来自不同的领域和背景，具有不同的经验和知识，可以带来更多的创新和想法	沟通效率低：网状型创业团队中的成员之间没有明确的领导者，每个人都有自己的想法和意见，因此在沟通和决策方面可能会出现困难和耗时
灵活性高：网状型创业团队中的成员之间没有明确的领导者和固定的角色分配，因此可以更加灵活地适应不同的情况和变化	缺乏协调性：由于每个成员都有自己的任务和职责，因此可能会出现协调不足的情况，导致项目进度缓慢或者出现冲突
多元化：网状型创业团队中的成员来自不同的地区，有着不同的文化背景，可以带来多元化的思维和观点，有利于团队的发展和创新	难以管理：网状型创业团队中的成员数量较多，且分散在不同的地区或部门，因此管理起来可能会比较困难
互相学习：网状型创业团队中的成员之间可以互相学习和交流，提高彼此的技能和知识水平	缺乏稳定性：由于成员之间没有明确的领导者和固定的角色分配，因此可能会出现成员流失或者团队分裂的情况
分工明确：网状型创业团队中的成员可以根据自己的专业和能力分工合作，提高工作效率和质量	风险较高：网状型创业团队中的成员都是独立的个体，没有明确的责任和义务，因此在面对风险和挑战时可能会出现不同的反应和行动

3. 虚拟星状型创业团队

虚拟星状型创业团队是指由分布在不同地区、不同时区、不同文化背景和不同语言环境的成员组成的星状型创业团队。这些成员通过互联网和其他远程协作工具进行沟通和协作，共同完成创业项目。虚拟星状型创业团队的成员之间可能没有面对面的交流，但通过互联网和其他远程协作工具，可以实现高效地沟通和协作，充分发挥各自的专业和能力，提高工作效率和质量（表6-3）。

表6-3　虚拟星状型创业团队的优缺点

优点	缺点
成员来源广泛：虚拟星状型创业团队的成员可以来自不同的地区、不同的文化背景和不同的语言环境，可以为团队带来更多的创意和想法	沟通和协作难度大：虚拟星状型创业团队的成员之间可能没有面对面的交流，沟通和协作难度较大，需要通过互联网和其他远程协作工具进行沟通和协作
工作效率高：虚拟星状型创业团队的成员可以通过互联网和其他远程协作工具进行沟通和协作，可以随时随地进行工作，提高工作效率和质量	时差和语言障碍：虚拟星状型创业团队的成员可能分布在不同的地区和时区，语言和文化背景也可能不同，可能会出现时差和语言障碍，影响沟通和协作效率
成本低廉：虚拟星状型创业团队的成员不需要在同一个地区工作，可以节省办公场所和交通等成本	团队凝聚力差：成员之间缺乏面对面的交流和互动，团队凝聚力可能较差，影响团队的协作和合作能力
灵活性高：虚拟星状型创业团队的成员可以根据自己的时间和地点进行工作，可以更加灵活地适应不同的情况和变化	缺乏监督和管理：虚拟星状型创业团队的成员分布在不同的地区和时区，可能缺乏监督和管理，容易出现成员工作不认真或者任务迟交等情况
任务分配合理：虚拟星状型创业团队的领导者可以根据成员的能力和兴趣分配任务，使每个成员都能够发挥自己的优势，提高工作效率和质量	安全性问题：虚拟星状型创业团队的成员之间通过互联网进行沟通和协作，可能存在信息泄露和安全性问题，需要加强信息安全管理

第二节 创业团队的组建与管理

一、团队能力与团队成员能力

（一）创业团队应具备的能力

不论是在工作当中还是在创业过程当中，团队能力对于一个人或者是团队的成长与成功都是不可或缺的重要因素。从创业团队互补性的角度来看，个体的能力是互有长短的，所以更应强调团队能力。在创业中进行项目管理时，创业团队需要具备的能力大致可概括为三种：管理能力、营销能力和技术能力。管理能力是基础，涉及如何统筹规划、捕捉机会、配置资源、解决分歧等。营销能力是关键，关系到盈利能力及水平，是获取生存与发展的必需品。技术能力是核心，是团队成功的必备要素。

（二）团队能力和团队成员能力的关系

团队是不是具备上述能力，首先要从个体的能力出发，来分析团队成员的个人能力。在把成员的个人能力了解清楚之后，还需要分析和判断创业团队具备哪些能力。在创业过程当中，团队成员个人能力和团队能力的不足都会呈现出来。在面对不足的时候，团队成员要不断地提升自己各个方面的能力来使团队更加强大；在获得优势的时候，要考虑怎样将所持有的能力转化为核心竞争力，从而巩固和发展团队能力，支持创业活动走向成功。

二、创业团队的组建

（一）创业团队构建的 5P 要素

创业团队在创业活动过程中需要明确目标、对人员进行合理分工、准确定位、划分权限和制订实施计划，总结为 5P 要素：目标（purpose）、定位（place）、权限（power）、计划（plan）、人员（people）。

1. 目标

创业团队的目标是指团队所追求的短期目标和长期愿景。这些目标应该是明确的、可衡量的，并且与团队的使命和价值观相一致。团队应该共同制定目标，并确保每个成员都理解和支持这些目标。目标的设定应该是具体的、可实现的，并且应该有一定的挑战性，以激励团队成员。

2. 定位

创业团队的定位是指团队所处的市场、行业和竞争环境。团队应该对市场和行业进行深入的研究和分析，以了解市场的需求和趋势，以及竞争对手的情况。团队应该根据定位来确定自己的产品或服务的特点和差异化，以便在市场上获得竞争优势。

3. 权限

创业团队的权限是指团队成员在团队中所拥有的权力和责任。团队应该建立清晰的权力结构和决策流程，以确保每个成员都知道自己的职责和权限，并且能够有效地协作和沟通。团队应该鼓励成员之间的合作和互相支持，以实现团队的共同目标。

4. 计划

创业团队的计划是指团队所制订的具体行动计划和时间表。团队应该根据目标和定位，制订详细的工作计划，包括市场营销计划、产品开发计划、财务计划等。团队应该定期评估和更新计划，以确保团队的行动与目标保持一致，并且能够适应市场和竞争环境的变化。

5. 人员

创业团队的人员是指团队成员的能力、经验和素质。团队应该招募具有相关经验和技能的人员，并且与团队的文化和价值观相匹配。团队应该鼓励成员之间的合作和互相学习，以提高整个团队的绩效和创新能力。团队应该定期进行绩效评估和培训，以确保团队成员的能力和素质得到不断提升。

（二）创业团队人员招募方法

1. 人才评估

在一个团队里经常会出现一些关键岗位空缺的问题，并且这些岗位在短时间内难以找到合适的人才，这是创业过程中非常普遍的现象，当发展到一定程度时，往往会出现人才不够的问题，因此招募选择合适的人才是创业过程中的重要工作。

2. 创业公司的招募渠道

创业公司与成熟公司在选人上的最大区别就是成熟公司选人是买方市场，公司占主导地位；而创业公司选人是卖方市场，应聘者占主导地位。

一般成熟公司的人力资源部最发愁的问题是如何在大量应聘者中挑选到合适的人才。而创业公司则通常不会遇到这样的问题，因为没那么多应聘者可选，所以需要在成员招募渠道上下一番功夫，结合企业所处区域的人力资源市场现状，对各招聘渠道的速度、成本、存活率、人才针对性进行分析。

三、创业团队的管理

（一）目标管理

1. 设定目标

SMART 原则可以帮助企业或个人制订更具体（SPECIFIC）、可衡量（MEASURABLE）、可实现（ACHIEVABLE）、相关（RELEVANT）和有时限（TIME-BOUND）的目标，以便更好地进行团队分工，进而实现个人或企业的长期发展和成功。主要由以下五方面构成：

（1）具体性。目标必须是具体的，能够清晰地描述出具体的行动和结果。这样才能避免模糊的目标，从而实现更好的沟通和理解。

（2）可衡量性。目标必须是可衡量的，能够用具体的数据指标来评估达成目标的程度，这样才能更好地监控和评估目标的完成情况。

（3）可实现性。目标必须是可实现的，不能过高或过低，这样才能确保目标能够激励员工努力工作，同时不会让人感到过于沮丧或不切实际。

（4）相关性。目标必须是与企业战略和价值观相一致的，能够促进企业的长期发展，这样才能确保目标与企业整体的战略方向相一致。例如，将目标从"开发新产品"更改为"开发新产品，以支持可持续发展的企业战略"。

（5）时限性。目标必须是有明确的截止日期的，能够在一定的时间内实现，这样才能确保目标的完成具有紧迫性和可操作性。

2. 目标跟踪

创业团队的管理常规状况一般是不成熟、不确定，在这种复杂的状况下，企业运作就会出现问题，因此可以用 PDCA 跟踪目标的进展。

PDCA 的概念是由美国质量专家戴明博士提出的，所以又称为"戴明环"。PDCA 的含义如下：P 即 PLAN（计划），是指建立改善的目标及行动方法；D 即 do（实施），又称执行，是指依照计划有效地推进工作；C 即 check（检查），是指检查是否依计划的进度在执行及是否达到了预定的计划；A 即 action（处置），是指新业务程序的实施及标准化，以防止原来的问题再次发生。PDCA 循环是使任何一项活动有效进行的一种合乎逻辑的工作程序，在管理中得到了广泛的应用（图 6-1）。

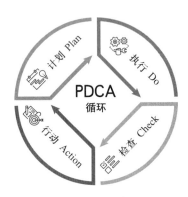

图 6-1　PDCA 循环图

3. 持续改进

通过滚动计划的循环流程，企业可以不断进行目标的持续改进，确保企业的战略方向与市场需求相匹配。滚动计划是一种将长期计划分解为短期计划的方法，可以帮助企业实现目标的持续改进。以下是如何使用滚动计划进行企业目标持续改进的步骤：

（1）制订长期计划。企业需要制订一个长期计划，包括明确的目标、战略和行动计划，以指导企业的长期发展方向。

（2）制订短期计划。将长期计划分解为短期计划，通常是一年或半年为一个周期，每个短期计划需要明确具体的目标和行动计划，以实现长期计划中的分阶段目标。

（3）实施短期计划。在每个短期计划的周期内，企业需要按照计划严格执行，并记录进展情况。如果目标已经实现，可以进行下一个周期的计划；如果目标没有实现，就需要进行调整和优化。

（4）评估短期计划。在每个短期计划结束时，企业需要对计划的执行情况进行评估，包括目标实现情况，以及成本、质量等方面的评估。评估结果可以用于制订下一个周期的计划。

（5）调整长期计划。根据短期计划的评估结果，企业需要对长期计划进行调整和优化。如果目标按计划实现，可以继续执行原计划；如果目标没有按计划实现，需要对计划进行调整以实现长期目标。

（二）团队分工

1. 组织设计

良好的组织设计可以实现团队分工的合理化和优化，提高团队的工作效率和质量。组织设计是指通过设计组织结构、职位、流程等方面的调整，来实现企业战略目标的过程。团队分工是组织设计的一个重要方面，可以通过合理的团队分工来提高工作效率和质量。以下是如何使用组织设计进行团队分工的步骤：

（1）确定团队目标。团队需要明确自己的目标和职责，以便制定合理的分工方案。在确定团队目标时，需要考虑团队成员的技能、经验和兴趣等因素。

（2）制定分工方案。根据团队目标，制定合理的分工方案。分工方案应该考虑每个成员的职责、工作量和工作内容等因素，以确保分工合理、任务分配平衡。

（3）设计组织结构。组织结构是团队分工的基础，应该根据团队目标和分工方案来设计。组织结构应该明确各个职位之间的关系和职责，以便实现有效的协作和沟通。

（4）确定流程和规范。流程和规范是团队分工的重要保障，可以确保工作的顺利进行。在制定流程和规范时，应该考虑每个成员的职责和工作内容，以确保流程和规范的有效性。

（5）实施和监控。团队分工方案的实施需要监控和调整。团队应该定期进行工作的评估和效果分析，以便及时发现问题并进行调整。

2. 人岗匹配

团队分工中的人岗匹配问题是指将每个成员分配到合适的职位上，以充分发挥其能力和潜力，从而实现团队目标的问题。以下是如何解决团队分工中的人岗匹配问题的步骤：

（1）分析工作需求。需要对工作内容进行分析，明确每个职位的工作内容、职责和要求。这样可以为后续的人员选择提供基础。

（2）评估人员能力。对每个成员的能力进行评估，包括技能、经验、知识、性格和兴趣等方面。评估结果可以帮助确定每个成员的适合职位。

（3）匹配人员和职位。根据工作需求和人员能力，对每个成员进行人岗匹配。匹配时需要考虑人员的专业技能、经验和兴趣等因素，并尽可能让每个成员在其岗位上能够发挥其优势。

（4）考虑平衡性。在进行人岗匹配时，还需要考虑团队的平衡性。这包括平衡各个职位的工作量、职责和难度，以及平衡团队成员的数量、专业背景和性格特点等。

（5）监控和调整。人岗匹配方案的实施需要监控和调整。团队应该定期进行工作评估和效果分析，以便及时发现问题并进行人岗调整。

（三）团队激励

1. 沟通

团队沟通是指团队成员之间进行信息交流、意见分享、决策沟通等活动的过程，团队沟通是团队协作和合作的基础，对于团队有着重要的激励作用。团队沟通的步骤如下：

（1）建立良好的沟通渠道。建立一个开放的沟通渠道，让团队成员可以随时交流和分享意见，可以使用各种沟通工具，如邮件、即时通讯工具、视频会议等。

（2）确定明确的目标和任务。确保每个团队成员都清楚了解团队的目标和任务，并且能够理解自己在其中扮演的角色和承担的责任。

（3）鼓励积极参与。鼓励团队成员积极参与讨论和决策，让他们感到自己的意见被重视和尊重。这样可以增加他们的参与感和归属感，从而提高团队的战斗力和凝聚力。

（4）提供及时反馈。向团队成员及时反馈他们的工作表现，包括表扬和指出不足之处。这样可以让他们知道自己的工作被认可，并且知道需要改进的地方。

（5）建立共同的价值观。建立一个共同的价值观和文化，让团队成员知道团队的核心价值和公司的文化，从而能够以主人翁精神更好地进行协作和合作。

2. 绩效

绩效是指一个人或一个组织在完成任务或实现目标方面的表现和成果。绩效评估是评价个人或组织绩效的过程，可以用来确定是否达到了预期的目标和标准，对于创业团队有重要的激励作用。下面是绩效评估流程：

（1）目标设定。在评估绩效之前，需要明确目标和标准，以便判断表现是否达到了预期。

（2）数据收集。收集和分析数据，以便对绩效进行评估。数据可以来自多方面，如员工的工作表现、客户满意度调查等。

（3）评估方法。选择适当的评估方法，如360度评估、绩效考核表、个人目标考核等，评估方法应该与目标相匹配。

（4）反馈和改进。评估结果应该及时反馈给被评估者，并提供改进建议，这可以帮助被评估者改进工作，并激励他们更好地完成任务和实现目标。

3. 薪酬

薪酬是创业团队为了激励和留住优秀人才而提供的一种经济回报方式。薪酬不仅是一种经济利益，还可以代表着公司对员工的认可度和信任度。

对于创业团队来说，薪酬的设计需要考虑以下因素：

（1）资金状况。创业公司通常资金有限，需要根据公司实际资金状况合理设置薪酬。

（2）人才需求。根据公司的人才需求，确定需要招聘的人才类型和数量，以及他们的薪酬水平。

（3）行业标准。了解行业内同类型公司的薪酬水平，以便制订合理的薪酬方案。

（4）绩效考核。将薪酬与绩效考核相结合，根据员工的表现和贡献，调整薪酬水平，以激励员工的积极性和创造力。

（5）股权激励。对于创业公司，股权激励是一种常见的薪酬方式。通过股权激励，可以将员工的利益与公司的发展紧密联系，增强员工的归属感和荣誉感。

（四）冲突管控

1. 冲突识别

识别和解决冲突是创业团队成功的关键因素之一，需要注意团队成员之间的互动和沟通，了解他们的个性和习惯，及时发现和解决冲突。以下是识别创业团队冲突的几个方法：

（1）观察团队成员之间的互动。观察团队成员之间的互动和沟通，注意是否存在言语和行为上的不和谐，是否有人在团队中被排斥或被忽视。

（2）了解团队成员之间的差异。了解团队成员的个性、价值观和行为习惯，以便更好地理解和处理冲突。

（3）关注工作进展和质量。关注团队的工作进展和质量，注意是否存在任务分配不均、工作质量不达标等问题，防止引起团队成员之间的冲突。

（4）收集反馈意见。收集团队成员的反馈和意见，了解他们的想法和感受，发现潜在的冲突和问题。

（5）及时沟通和解决。及时沟通和解决团队成员之间的冲突，采取适当的解决方案，以便更好地协作和合作。

2. 冲突预防

创业团队的冲突预防需要从多个方面入手：

（1）建立良好的沟通渠道。建立一个开放的沟通渠道，让团队成员可以随时交流和分享意见。这样可以减少沟通不畅和信息不对称导致的冲突。

（2）明确目标和角色。明确团队的目标和每个成员的角色和职责，避免任务分配不清和责任不明导致的冲突。

（3）确立共同的价值观和文化。建立一个共同的价值观，让团队成员知道团队的核心价值和公司的文化，从而能够更好地进行协作。

（4）鼓励积极参与。鼓励团队成员积极参与讨论和决策，让他们感到自己的意见被重视和尊重。这样可以增加他们的参与感和归属感，从而减少冲突的发生。

（5）建立良好的人际关系。建立良好的人际关系，增强团队成员之间的信任和合作，减少因个人关系而引发的冲突。

3. 冲突处置

创业团队中的冲突是难以避免的，但是及时处理和解决冲突可以避免冲突恶化，有助于团队更好地进行协作和合作。以下是创业团队冲突处置的几个方法：

（1）确定冲突的本质。首先需要明确冲突的本质和根源，了解每个成员的立场和想法，以便更好地处理冲突。

（2）积极沟通。及时沟通和交流，让每个成员都有机会表达自己的观点和想法，听取对方的意见和建议，尽量采取合作的方式解决问题。

（3）寻求中立的第三方。如果团队成员之间的矛盾无法通过自身沟通解决，可以寻求中立的第三方来协调和调解，如 HR 或外部咨询师等。

（4）制定解决方案。在了解冲突的本质和根源的基础上，制定解决方案并实施，确保方案的可操作性。

（5）持续跟进。冲突处理的过程需要持续跟进和反馈，确保解决方案的实施效果和成果。

第三节　创业资源的获取与整合

一、创业资源的作用

（一）社会资本在创业中的作用

社会资本的概念最初由经济学的"资本"概念演变而来，是指个人通过社会关系获取稀缺资源并由此获益的能力。这里的稀缺资源包括权力、地位、财富、资金、学识、机会、信息等。社会资本定义为一种与物质资本、人力资本相区别的存在于社会结构中的个人资源，是为结构内的行动者所提供的资源，包括规范、信任和网络等形式。社会资本主要表现为个人所拥有的关系网络，在创业中能提供市场机会，并提高创业者机会识别能力，还可弥补创业者资源匮乏的问题，增加创业成功的可能性。

（二）资金在创业中的作用

资金是创业者资源整合的重要媒介，也是创业资源中最重要的要素。这是因为创业过程的每项活动都会有成本发生，都需要进行成本补偿。创业需要资金，无论是有形资源、无形资源，还是人力资源的构建与购置都需要资金的投入，否则只能是纸上谈兵。绝大多数创业者往往由于资金缺乏而在创业初期就陷入困境。

大学生创业的最大困难就是资金缺乏。即便已经建立若干年的企业，资金链的断裂也是企业致命的威胁，企业破产倒闭的主要原因是资金链的断裂。例如烂尾楼就是房地产公司资金链断裂所致。

（三）技术在创业中的作用

创业资源中的"技术"资源是指关键技术、制造流程、作业系统、专用生产设备和技术资产等。技术资产，包括生产工艺、专利等技术开发能力是企业知识和技能的总和。创业技术决定了公司产品或服务的市场竞争力和获利能力。技术资源的主要来源是人才资源，要注重人才资源的整合。技术资源的整合，不仅要整合、积累企业内部的技术资源，还要整合公司外部的可利用的技术资源，积极寻找、引进有商业价值的科技成果，加强与高校科研院所的产学研合作等。整合技术资源是为了技术的不断创新，拥有自主知识产权，从而保持技术的领先，提高公司的核心竞争力。

（四）专业人才在创业中的作用

尽管技术是关键，但技术是由专门人才掌握的。在知识经济时代，人才是经济和社会发展的第一资源。随着科技的迅猛发展、激烈的全球化竞争，任何技术都可能落伍，任何资源都可能被取代，人才资源在任何时代都是最宝贵的，人才是企业创立、创新和持续发展的基础，也是企业永葆活力的坚强后盾，专业人才是创业企业最重要的人力资本。

二、创业资源的获取与整合

（一）影响创业资源获取的因素

资源获取是在识别资源的基础上，得到所需资源并将其用于创业过程的行为。对于新创企业而言，是否能够从外界获取所需资源，首先取决于资源所有者对创业者或创业团队的认可，而这一认可在很大程度上取决于商业创意的价值。商业创意为资源获取提供了杠杆，能被资源拥有者认同的、有价值的商业创意，有助于降低创业者获取资源的难度。除了商业创意的价值，影响创业资源获取的因素还包括创业导向、创业者资源禀赋、创业者资源整合能力、外部环境条件和政府政策支持等。

1. 创业导向

创业导向是创业者在经营、实践和决策的过程中所采取的创新、承担风险、抢先行动、主动竞争和追求机会的态度或意愿。这里需要注意的是，创业导向强调如何行动，是创业精神的表现过程，有创业导向的企业能自主行动，具备创新和承担风险的态度，面对竞争对手时积极应战。企业追求机会所表现出的创业导向能驱使企业整合资源并创造财富。

2. 创业者资源禀赋

创业者资源禀赋是指创业者所具有的与创业相关的自身因素和外在关系的总和，主要包括创业者的经济资本、社会资本和人力资本，它们能够为创业行为和新创企业的生存与成长提供有价值的资源。

3. 创业者资源整合能力

创业者资源整合能力是指在创业过程中，以人为载体，在资源整合过程中所表现出的对资源的识别、获取、配置和利用的主体能力。资源整合能力在创业的各个阶段发挥着极为重要的作用。在创业起步阶段，资源整合能力影响并决定了创业者对创业机会评估、识别与开发，同时帮助创业者摆脱资源约束，获取所需资源；在生存与成长阶段，新创企业需要筹措更多的资源来满足自身的发展，而资源整合能力会对新创企业成长过程的战略决策与运营能力产生重要影响，资源整合的深度与广度将影响公司组织运作的持续性，进而影响创业绩效。

4. 外部环境条件和政府政策支持

创业活跃程度的一个重要决定因素是创业的外部环境条件。创业环境与创业活跃程度呈很强的正相关关系，创业企业与创业环境有着密切的关系，而这种关系的核心是创业企业资源的需求和创业环境资源的供给所具有的有机联系。

创业水平和创业资源受外部环境因素的影响极大，尤其政府的政策法规。创业环境好、营商环境佳的地方一般会呈现较高的创业活动水平，而政府创业政策作为创业环境的重要内容是直接影响一个国家和地区创业活动水平的重要因素。

（二）不同类型资源的开发

创业资源开发是创业者开拓、发现、利用新的资源或其新用途的活动。在创业过程中，创业者需要在实现资源价值的基础上丰富资源库，进一步拓展资源的来源和用途，使新创企业获得持续的竞争优势。

1. 人脉资源的开发

人脉资源是指个人或组织所拥有的关系网络，包括亲戚、朋友、同事、业务伙伴、客户、供应商等。这些关系网络可以为个人或组织提供信息、资源、支持、合作、机会等方面的帮助和支持。

2. 人力资源的开发

创业的整个过程都需要人来推动企业运营，因此人力资源成为创业的关键因素。优秀的人才是有价格的，企业不支付高薪人才就不一定愿意来；反之，并非人人都是为了高薪而参与创业的，关键在于创业者有无能力或依靠什么来吸引"千里马"。优秀的人才从来不是天生的，都是在多年实践中跌打滚爬成长起来的，关键在于创业者能否慧眼识人，给人才以机会和发展空间，能让人才迅速成长。人的想法也是不断变化的，虽然当初创业者基于"概念""画饼"吸引了部分人才，但以后如何留住人才又是一个难题。概括地讲，求才、爱才、育才、重才是新创企业人力资源开发的重要内容。

3. 信息资源的开发

当今社会的飞速发展给创业者提供了一个新的信息时代的视角。信息资源对很多创业者来说就是成功的机遇，而机遇会转瞬即逝，要善于整合与把握。信息资源与人力、物力、财力及自然资源一样，都是创业企业的重要资源。因此，应该像开发、整合其他资源一样开发整合信息资源。

4. 技术资源的开发

在创业初期，创业技术是最关键的资源。美国的微软公司和苹果公司，最初创业资本都不过几千美元，创业人员也只有几个人，它们之所以走向成功，就是因为它们拥有独特的创业技术。在开发技术资源时，可以考虑整合企业外的技术资源。做成功企业的核心是要有好的产品，而企业的产品必须做到专业化，而要做到产品在同一领域内最专业，技术上则要求一直领先。

（三）创业资源开发的推进方法

资源开发是整个创业活动的主线，创业者在初创期可以支配的资源数量与规模决定了商业模式的选择。随着创业开展的深入，不同发展阶段的资源利用特点需要采用不同的资源推进方式，整合内外部资源才能获得良好的创业绩效。创业成功的关键，就是看创业者是否能根据不同的创业过程和环节，有效地整合资源。

1. 寻找式资源整合

对于初次创业的创业者来说，其创业存在许多共性问题，如管理经验不足、市场狭窄、创业资源匮乏。创业初期，创业所需资源主要依靠自身的努力来获取，但仅凭此很难维持企业的发展。要想使企业持续发展，那就不得不从外界寻找创业资源。

2. 累积式资源整合

进入创业过程的中期，创业企业得到了一定的发展，也积累了一些创业资源。这段时期，企业正处于发展关键期，创业资源需要不断累积，这需要创业者掌握累积式资源整合的方法。

3. 开拓式资源整合

企业取得初步发展之后，创业者想要使企业继续快速发展，就必须采用开拓式创业资源整合。开拓式资源整合强调创新能力，当今社会的竞争，与其说是人才的竞争，不如说是人的创造力的竞争。创新是一个企业发展的动力和灵魂，没有创新的企业很难成长和发展。

【实训项目 21：开发实体创业资源】

华为公司就是一个成功运用资源整合方式的范例。

寻找式资源整合：华为公司在不同领域建立了众多战略合作伙伴，如与高通、英特尔等企业合作，引进先进的产品和技术；与腾讯、阿里巴巴、中国电信等企业合作，探索数字化发展新模式；还与众多高校进行产学研合作。通过这些合作，华为公司能够不断提高其技术水平，拓展市场和客户资源，以获取更多的合作优势。

累积式资源整合：华为公司高度重视研发和自主创新，致力于将科技发展与现代化技术的发展相结合。在 5G(6G)、AI、云计算等领域进行大规模的技术投入，不断推出具有自主知识产权的芯片和技术以提高自身科技水平。同时，华为公司还加大对产业链和生态圈的布局和投资，催生高技术生态的形成。

　　开拓式资源整合：华为公司采取了多样化的市场开拓模式，不断拓展全球市场。华为在全球超过 100 多个国家和地区拥有客户和伙伴，推出了适应各类客户需求的一系列产品，如商用解决方案、家庭信号覆盖、车联网、智慧教育等，通过开拓新领域，进一步扩大市场份额，提高品牌知名度和影响力。

　　总体而言，华为公司多方面采取资源整合方式，利用不同的资源积极拓展市场，同时加大投入和对人才、技术的开发，不断提升自身的竞争力，实现快速稳定发展。如果要设计实体创业资源的开发方案，我们可以借鉴华为公司的资源整合方式，利用资源降低成本、提高效率、拓展市场并不断提升自身实力。

　　实训任务：华为公司是怎样进行资源整合的？

三、创业资金的来源与选择

（一）高校创业基金

　　高校创业基金是指由高校设立的专门用于支持学生创业的基金。这些基金通常由高校的创业孵化中心、科技园区、校友会等机构管理，旨在为学生创业提供资金、资源、指导和支持。高校创业基金的目的是鼓励和支持学生创业，培养学生的创新创业精神和实践能力，促进高校科技成果转化和产业化。通过高校创业基金的支持，学生可以更加自信地创业，减轻创业风险，提高创业成功率。

（二）政策基金

　　政策基金是指政府为支持和促进创业而设立的专门基金。这些基金通常由政府部门或政府指定的机构管理，旨在为创业者提供资金、资源、指导和支持。政策基金通常来自政府预算、政府债券、社会捐赠等多种渠道。这些资金用于支持创业项目的启动、运营和发展，包括提供创业培训、创业指导、创业场地、创业资金等。

（三）天使基金

　　天使基金是一种旨在支持初创企业的投资基金，它通常由一群富有经验的投资者组成。这些投资者通常是成功的企业家、高管或投资者，他们有着丰富的创业经验和资源，可以帮助初创企业在早期阶段获得成功。天使基金的投资者会提供资金、经验和网络资源，以帮助初创企业发展壮大。他们能提供种子资金，帮助企业启动，并在企业发展的早期阶段提供资金支持。天使基金通常会投资于初创企业的种子轮或天使轮。种子轮通常是指企业刚开始启动阶段，此时企业还没有产品或服务，也没有收入。天使轮通常是指企业已经有了初步产品或服务，并且已经开始获得一些收入，但还需要更多资金投入来扩大业务规模。

（四）亲属赞助

亲属赞助是指亲属为创业者提供资金、经验和资源支持，帮助他们创业。这种方式通常是创业者在创业初期难以获得传统投资者支持时的一种选择。亲属赞助的优点是，亲属对创业者有充分的信任和了解，可以更快速地提供资金和支持。此外，亲属赞助还可以减少创业者的财务压力，因为亲属通常不会要求高额的回报。

（五）风险投资

风险投资是指风险投资机构或个人对初创企业进行投资，以获取高额回报的一种商业模式。风险投资的核心是在高风险的初创企业中发现有潜力的项目，并在这些项目中投入资金。风险投资不仅能帮助创业者实现创业梦想，还能为社会创造了更多的就业机会和更多的创新成果。

（六）金融机构

金融机构是指银行、保险公司、证券公司等金融服务机构。这些机构为了扩大业务范围，增加业务收入，同时也为了支持创新和创业，会提供创业资金给有创业计划的创业者或企业，以帮助他们实现创业梦想，并获得高额回报（表 6-4）。

表 6-4　创业资金来源的优缺点比较

	优点	缺点
高校创业基金	高校创业基金通常是学校为了支持学生创业而提供的资金，申请门槛较低，审批过程相对简单	资金额度相对较小，通常只能作为创业初期的启动资金，无法满足后期发展的资金需求
政策资金	政策资金通常有一定的补贴和支持政策，可以帮助创业者降低创业成本，提高创业成功率	政策资金的申请和审批过程相对较为繁琐，需要满足一定的条件和要求，申请成功率较低
天使基金	天使投资者通常是有丰富创业经验和资源的人士，可以为创业者提供资金、经验、资源等多方面的支持和帮助	天使投资者的资金来源相对单一，投资决策较为谨慎，投资风险较大，需要创业者已具备一定的商业计划和营销策略
亲属赞助	亲属赞助通常是创业者的亲戚朋友提供的资金支持，申请门槛较低，资金来源相对稳定	亲属赞助的资金额度和资金来源相对有限，需要创业者谨慎考虑亲属赞助对家庭关系和创业风险的影响
风险投资	风险投资机构通常是专业的投资机构，拥有丰富的投资经验和资源，能够为创业者提供资金、技术、管理等多方面的支持和帮助	风险投资机构的投资决策较为谨慎，投资周期较长，创业者需要具备一定的市场洞察力和专业能力

	优点	缺点
金融机构	金融机构通常拥有丰富的资金资源和投资经验，能够为创业者提供资金支持和管理咨询等服务	金融机构的资金来源相对单一，通常需要提供一定的抵押和担保，申请和审批过程较为繁琐，利率相对较高

第七章　创业机会识别与创业风险管控

　　机会是创业成功的关键，但它只青睐那些有准备的人；抓住机会，别让机会从指尖滑过；如果同时存在多个机会，创业者顶多只能抓住其中之一。通过本章的学习，学生应了解创业机会及识别方法，学会如何客观地评价创业机会。当然，有机会的同时，风险也伴随而来，学生也应认知创业风险，了解创业风险的类别，把握大学生创业过程中常见的风险，了解创业风险的识别和防范方法，掌握风险承担能力的评估手段。

📍 学习目标

◎ 了解影响创业机会识别的因素并掌握识别方法。
◎ 了解创业机会评估的重要性并掌握评估方法。
◎ 了解创业风险管控的内涵。

【实训项目 22：创业机会与风险案例分析】

　　张旭豪是中国餐饮 O2O 行业最早的探索者之一。2009 年他在上海交通大学读研期间，就组织同学一起创办了"饿了么"在线订餐网站。作为中国餐饮业数字化领跑者，"饿了么"秉承极致、激情、创新的信仰，以建立全面完善的数字化餐饮生态系统为使命，致力为用户打造极致的消费体验、便捷的生活服务，为餐厅提供一体化运营解决方案，推进整个餐饮行业的数字化发展进程。

　　回顾一下"饿了么"的创业历程。一天，在上海交通大学宿舍里，张旭豪和几个室友玩到午夜 12 点，肚子饿了，他们给餐厅打电话叫外卖，电话要么打不通，要么没人接。他们既抱怨又无奈，饿着肚子聊起来："为什么晚上不能送外卖呢？""晚上生意少，赚不到钱""倒不如我们自己去取。""干脆我们包个外卖吧。"聊着聊着，创业机会被聊了出来。几个同学开始讨论和设计自己的外卖模式，一直聊到凌晨四五点，有了初步的创业方案。第二天，他们便正式行动，先是市场调研，访问一家饭店，记录店家一天能接多少个外卖电话、送多少份餐。随后，他们毛遂自荐，从校园周边饭店做起，承揽订餐送餐业务。在宿舍里设一部热线电话，两个人充当接线员、调度员，并外聘了十几个送餐员。只要学生打进电话，便可一次获知几家饭店的菜单，完成订餐。接着，送餐员去饭店取餐，再送到寝室并收取餐费。

几个月下来，校外大大小小 17 家饭店外包给张旭豪做外卖。他们专门花了几万元，印制了"饿了么"外送册，不仅包括各店菜单，还拉来了校园周边商家广告，制作成本基本收回。整整 1 万本外送册覆盖到了学校的每个寝室，"饿了么"在校内出了名。在这一年里，他们不断完善产品，积极参与全国多个创业大赛，并成功吸引到了风险投资（VC），"饿了么"平台规模慢慢扩大，从最早覆盖上海交通大学，到后面覆盖上海松江大学城，以及上海其他高校、白领工作区，再到现在覆盖全国 260 多个城市，成了家喻户晓的新型企业。

实训任务：张旭豪是怎样识别创业机会的？创业机会与风险怎样评估与管控？

第一节　创业机会识别

一、创业机会识别的内涵与过程

（一）创业机会的含义

机会是指具有时间性的有利情况，即时机、机遇。关于机会的名言很多，如"机不可失，时不再来"等。机会一旦抓住，就为创业成功奠定了基础。创业是创业者对自己拥有的资源或通过努力对能够拥有的资源进行优化整合，从而创造出更大经济或社会价值的过程。根据《创业学》所述：创业是一个发现和捕获机会并由此创造出新颖的产品、服务或实现其潜在经济和社会价值的过程。由此可见，创业由创业机会开始。

综上所述，所谓创业机会，实际上是创业者可利用的商业机会，是一种未来可能盈利的机会。创业者需要以实际行动把握机会，并通过具体的经营措施来实施，以实现预期的盈利。事实上，大多数创业者就是把握住了商业机会从而创业成功的。

（二）创业机会的特征

只有符合一定标准的机会才是真正的创业机会，而且创业机会只有符合创业者的能力和目标才是有价值的。创业机会具备以下特征。

1. 创业机会对创业者具有强烈的吸引力

一个好的创业机会要能够创造较大的价值，因为创业指的是创业者利用创业机会创办企业从而获取财富，如果一个创业机会不能创造价值，它对创业者就失去了吸引力。

2. 创业机会具有持久性

创业者需要通过创业机会建立企业，并希望不断发展壮大，因此他们追求的创业机会并不是昙花一现的。一次性的、短暂的回报不是创业者所期待的，他们需要的是能够不断地、持久盈利的创业机会。

3. 创业机会需要创业者付诸实施

创业者只有行动起来才能使机会成为现实。创业者如果不付诸行动，即使该创业机会拥有再大的潜在价值也不能落地，很可能使创业者错失良机。新创企业要想生存下来并盈利，就必须把创造性构想与一流的实施能力结合起来。

4. 创业机会具有客观性

无论创业者是否意识到，创业机会总是客观存在于一定的市场环境之中。一个创业者未能发现的机会，未来会被另一个创业者捕捉和利用。

5. 创业机会符合社会大众的利益

有一些情况下，机会并不一定能带来利益，或者短期内能盈利，在长期却会失去价值，甚至损害人们的整体利益。例如，有的产品对人的健康有害或者违背社会公序良俗，这样的商机不仅不能持久，还将使自己身陷囹圄。因此，是否可以为民谋利是判断一个商机是否为真正商机的首要法则。

（三）创业机会识别的一般过程

创业机会的识别是一个将思考和探索不断互动，并将创意进行转变的多阶段的复杂过程。创业机会的识别对个体而言可以分为五个阶段：准备阶段、孵化阶段、洞察阶段、评价阶段及阐述阶段。

1. 准备阶段

创业者在机会识别过程中的背景、经验和知识即为准备阶段，这一过程也可以看成是从以往的工作经验中发现机会。深思熟虑与无意识两种状态构成了准备，也就是说无意识地关注机会和有意识地期待机会都可认为是准备阶段，此处的"准备"是指创业者的背景及创业经历。创业者需要有足够的经验来识别创业机会，据统计有高达50%~90%的初创企业的创意来自个人的前期工作经验。

2. 孵化阶段

孵化是创业者对创业的深思熟虑时期，是创业者的创新构思活动，这期间创业者要仔细思考创业创意与创业问题。这一活动可能是构思一个商业设想或者一个具体现实的问题。

3. 洞察阶段

洞察是发现问题解决办法或者产生创意的一个闪光识别。洞察可表现为发现体验、问题得到解决、思想分享等，故而被称为"灵感"体验。先前工作经验有时候催动过程向前发展，有时候促使人返回到准备阶段。洞察使得创业者认识到机会的潜力，从而进一步学习更多的知识并考虑更多的创业问题。

4. 评价阶段

评价阶段是经常被创业者们跳过的一个阶段。但事实上，它是仔细审查创意并分析其可行性必不可少的一个阶段，这一过程的重要之处是在于实施创意之前要对其进行评价，这也是特别具有挑战性的阶段。

5. 阐述阶段

阐述阶段就是指创意变为最终形式的过程，即创业者将详细的构思以文本形式完全呈现出来（图7-1）。

图7-1　创业机会识别的一般过程

【实训项目23：实体创业机会的识别过程】

在华为成立初期，任正非和他的团队致力于销售兼修理办公电话设备，这个业务在当时国内市场是蓝海，在这个阶段，华为快速建立了自己的客户群体并形成了自己的核心业务。但是，随着时间的推移和市场的变化，华为意识到这样一个市场并不足以支撑公司长期发展，他们需要寻找新的机会来实现公司更快、更长久的发展。

随后华为发现了全球通信市场的巨大潜力，于是成立了华为技术有限公司，并将重心转向了通信领域，投入了大量资金和人力资源，不断探索和研发通信产品，在全球通信市场上取得了不断的突破。

华为还注重与世界各地的企业进行技术、资源和知识的交流与合作。通过这些合作，华为获取了更多的资源，并走向世界服务于全球通信行业，壮大了公司的规模和技术水平，增强了公司的影响力。同时，华为还顺应了全球化的趋势，在世界上多个国家建立自己的研发中心，不断推进自己的国际化进程，由此实现了高速、可持续发展。

可以看出，华为的实体创业机会识别过程主要是通过对新的市场进行深入调研和分析，发现了通信市场的巨大潜力，然后将重心从办公电话设备转向通信产品。同时，华为还注重与国内外各企业进行技术、资源和知识的交流与合作，扩大了公司的规模、影响力和技术水平。这种从市场需求出发，通过协作、合作和创新不断进化和壮大的过程也可以被理解为一种实体创业机会的识别过程。

实训任务：华为公司是怎样识别创业机会的？

二、创业机会识别的影响因素

（一）创业机会的自然属性

在无数的创业中，创业者选择某项机会，是因为他们相信这个机会投入的成本能被足够的价值所覆盖。在一定意义上，创业者对创业机会未来价值的预期是由创业机会的自然属性所决定的，创业者的机会评估被机会的自然属性所影响。影响创业者能否创业成功的重要因素之一是创业机会的大小，当没有创业机会时，创业者很难创业成功。

（二）创业者的个人特质

创业者的个人因素对机会识别过程影响很大，因为这是一种带有主观色彩的行为，并不是每一个创业者都能够在发现创业机会后实施创业并获得成功。创业者的个人特质直接影响创业机会的识别。

1. 创业警觉性

柯兹纳早在1973年就第一次提出了创业警觉性，这是一种持续关注未被发掘的机会的能力。一般来说，创业者的创业警觉性与机会识别成正比，而创业者的个人特质，如乐观及创造力等因素，同创业警觉性有关。

2. 创业动机

激发并且维持个人从事创业活动并且使活动向着某个目标的内部动力称为创业动机，这是创业个体能够走向成功并为之付出努力的内在原因。在创业过程中，创业动机的不同会使得创业者有着不同的创业机会识别方式。

3. 风险感知

创业活动具有高风险的特点，在创业决策中，风险感知起着重要的作用。是创业者在创业机会识别过程中，创业风险在创业者的思维意识里形成的总体烙印及深度。创业者的风险感知还受创业者自身的信心、渴求控制及不依赖计划等因素影响。

4. 先验知识

先验知识是指先于经验的知识。特定产业创业者可以在先前经验的帮助下识别机会，这就是"走廊原理"，这个原理是指创业者在创业之后就会开始一段旅程，在旅程过程中会发现通往创业机会的"走廊"。这个原理告诉我们一个道理：某个创业者一旦投身于某个产业，相比其他人来说，这个创业者可以看到更多的该产业内的机会。自信是创业者非常重要的一项素质，因为他们走的是其他人不敢走或没有走过的路，只有自信才能顶住压力，坚持自己的目标并最终取得创业成功。

（三）社交网络

机会识别需要创业者丰富的社交网络支持，创业者的个人社交网络是最重要的公司资源之一，是产生创办新企业思路和影响机会识别的关键因素。新的创业思路经常会在创业者与其社交网络成员的接触中碰撞而出。创业者的社交网络可以帮助其辨别信息来源渠道的真假，产生更多的机会与创业思路。

（四）环境因素

环境因素会影响机会识别，大量的机会往往在环境的变动中形成，环境变动是机会产生的一个重要来源。有四个环境因素会影响机会的识别：市场、技术、社会价值和政府的政策法规。大量的信息在这些环境变化中产生，为创业者赋予了更多的可能。

值得关注的是，这些因素并不是相互独立的，从某些方面来说它们彼此之间也存在一定的联系，这种联系使得不仅要研究某一因素与机会识别的关系，还要研究所有因素与识别机会之间的关系。

三、创业机会识别的途径

（一）创业机会识别的技巧

创业者的创业机会识别能力和识别效果受到前述四种要素的影响。其中，创业者对创业机会基本特征的认识，影响了创业者机会识别的全面性；创业者的先前经验，影响了创业者的机会识别能力和机会选择态度；创业者对领域知识的掌握程度，影响了创业者机会识别的宽度和深度；创业者的悟性及灵感，决定创业者机会识别的效率和准确程度。既然创业机会识别受到这么多因素的影响，创业者就有必要掌握一些创业机会识别的技巧。

1. 通过系统分析发现机会

多数机会可以通过系统分析发现。人们可以从企业的宏观环境（政治、法律、文化、人口等）和微观环境（顾客、竞争对手、供应商等）的变化中发现机会。借助市场调研，从环境变化中发现机会，是机会发现的一般规律。以日本汽车公司识别并把握美国汽车市场机会为例，20世纪60年代初，日本汽车公司利用政府、综合贸易商社、企业职能部门，甚至美国市场广泛搜集信息。通过市场调研，他们发现，美国人把汽车作为身份或地位象征的传统观念正在逐渐削弱，而把汽车作为一种交通工具，更重视其实用性、舒适性、经济性和便利性；美国的家庭规模正在变小，小规模家庭大量出现；美国汽车制造商无视环境变化，因循守旧，继续大批量生产大型豪华车，因而存在一个小型车空白市场。于是，日本汽车商设计出满足美国顾客需求的美式日制小汽车，以其外形小巧、价格便宜、舒适平稳、耗油量低、驾驶灵活、维修方便等优势敲开了美国市场的大门。

2. 通过问题分析和顾客建议发现机会

问题分析需要找出个人或消费者的需求和他们提出的产品问题，这些需求和问题可能很明确，也可能很含蓄。创业者既可能识别它们，也可能忽略它们。问题分析可以首先问"什么才是最好的"，一个有效并有价值回报的解决方法对创业者来说是识别机会的基础。这个分析需要全面了解顾客的需求，以及可能用来满足这些需求的手段。一个新的机会可能会由顾客识别出来，因为他们知道自己需要什么，顾客就会为创业者提供机会。顾客的建议多种多样，他们会提出一些非正式的建议，或者有选择地采取非常详尽和正式的短文形式提供建议。无论是用什么样的方法，一个讲究实效的创业者总是渴望从顾客那里征求想法。

3. 通过创造获得机会

这种方法在新技术行业中最为常见，它可能始于明确拟满足的市场需求，从而积极探索相应的新技术和新知识，也可能始于一项新技术发明，进而积极探索新技术的商业价值。通过创造获得机会比通过其他任何方式的难度都大，风险也更高。同时，如果能够成功，其回报也更丰厚。这种情况下所产生的创新在人类所具有重大影响的创新中居于压倒性的主导地位。日本索尼公司开发随身听就是一个很好的例子，索尼公司觉察到人们希望随身携带一个听音乐的设备，并利用公司微缩技术的核心能力从事项目研究，最终开发出划时代的产品"随身听"，取得了巨大的成功。

（二）创业机会识别的方法

识别创业机会的方法有多种，其中有的来自启发，有的依靠经验，有的较为复杂需要市场研究专家的支持，这里主要归纳常用的三种。

1. 通过综合分析发现机会

通过对各类数据和信息进行全面且深入的综合分析，如市场趋势、行业动态、自身优势、竞争对手等，挖掘潜在需求，发现隐藏的机会，研发相关产品或提供相关服务满足市场需求，为企业发展开辟新的道路，实现突破和增长。

2. 通过问题分析和顾客建议发现机会

问题分析需要找出个人和组织消费者的需求及其提出的产品的问题，这些问题可能明确，也可能含糊，重要的是抓到核心问题，那就是"什么才是最好的"。询问顾客的建议，只有他们才知道自己需要什么，顾客的建议是多种多样的，最简单的也是经常听到的便是"如果那样的话不是更好吗"这样非正式的建议。

3. 通过创造获得机会

这种方法在技术行业中最为常见，如音乐播放器、3D 打印机、无人机等，它可能始于明确的市场需求，从而积极探索相应的新技术和新知识，也有可能始于一项新技术发明，进而积极探索新技术的商业价值。

（三）创业机会识别的四个策略

1. 找到值得跟随的成功先行者

跟随策略在行业的叫法是"模仿"，为什么这个策略在商界中如此盛行？最高的成功率，就是跟随策略的厉害之处，但如果创业者盲目使用跟随策略，往往难以取得成功，所以在筛选成功先行者时，需要注意以下两点。

（1）时机

如果有一个商机是大家都知道的，就证明已经不是机会。如果不能成为前 20% 的跟随者，就不要选择跟随。对于时间窗口变小的机会，行动就越要迅速。

（2）特殊性

警惕"他能你不能"的机会，要筛选出"你能他不能"的机会。市场上总有些机会只属于部分的人或企业，需要有特定资源和足够能力才能把握住，如政府资源、科研能力、渠道资源、产品能力、营销能力等。

2. 收集身边的问题

在生活中，问题随处可见，但人们常视而不见，因为对于长期存在的事情，人们一般都能适应它、合理化它，直至习以为常。

3. 分析行业趋势

通过行业变化分析出市场机会是一种推导的方式，它需要我们对已知的行业信息和变化因素有深刻理解，并以此为基础来推演未来变化所影响的范围，提前洞察出人们的需要。

4. 发明家策略

发明家策略是要创造新的市场。当世界上只有蜡烛时你发明了电灯泡，那么在将来的一段时间内你就没有竞争对手，市场份额将会被你独占，很容易形成规模效应，其他公司将难以与你竞争。但发明可没那么容易，绝大多数人没有发明能力，成功率又极低。我们可以做"用户脑中的发明家"而不是真正的发明家，这是什么意思？不是自己发明，而是去发现那些"未被推广的好发明"，然后去完善它、包装它、宣传它，让它走到有需要的人的面前。这是一种成功率较高又适合普通人的发明策略。

我们熟知的乔布斯就极其擅长这种策略。1983 年，苹果公司推出了世界上第一台采用图形界面的个人电脑 Apple Lisa，而施乐公司在 1973 年就发明了世界上第一台运用图形化界面的微型电脑，取名 Alto，但施乐公司高层并不重视这项技术。乔布斯在 1979 年受邀参观施乐公司的新技术，在听到讲解员介绍这项技术时，他非常震惊，同时也发现施乐公司竟然没有好好利用这项技术。历史上有许多这样的案例，一项新发明，将它推广到人们面前的往往不是发明者，而是意识到这项发明价值的其他人。

【实训项目 24：实体创业机会识别的策略】

阿里巴巴在初创期时，采用了多种创业机会识别策略，其中就包括了发明家策略、分析行业趋势和找到值得跟随的成功先行者这三个策略。

首先，阿里巴巴的创始人马云采用了发明家策略，他运用自己所学的知识，找到了一种全新的商业模式——网络市场。他发现网络是一个可以打破地域限制，让更多人参与市场竞争的平台，这让他看到了商机。

其次，阿里巴巴还注重分析行业趋势。在互联网的成长期，在阿里巴巴的发展初期，马云和团队对国内外电子商务市场进行了深入研究，他们发现，中国的电子商务市场比美国要落后 10 年，但是前景广阔。这让他们看到了未来市场的发展方向，从而进一步确定了公司的发展方向。

最后，阿里巴巴也有找到值得跟随的成功先行者的策略。早在公司成立之初，马云就曾在美国的互联网公司大会上听取过亚马逊创始人杰夫·贝佐斯的演讲，后来在阿里巴巴成立之后，他强调过自己的发展模式就是亚马逊的中文版。他从亚马逊的商业模式中学习，并在中国市场上加以实践，这为阿里巴巴的发展提供了重要的借鉴。

实训任务：阿里巴巴公司运用了什么创业机会识别的策略？

第二节　创业机会评估

一、创业机会评估的重要性

创业机会评估是指对创业者所面临的市场、技术、竞争等方面的情况进行分析和评估，以确定创业项目的可行性和成功概率。创业机会评估是创业过程中非常重要的一步，它可以帮助创业者了解市场需求、竞争环境和技术趋势，从而制订出更加有效的商业计划和策略。

二、创业机会评估过程

创业机会评估是创业过程中非常重要的一环，能够帮助创业者明确创业机会的潜在价值和可行性，为创业提供有力的支持和保障。下面将详细介绍创业机会评估的过程。

1. 市场分析

市场分析是创业机会评估的第一步，主要是对市场进行深入分析，包括市场规模、增长率、竞争情况、需求趋势等方面。基于市场分析创业机会是否具有商业价值和市场潜力。

2. 技术分析

如果涉及技术的创业机会，需要对技术进行深入分析，包括技术成熟度、技术优势、技术难度等方面。通过技术分析，可以判断创业机会是否具有技术壁垒和可持续竞争优势。技术分析需要创业者具备专业的技术背景和技术能力，也可以借助专业的技术人员。

3. 商业模式分析

商业模式是创业过程中非常重要的一环，需要对创业机会的商业模式进行深入分析，包括收入来源、成本结构、利润模式等方面。通过商业模式分析，可以判断创业机会是否具有盈利能力和商业前景。

4. 团队分析

团队是创业过程中非常重要的一环，需要对创业团队进行深入分析，包括创业经验、行业背景、人才结构等方面。通过判断创业团队是否具有执行能力和资源优势来进行最终的创业布局。

5. 风险评估

创业机会的风险是必须要考虑的因素，需要对创业机会的风险进行评估，包括市场风险、技术风险、商业模式风险等方面。创业机会的可控风险和风险回报比决定了创业的最终走向。

【实训项目 25：实体创业项目机会评估】

以腾讯公司推出一款名为"腾讯智算"的在线学习平台为例：

（一）市场分析

1. 对在线学习市场做出深入了解，了解目前的品牌、市场份额、潜在用户群体、用户习惯及增长趋势等。

2. 进行产品和服务调查与分析，了解潜在用户的需求，确定目标用户群体的规模和增长趋势。

3. 评估竞争环境和竞争对手，找出市场机会、独特性或优势。

（二）技术分析

1. 评估现有在线学习平台的技术，确定该平台的需求和局限性。

2. 针对在线学习平台不同组件的需求，评估现有技术是否能够满足需求，或是否需要进行进一步优化。

3. 确定可行的技术方案和解决方案，包括馆藏文献的处理、数据的设计和安全等。

（三）商业模式分析

1. 确定公司运行的商业模式，如收益来源、销售途径、每个用户的收入和利润。

2. 预估所需的投资、资金流、月收入和利润。

3. 估算固定和变动成本，以了解市场进入的预期风险。

（四）团队分析

1. 确定团队成员个人能力、背景和优势，如运营、设计、研发及销售人员。

2. 提供相应的职责和角色，确保协调和沟通，克服障碍。

3. 确定公司现有和未来的需求，聘请/招聘新人，其能力和文化符合公司的需求。

（五）风险评估

1. 评估不同的风险，包括市场、商业模式、技术、团队、财务等，确定不同风险的可能性和相对影响。

2. 制订解决和应对风险的计划，如改变策略、降低成本、加强安全和风险管理、招聘新人、解决人员问题。

3. 通过这样的评估流程，腾讯公司可以得到全面的评估报告，并了解潜在客户、竞争对手、商业模式以及估算的投资成本和预期收入。

实训任务：腾讯公司运用这些方法能取得什么效果？

三、创业机会评估方法

（一）创业机会的一般评价方法

怎么对创业机会进行合理的评价和选择？一般来说，对创业机会进行评价的方法分为定性分析评价方法和定量分析评价方法两类。

1. 定性分析评价方法

定性分析评价方法分为 5 个步骤：第一步，判断新产品或新服务的价值、障碍、市场认可度等；第二步，分析风险、机会；第三步，确定生产过程中的生产批量和产品质量保证措施；第四步，估算新产品的初始投资额，确定使用何种融资渠道；第五步，分析如何控制和管理可能遇到的所有风险。

2. 定量分析评价方法

被大家公认的创业机会的定量分析评价方法有四种：标准打分矩阵、Westinghouse 法、平衡计分卡法、Baty 选择因素法，此处仅介绍前三种方法。

（1）标准打分矩阵。找到对创业机会选择成功有重要影响的因素，并由专家小组对每个因素进行打分，一般进行极好、好、一般三个等级的打分，最后得出每个因素在各个创业机会下的加权平均分，从而对不同的创业机会进行比较。

（2）Westinghouse 法。Westinghouse 法用于计算和比较各个机会的优先等级，公式如下：

$$机会优先级 = 技术成功概率 \times 商业成功概率 \times 平均年销售数 \times$$
$$（价格 - 成本） \times 投资生命周期 / 总成本，$$

上式中，技术成功概率和商业成功概率以百分比表示；平均年销售数以销售的产品数量计算；成本以单位产品成本计算；投资生命周期是指可以预期的平均年销售数基本保持不变的年限；总成本是指预期的所有投入，包括研究、设计、制造和营销费用。

（3）平衡计分卡法。通过问卷设计评估创业机会，其中问卷指标必须充分考虑到四个方面的因素：第一，财务因素，即创业机会是否能为创业者或股东创造价值（经济回报）；第二，顾客因素，即创业机会是否能为顾客创造持续的价值（使用价值）；第三，内部因素，即谁去开发创业机会，以及开发创业机会的主体所拥有的资源；第四，学习和创新因素，即创业机会的创新程度和持续性。平衡计分卡方法可以对创业机会进行评估和管理，帮助创业者制定和实施战略，从而提高创业成功的几率。

（二）创业机会与创业者及其团队结合的评价方法

创业机会的一般评价方法的缺陷是忽视了创业机会的开发者、创业者及团队的作用。其实，好的创业者及其团队善于发现别人发现不了的机会，甚至可以为自己创造发展的机会。同时，好的机会只能与适当的创业团队相匹配才能取得良好的创业绩效。著名的创业学研究学者第莫斯在经过大量研究之后，提出了如下创业机会评价指标。

1. 行业与市场

对创业机会进行行业与市场评估的项目包括市场定位、市场结构、市场渗透力、市场规模、产品的成本结构等。一个好的创业机会必然具有特定市场基础，专注于满足客户需求，同时能为顾客带来增值的效果。因此，评估创业机会的时候，可由市场定位是否明确、顾客需求分析是否清晰、顾客接触是否通畅等，来判断机会可能创造的市场价值。新事业能带给顾客的价值越高，则创业成功的机会也就越大。

（1）市场定位。一个好的创业机会必然拥有特定的市场，有一定的消费群体，有潜在的发展空间。市场定位是否明确关系到创业项目是否关注顾客的需求，从需求中发现商机的可能性越大，创业机会就越大。

（2）市场结构。市场结构包括进入障碍、供货商、顾客、经销商和谈判力量，替代性竞争产品等，分析市场结构可以评估创业机会在未来市场中的定位，以及可能遭遇对手反击的程度。

（3）市场渗透力。评估创业市场，选择最佳的时机进入，做好万全的准备，等待市场需求缺口的打开。

（4）市场规模。一个有价值、有潜力的市场必然隐藏在深处且正在成长中，这通常也是一个极具价值的市场。不要局限于规模大的市场，这种市场往往趋于成熟，成长空间有限。

（5）产品的成本结构。产品的成本结构关系到企业前景是否乐观，物料成本、资料来源及固定成本受外部影响越小，那么企业自主性就越强，越容易在市场扎根。

2. 经济因素

对创业机会进行经济因素评估的项目包括达成损益平衡所需的时间、投资回报能力、资本需求、毛利、销售成长性等。合理的损益平衡时间应该为两年以内，但如果三年还达不到损益平衡，恐怕就不是一个值得投入的新创业机会。不过，有的新创业机会确实需要比较长的耕耘时间，并经由前期的投入创造进入障碍，保障后期的持续获利。在这种情况下，可以将前期投入视为一种投资，较长的损益平衡时间就可以忽视。考虑到创业开发可能面临的各项风险，合理的投资回报率应该在25%以上。一般而言，15%以下的投资报酬率将不是一个值得考虑的创业机会。资金需求量较低的创业机会一般会比较受投资者的欢迎，事实上，许多个案显示，资本额过高其实不利于创业成功，有时还会带来稀释投资回报率的负面效果。通常，越是知识密集的创业机会，对于资金的需求量越低，投资报酬反而越高。因此，在创业开始的时候，不要募集太多的资金，最好通过盈余积累的方式来积累资金。

3. 收获条件

对创业机会进行收获条件评估的项目包括潜在的附加价值、价值评估模式、退出机制与策略、资本市场环境等。所有投资的目的都在于持续的营收，因此退出机制与策略就成为一项评估创业机会的重要指标。企业的价值一般由具有客观鉴别能力的交易市场来决定，市场中交易机制的完善程度也会影响创业企业退出机制的弹性。由于退出的难度普遍高于进入的难度，所以一个具有吸引力的创业机会，应该要为所有投资者考虑退出机制及退出的策略。

4. 竞争优势

对创业机会进行竞争优势评估的项目包括固定及变动成本、进入障碍等。产品的成本结构也可以反映该创业企业的前景是否光明。例如，根据物料占人工成本的比重、变动成本占固定成本的比重及经济规模的产量，可以判断该创业企业能够创造附加价值的幅度及未来可能的获利空间。

5. 管理团队

对创业机会进行管理团队评估的项目包括创业团队、产业及技术经验、正直性、个人诚信等。由具有卓著声誉的创业者领军，结合各具专业背景的成员所组成的创业团队，加上紧密的组织凝聚力与共同的价值观，这种最佳团队组合可以被视为创业企业成功的最佳保障。因此，评价创业机会，绝对不可忽视创业团队组合的因素及团队整体能够发挥的作用。

创业者与他的团队成员对于所要投入产业的相关经验与了解程度的多寡，也影响创业获得成功的概率。一般可以由业内专家对于创业团队成员的背景、经验与专业能力进行评价，来获得成功概率的判断。再好的创业机会，如果创业团队不具备相关产业经验或专业背景，则对于投资者就不会具有任何吸引力。

创业者的人格特质也是影响创业成败的关键因素，尤其是创业者的人品与道德观。在业界具有良好声誉且重视诚信、正直、无私、公平等基本为人处世原则的创业者，对于把控创业机会通常具有显著加分的效果。

6. 创业者个人

对创业机会进行创业者个人标准评估的项目包括目标和适合性、机会成本、正面与负面相关议题、欲望、风险与报酬承受程度、压力承受度等。创业过程中往往遭受极大的困难与风险，因此有必要了解创业者的创业动机，以便判断他愿意为创业活动付出代价的程度。一般认为，创业机会与个人目标的契合程度越高，则创业者投入意愿与风险承受意愿自然也就越大，创业目标最后获得实现的几率也相对越高。因此，一个具有吸引力的创业机会，一定有一个能充分与创业者个人目标相契合的创业计划。

第三节　创业风险管控

一、创业风险识别

所谓创业风险识别，是指创业者依据企业活动，运用各种方法对创业企业面对的现实及潜在风险加以判断、归类，并鉴定风险性质的过程，从而有效地把握各种风险信号及其产生的原因。风险识别是管理创业风险的基础性工作。

（一）创业风险识别的方法

识别风险需要一定的专业知识，必须根据风险的不同性质与产生条件，按照一定的途径，采用一定的方法或者借助一定的工具来实施。下面对这些方法进行简单介绍。

1. 专家调查法

专家调查法是一种定性研究方法，通过对一些具有相关专业知识和经验的专家进行访谈、问卷调查等方式，获取他们对于某个问题或主题的看法、意见和建议，从而得出结论或提出建议的方法。

专家调查法的步骤包括：

（1）确定研究问题：确定需要专家提供意见和建议的问题或主题。

（2）确定专家：选择具有相关专业知识和经验的专家，可以通过专业协会、学术期刊、研究机构等途径寻找。

（3）设计调查工具：设计问卷或访谈指南，包括开放式和封闭式问题，以便获取专家的意见和建议。

（4）进行调查：通过电话、邮件、面谈等方式进行调查，收集专家的意见和建议。

（5）分析数据：对收集到的数据进行整理、分类和分析，得出结论或提出建议。

（6）撰写报告：将研究结果撰写成报告，包括研究问题、调查方法、分析结果和结论等内容。

2. SWOT 分析法

SWOT 分析法是一种常用的战略管理工具，用于评估企业或组织的内部和外部环境，以确定其优势、劣势、机会和威胁，从而制定相应的战略和行动计划。

SWOT 分析法的四个要素包括：

优势（Strengths）：企业或组织的内部优势，包括资源、技能、品牌、声誉等，可以帮助企业或组织在市场竞争中获得优势。例如，企业拥有独特的技术或专利、拥有强大的品牌知名度、拥有高素质的员工等。

劣势（Weaknesses）：企业或组织的内部劣势，包括缺乏资源、技能、品牌、声誉等，可能会影响企业或组织的市场竞争力。例如，企业缺乏资金、缺乏核心技术、管理不善等。

机会（Opportunities）：企业或组织的外部机会，包括市场趋势、技术发展、政策变化等，可以为企业或组织提供新的发展机会。例如，市场需求增加、新技术的出现、政策支持等。

威胁（Threats）：企业或组织的外部威胁，包括竞争对手、市场变化、政策变化等，可能会对企业或组织的发展造成威胁。例如，竞争对手的崛起、市场需求下降、政策不利等。

SWOT 分析法的步骤包括：

（1）确定研究对象：确定需要进行 SWOT 分析的企业或组织。

（2）收集信息：收集与企业或组织相关的内部和外部信息，包括市场趋势、竞争对手、技术发展、政策变化等。

（3）制定SWOT矩阵：将收集到的信息填入SWOT矩阵中，分别列出企业或组织的优势、劣势、机会和威胁。

（4）分析SWOT矩阵：对SWOT矩阵进行分析，确定企业或组织的优势、劣势、机会和威胁的重要性和影响程度。

（5）制订战略和行动计划：根据SWOT分析的结果，制订相应的战略和行动计划，以利用优势、克服劣势、抓住机会、应对威胁。

3. 财务报表分析法

财务报表法是指国家对企业财务报表编制、审计、公布和使用的法律法规体系。它是企业财务管理的重要法律依据，也是保障投资者和社会公众利益的重要保障措施。

二、创业风险评估

风险评估是指在对创业企业面临的现实及潜在的风险加以判断、归类并鉴定风险性质的基础上，通过对所收集的损失材料加以分析、衡量，以便合理地制定和选择恰当的风险控制方案。本书主要介绍几种比较重要的风险评估方法：事故树分析法（ATA）、模糊综合评价法、层次分析法（AHP）等。

（一）事故树分析法

事故树分析法（Accident Tree Analysis，简称ATA）又称故障树分析法，是从要分析的特定事故或故障（顶事件）开始，层层分析其发生的原因，直到找出事故的基本原因（底事件）为止。这些底事件又称为基本事件，它们的数据已知或者已经有统计或实验的结果。该分析法能够对各种危险进行辨识和评价，不仅能分析出危险直接原因，还能够分析出事故的潜在原因。它描述事故的因果关系直观明了、思路清晰、逻辑性强，既可用于定性分析，又可用于定量分析。利用逻辑关系、因果关系及事物发展的规律性等，再通过逻辑推理，对创业中涉及的主要风险事件，按时间顺序和事件的成功或失败因素组合在一起，确定系统最后的状态，发现风险产生的原因及条件。本分析法有利于对各种系统性风险进行识别和评价，了解创业过程中风险的动态变化。

（二）模糊综合评价法

由于在创业过程中，随机事件是否发生存在不确定性，也就是风险存在不确定性，在这种不确定的状态下，基于模糊数学的隶属度理论把定性评价转化为定量评价的模糊综合评价法就被广泛地应用于风险评估。模糊综合评价法即用模糊数学对受到多种因素制约的事物或对象做出一个总体的评价，再分别确定各因素的权重和隶属度向量，获得模糊评判矩阵，最后进行归一化的模糊运算并得到模糊评价的综合结果。它具有结果清晰、系统性强的特点，能较好地解决模糊的、难以量化及非确定性情境下企业风险识别及评价问题。

（三）层次分析法

层次分析法（Analytic Hierarcy Process，简称 AHP），是将决策过程的元素分解为目标、准则、措施等层次结构，利用定性与定量相结合的决策分析方法。首先为决策确定总体目标，通过调查、询问、现场考察等途径弄清规划决策所涉及的范围、所要采取的措施方案和政策、实现目标的准则、策略和各种约束条件。建立一个多层次的结构，按目标的不同和实现功能的差异，将决策分为几个层次结构，确定结构中相邻的元素之间的相关程度，通过构建判断矩阵及矩阵运算的数学方法，确定各层所有因素相对于上层次因素的重要权重，然后通过计算排序，排出各种因素的重要程度，最终做出决策，提出选择方案及确定处理风险的方法和行动方案，避免损失时间、精力和资源。

三、创业风险预警

创业风险预警是研究企业预防风险、有效进行风险控制，通过风险预警分析，最终增强企业应变力和竞争力。企业的生存发展过程中，处处是风险，如果不注重风险预警和控制，直到发现的时候就已经晚了，使得企业失败。建立风险预警机制首要的是树立风险意识，创业者的风险观念最为重要。就像温水煮青蛙的实验，青蛙在水温缓慢上升的水中游泳时，反应也慢慢变得迟钝，当它终于发现水温过高要被烫死时，青蛙已经没有了逃生的体能了。很多企业也是在不知不觉之间，而不是由于突发事件导致失败的，这就反映出他们并没有注意到周围环境的变化，存在对风险认识不足的问题。

（一）人力资源风险预警

1. 创业者风险预警

创业企业的初创期，创业者往往是和企业一体的，创业者的性格决定创业企业的命运。当创业者追求的目标发生变化时，创业团队就应当引起警觉。当创业者感情用事，做出错误决定时，创业团队应采取相应的预防措施；当企业发展进入成长期，企业规模扩大，创业者的管理方式失灵，企业决策机制并没有随之改变时，创业团队应警觉，需改变相应的决策机制。创业者的决策风险实际上是和企业的决策机制紧密相关的。

2. 创业团队风险预警

一个人的精力和能力是有限的，因此创业企业多为一个团队。创业团队的存在是必要的，同时也会具有一定的风险，所以创业团队也需要风险预警。创业团队成员会随着企业的发展而产生变化，主要创业者要根据企业发展情况和团队成员的情况保持足够的警觉。创业初期，企业团队成员之间需要相互磨合，在价值观、发展目标、股份分配等方面的分歧将直接影响初创企业的生存和发展；团队成员的某些潜在因素（素质高低、品德高低）将对企业产生巨大的破坏力；创业团队是否具有动态的发展意识，也是创业者选择团队需要警觉的。认识到原有团队成员会随着时间的推移而离开，新的团队成员会在需要的时候进入，这是主要创业者必须要有的心理准备。

3. 核心员工流失风险预警

新创企业的发展过程中，一定会面临核心员工离开的风险。从一些企业案例中可以看出，核心员工的离开有可能给企业带来很大的损失。有些核心员工的离开是可以预警的。员工离开企业一般就是这几种情况：员工不满足现有的工资待遇、在企业里没有个人发展空间、不适应企业文化氛围或是与其他员工关系不好等，企业管理者可以根据相应的情况予以解决，以降低因员工流失风险造成的损失。

（二）企业财务风险预警

企业在发展的各个时期，资金都是一个重要问题。初创企业在融资方面的渠道来源较少，在财务方面更容易犯错误，企业需要面临的财务风险较为重要。

1. 现金风险预警

现金能够保障企业的正常运转，在日常经营活动中，没有足够的现金，可能让企业瘫痪甚至倒闭。企业的流动资金是企业日常经营活动的主要凭借，所以企业要经常评估企业现金状况，按月或季度编制现金流量表。根据现金流量表的情况对现金支出和流入进行风险预警。

2. 财务风险预警

企业发展过程中，大部分资金已经不是当初创业时的贷款或是其他来源，更多的是依赖市场融资获得。这时更要把握好企业财务预警，在融资过程中要注意融资来源与融资实际获得的时间，否则将因为融资失败导致企业经营失败。在企业发展过程中，也要注重内部财务管理制度的建立和完善，杜绝不良资金的流通和使用，定期对公司财务状况进行审核检查。企业可以通过综合评价指标体系来判别财务风险。

四、创业风险防范

（一）创业准备阶段风险防范

1. 严格筛选项目

创业者首先应当选择自己熟悉的、或相对熟悉的行业，以便于沟通和联络，其次，对项目的内外环境要进行信息分析、数据评估，做深入的可行性研究。

2. 有效保护商业机密

创业者在向潜在投资者介绍项目时，一定要注意对创意的保护。虽然创意十分难以保护，但要通过一些有效的方法进行保护，以确保创业公司的利益。可以通过商标注册、专利申请、版权保护、保密协议等等方式。

3. 选择好的创业伙伴

创业伙伴要选择熟悉了解的人，但是要把朋友关系、家族关系处理好。大家相互了解，不会为相互适应花时间，但一定要注意选择朋友关系的伙伴就不要加入家族成员，选择家族成员的伙伴就不要选择朋友伙伴，以免在发展过程中产生意见分歧。

4. 密切关注资金风险和技术风险

创业准备阶段最大的风险就是资金风险和技术风险。资金就像是企业的营养，缺少了营养，任何企业都无法生存。所以，创业者要尽早考虑好融资方法，建立融资渠道，减少风险。

（二）创业起步阶段风险防范

1. 抓好人、财两个关键

要抓好人和财两个关键点，就需要建立有效的规章制度。一套完善的规章制度是创业企业能够生存和发展的根本。最基础的管理制度是人事管理制度，要制定并实施招聘制度、考勤制度、考核制度、奖惩条例、薪资方案等制度，遵守法律法规，保护商业机密，有效防范核心员工流失。

2. 降低市场风险

起步阶段的市场风险逐步显现和加大。创业者要开展市场调研，广泛收集客户对产品各项功能的意见和建议，邀请行业协会、政府部门或专家进行咨询，通过市场调研对产品的技术水平进行改进，建立市场风险应对策略和运行机制。

3. 探索简洁实用的商业模式

很多初创企业起步期根本没有精力制订完善的企业战略计划，最关键的就是怎样在竞争激烈的市场中生存下来，所以这就需要有一套简单实用的商业模式，主要涵盖以下三个问题：公司如何整合各种要素，建立完整有效的运行系统，创造市场价值并能持续盈利。

4. 对经营业务不断调整巩固

现代企业的经营活动要在复杂多变的内外部环境条件下，解决企业经营目标与企业内外部环境条件的动态平衡问题。内部条件决定企业经营活动所能取得的预期效果的可能性，外部条件反映市场竞争、技术、需求的变动趋势，决定了企业的经营方向和利润来源。

（三）创业成长阶段风险防范

1. 尝试授权，学会解脱

企业成功后，管理问题多而复杂，以及员工渴望分享权利都导致创业者要考虑开始授权，创业者需要授权但不能分权。授权是在企业内分派任务，所分派的任务是实施一项已经指定的决策，但所授予的权利对全局没有影响；当分配的任务是制定决策也就是决定要实施的内容时，就是分权。

2. 完善组织机构，规范决策

创业初期，企业往往只是针对市场机会做出反应，而不是自己创造机会。创业者是被环境左右、被机会驱使的，而不是左右环境、驾驭机会的，企业的行为是被动的，而不是主动的、有预见性的。创业成功后，企业为了更好地发展，必须建立完善的组织构架来有效地执行决策，有计划地完成经营目标。创业者或企业应当通过第三方来搭建并完善组织架构，最大限度地稳定企业的经营。同时还需要完善、健全企业的各项管理和规章制度。

3. 建立风险责任机制，趋利避害

建立创业企业风险责任机制，就是根据企业的控制规划和实施方案，确定相应的责任主体，做到风险管理工作各司其职，各负其责。通过分析，主动预测风险可能带来的负面影响，积极预防相关风险，学会减少风险和转移风险。同时建立健全完善的风险控制和报告制度，企业内部的风险管理要严格按照既定目标要求和具体标准做到相应的监控。

4. 完善激励机制，凝聚人才

人才是企业发展的关键。企业初步成功后，应当有一套完整有效的激励机制，既能保障老员工和合伙人的利益，又能吸引新员工，凝聚优秀的人才，使企业稳步发展。激励机制要严格执行，让员工感到激励机制确实有效并且是其奋斗的动力。

5. 发展核心竞争力，战略制胜

保持核心竞争力是企业持续发展的关键。只有不断发展核心竞争力才能在市场竞争中保持优势，永葆企业活力。根据《2022 年度中小企业发展环境评估报告》显示，我国中小企业核心竞争力主要体现在市场营销能力上，失去市场或市场狭小都会导致创业失败。

第八章　商业模式设计与创业计划书

　　商业模式和创业计划书都是创业过程中不可或缺的工具，是成功创业的必要条件。正确地使用商业模式和创业计划书可以使创业者更好地规划和管理企业，从而达到商业目标并赢得市场。同时，商业模式和创业计划书之间的关系也非常密切。商业模式为创业计划书提供了思考的基础，而创业计划书则展开了商业模式的具体细节，将其转变成系统化的书面计划。因此在设计和运行一个产品或服务时，两者必须密切配合，才能取得成功。

学习目标

◎ 了解商业模式的概念、构成、运行逻辑、类型。
◎ 掌握商业模式设计的方法及工具。
◎ 了解创业计划书的具体内容。
◎ 掌握创业计划书的撰写。

【实训项目 26：商业模式案例分析】

好　邦　客

　　在国内，有这么一家车行，将国外的汽车银行俱乐部与中国民间的互助会两种形式结合，凭借"比租车便宜，比买车更方便"的理念，帮助工薪族实现了用车的梦想。这个车行开在长沙，名叫"好邦客"。

　　"好邦客"庞大的潜在消费群是想拥有座驾，无奈囊中羞涩的工薪族。他们只要办理入会手续，到指定银行缴纳 15 000 元保证金并办理储蓄卡就可以成为会员，按正常程序享受租车服务并按使用时间、所付费用累计积分。积分达到一定程度就可从"好邦客"拿走一辆相应型号和相应新旧程度的车辆。"好邦客"还以托管、储蓄等方式吸纳二手车。二手车储户存入车辆后即为"好邦客"会员，并可以随时使用"好邦客"的任何车辆。托管车辆在托管期满后可以按约定取回车辆，享有托管收益，并可获得车辆使用费 30% 的现金返还。凭借 20 万元的启动资金，"好邦客"现已成为盈利 3000 万元的地方特色车行，它成功的关键就在于独特的商业模式，用少量的资金撬动了汽车租赁、汽车销售和二手车交易的联动消费市场。

　　实训任务：分析好邦客的盈利点在哪？这种模式有哪些成功点？

第一节　商业模式概述

一、商业模式的概念

现代管理学之父彼得·德鲁克说过："当今企业之间的竞争，不是产品之间的竞争，而是商业模式之间的竞争。"21世纪的企业竞争的最高境界，不再是产品的竞争、人才的竞争、营销的竞争、服务的竞争，其最高境界是商业模式的竞争。

而现今的商业模式则是一个相当宽泛的概念，像我们所熟知的B2B模式、B2C模式等都与商业模式相关。对来创业者来说，确定企业的商业模式，不仅仅是告诉你企业的努力方向，更是指明了通往胜利的道路。那么商业模式具体指的是什么呢？商业模式是指，为了能实现客户价值最大化，将企业内在和外在所有要素进行整合，从而形成高效率且具有独特核心竞争力的运行系统，并且通过推出的产品和服务，达到持续盈利目标的组织设计的整体解决方案。其中，"整合""系统""高效率"是先决条件和基础，"核心竞争力"是方法和手段，"客户价值最大化"是主观目的，"持续盈利"才是最终的检测结果。

对此可以用"客户价值最大化""整合""高效率""系统""盈利""实现形式""核心竞争力""整体解决"八个关键词来概括成功商业模式的八个要素。其中"整合"是指协调、组织和融合，使企业内外部与企业的经营管理系统进行有机整合，形成一个整体；"高效率"是指将系统内外的各要素通过整合方式，使之高效率地运作，其目的就是使系统形成核心竞争力；"系统"既是指企业内的小系统，也指所属整个产业价值链的大系统，是最佳整体的意思，也就是个体的最佳组合；"盈利"是指企业为"客户实现价值最大化"的客观结果；"实现客户价值最大化"是企业主观的追求。

二、商业模式的类型

亚历山大·奥斯特瓦德和伊夫·皮尼厄在《商业模式新生代》一书中总结了五类现代常用的商业模式，包括非捆绑式、长尾式、多边式、免费式和开放式。在设计商业模式时，多种商业模式可以混合使用，同时随着时间的推移，新商业模式类型也会不断涌现。

（一）非捆绑式

传统企业开展经营活动时，存在三种不同基本业务类型，如图8-1所示，分别是产品创新型、客户关系型和基础设施型。每种类型都包含着不同的经济驱动、竞争驱动和文化驱动因素。如果上述三种类型同时存在于一家公司里，理论上，可以将三种业务"分拆"成独立的实体，以避免管理冲突或不利的权衡妥协(图 8-1)。

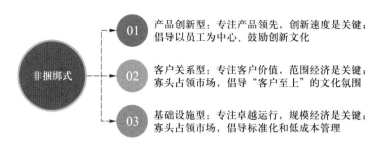

图 8-1 非捆绑式三类基本业务类型

（二）长尾式

长尾式商业模式的核心是多样少量，为利基市场提供大量产品，即每种产品卖得都很少，累积起来的总收益超过主流产品的现象。这种商业模式由克里斯·安德森首次提出，在互联网领域，长尾效应尤为显著。

基于互联网和运营管理的发展，一方面，企业的产品或服务的存储成本、分销渠道和传播流通的成本大大降低；另一方面，通过大数据，商家可以掌握潜在客户的个性化需求，企业可以低成本针对数量庞大的长尾客户群体提供量身定做的价值主张，实现成功商业活动。

（三）多边式

多边式商业模式是将两个或者两个以上有明显区别但又相互依赖的客户群体连接起来。平台通过充当连接不同客户群体之间的媒介而创造价值。

（四）免费式

俗话说，"天下没有免费的午餐"，但是人类有一种根深蒂固的本能总想获得免费的午餐。在免费商业模式中，至少有一个庞大的客户群体可以享受持续的免费服务。企业免费式能够持续运营的关键是免费的产品与服务一定伴随着赚钱的产品与服务，也就是说一个客户群体愿意持续为免费客户细分提供财务支持，从这个意义上来说，免费式是特殊的多边式商业模式。当前，"免费"的商业模式就十分盛行，人们生活中随处可以看到免费报纸、免费食物、免费软件等各种免费产品。值得注意的是，免费的产品不能是质量低劣、让客户不满意的产品，甚至要比竞争对手的还要好，才能快速开发客户并留住客户。

（五）开放式

开放式商业模式可以用于那些通过与外部伙伴系统性合作来创造和捕提价值的企业。这种模式可以是"由外到内"，将外部的创意引入公司内部，也可以是"由内到外"，将企业内部闲置的创意和资产提供给外部伙伴。在一个以发散的知识为特征的世界中，组织可以通过将外部的知识、知识产权和产品整合进自身的创新流程，进而创造更大的价值并更好地利用自己的研发能力。对某家企业无用的产品、技术、知识和知识产权可以通过授权、合资或者剥离的方式提供给外部团体使用，从而实现变现（表8-1）。

表8-1　五类商业模式类型的简述与举例

商业模式的类型		
名称	简述	举例
非捆绑式	把业务分拆，将非核心业务外包	移动通信企业会将其业务分拆，把网络运营外包给设备制造商，分拆之后，运营商们可以专注自己的核心能力——构建客户关系
长尾式	核心是多样少量，为利基市场提供大量产品，每种产品相对而言卖得比较少	腾讯、爱奇艺、得到等互联网音视频的供应商，提供大量优质的音视频资料供客户点播服务，虽然每个产品的点播次数（频率）不高，但是整体收益可观
多边式	将两个或者更多有明显区别但又相互依赖的客户群体集合在一起	美团外卖、饿了么将商家、骑手与用户连接实现订餐服务；滴滴出行、神州专车、曹操专车将司机与乘客连接实现打车服务等
免费式	用免费的产品或服务，来吸引客户重复购买	早期的优步、滴滴、ofo等进入市场时，就派发了大量优惠券或一元免费骑行月卡来吸引客流；一些免费品尝的商品也是如此
开放式	通过整合外部合作伙伴来提高内部研发资源和业务效率	谷歌通过与相关书店、零售商以及支持各种电子书形式的网络公司等进行联盟，进行资源的整合和利用，让消费者不受软件、设备、操作系统及零售商的限制，在互联网上任一个地方都买到自己要的图书

【实训项目27：商业模式类型分析】

面向用户的乐高积木

"我们有积木，而你有想法。"这是1992年乐高产品目录中的一句话，正是这句话给出了乐高商业模式的精髓，更让乐高倡导的创新精神一览无余。创立于1932年，从1949年开始生产风靡全球的乐高积木至今，乐高公司一直将其目标锁定在积木爱好者身上，同时也面向有定制化需求的用户，开启在线定制化服务。在多年的经营中，以自身的积木产品为"核心价值"，不断更新各种主题版块，同时也不断服务于各个年龄及个性化需求的目标客户。

实训任务：分析乐高的这种策略属于何种商业模式类型？

第二节 商业模式的设计

一、商业模式设计的要求

由于行业间的差异，没有一个单一的商业模式能够确保在各类条件下实现可观的财务回报，但我们仍然需要对商业模式的设计进行探索。成功的商业模式的设计均具备了几类明显的基本要求。

（一）准确市场定位

明确自身定位是商业模式设计所面临的第一个问题，而市场定位的核心就是要差异化定位。创业者要能够为大众市场提供独有优势的产品或服务。确立好市场定位的关键是细分市场，寻找到能够利用自身优势来满足该细分市场所需要的产品和服务。

首先，在进行目标定位时，我们需要考虑八个最基本的问题：是否进行了差异化的市场分析？定位是否为目标市场和顾客创造了价值？是否确定了独特的市场定位？自身和竞品是否有明显差别？是否设计出了客户所需要的产品或服务？在设计产品或服务时，最关键的是满足了顾客哪方面的需要？产品本身为客户创造了怎样的价值？顾客为什么愿意认可该价值而付费？这是产品设计的核心所在，也是定位分析之后的最重要成果。

其次，不是随意找一个细分市场提供所需的产品和服务就算是一个优秀的市场定位，关键在于要寻找一个快速、大规模、持续增长的市场，这是确定是否为优秀市场定位的一个关键标准。在目标市场确立时，最需要关注的是四个问题：目标市场规模是否足够大？是否能满足目标客户的基本需求？是否能保证公司业务高速增长？如何保证持续性地增长？

（二）快速拓展模式

这是很多商业模式在设计时最容易被忽略的一个问题，也是决定该模式是快速增长还是缓慢增长的最关键环节。收入是否快速扩展，是衡量商业模式能否迅速做大最关键的因素。

任何一个公司的收入规模根本上取决于客户数量及平均客户贡献这两个因素。因此要想快速增长，就要设计能快速增加付费客户数量的各种策略，或者是提高客户平均贡献额。在设计客户收入扩展策略时，最需要考虑三个问题：获取新客户的方法和难易程度？定价策略是否有利于快速扩展客户和利润最大化？客户是否会持续消费？

（三）有效形成壁垒

创业者通过努力探索成功进入商业模式后，也要通过提高模仿复制的成本和难度来建立起行业的壁垒，让竞争者难以进入或进入要花费极大成本，这是考虑壁垒因素的重点所在。很多企业之所以发展到一定阶段就出现问题，就是没有考虑到后进者的壁垒问题，被其他公司反超，导致在市场中竞争力降低。

（四）合理降低风险

设计商业模式的最后一个环节，就是要综合评估可能面临的各种风险。在评估风险时，需要考虑五个方面：是否存在政策及法律风险？是否存在行业监管风险？是否存在行业竞争风险？是否有潜在的替代品威胁？是否已经存在价值链龙头？

二、商业模式设计的方法

创业者在设计商业模式时难免不会想象自己创设出独特并覆盖现有企业的商业模式，从而实现快速增长并获得成功。事实上，这种大而全的想法并不适用于初创企业。在竞争激烈的现有产业中，继续深入挖掘并创新商业模式确实变得更为困难，但创业者不妨参考现有产业的商业模式，以此为基础开辟出全新的商业模式道路。

（一）全盘接收

全盘接收顾名思义就是以优秀企业（特别是一些知名企业）的商业模式为参照对象并进行直接复制，在全盘复制的同时，根据自身企业状况稍加优化。该方法主要适用于有相似的细分市场、目标客户或拥有比同行业更优秀产品的企业。

创业者在运用该方法时要切忌生搬硬套，需根据企业自身情况进行调整；注重对商业模式细节的观察和分析，着重在流程和细节上下功夫，不拘泥表面形式；在复制时合理错开时间和区域，从而避免形成正面竞争。

（二）借鉴学习

相比于全盘接收，借鉴学习可以让创业者对商业模式中的核心内容或创新概念给予适当提炼和节选，并对这些创新点进行学习。如果这些创新点比企业现阶段商业模式中的相关内容更符合企业发展需求，企业则应该结合实际需要，引用这些创新概念并使其发挥价值。通过引用创新点来学习优秀企业商业模式的方法适用范围较为广泛，对不同行业、不同竞争定位的企业都适用。

（三）逆向思维法

逆向思维法是一种反其道而行之的模仿与创新，即创业者在参考了行业的主流商业模式后反向设计商业模式，从而直接切割对市场领导者不满意或与行业内主流商业模式相逆的市场份额，并为它们打造相匹配的商业模式。创业者在运用逆向思维时也需注意，进行反向设计的对象是行业主流商业模式的核心点，并不能简单追求反向，需确保能够为消费者提供更高的价值，从而塑造新的商业模式。

（四）相关分析法

相关分析法是在分析某个问题或因素时，将与该问题或因素相关的其他问题或因素进行对比，分析其相互关系或相关程度的一种分析方法。相关分析法需要根据影响企业商业模式的各种因素，运用有关商业模式设计的一般知识，采用影响因素与商业模式一一对应的方法确定企业的商业模式。利用相关分析法，可以找出相关因素之间规律性的联系，研究如何降低成本，达到价值创造的目的。例如亚马逊通过分析传统书店，在网上开办网上书店；eBay 的网上拍卖也源自传统的拍卖方式。

（五）关键因素法

关键因素法是以关键因素为依据来确定商业模式设计的方法。商业模式中存在多个因素影响设计目标的实现，其中若干个因素是关键的和主要的。关键因素法通过对关键成功因素的识别，找出实现目标所需的关键因素集合，确定商业模式设计的优先次序。关键因素法主要有以下五个步骤，如图 8-2 所示。

图 8-2　关键因素法的五个步骤

三、商业模式设计的过程

商业模式的设计可划分为四个阶段：起草构思阶段、实践摸索阶段、检查评估阶段、修正提升阶段。

（一）起草构思阶段

起草构思阶段是指设计商业模式的思维活动阶段。在这个阶段，首先，设计商业模式可以站在巨人的肩膀上，以国内外已经成功的商业模式为借鉴对象进行学习与模仿，再根据企业的实际情况加以改进和创新。正是因为有前人的成功探索，所以这种方式易着手、有较高可行性，但难以取得较大创新。其次，创业者也可以创造一套适合自己甚至是全新的商业模式，这种成功带来的收益无疑是巨大的，但同时也是相当困难的。

这一阶段的核心是确定新创企业的目标客户和价值主张，创业者要明确具体的服务对象和细分市场，明确要用什么产品与服务赢得客户青睐，直击当下客户的迫切痛点。因此对于创业者来说，进行必要的市场调研和客户消费心理研究可以有效提升商业模式的可行性。企业可以将产品小样推送给目标客户，通过反馈与沟通来检验是否可行。

（二）实践摸索阶段

这一阶段是在商业模式确立的基础上进行实践性尝试与确认。在这一阶段要特别重视企业价值的创造，明确自己的重要伙伴、关键业务和核心能力，确保企业按照构思的路径，可以有效地生产产品与提供服务，从而创造出价值。

这个阶段的核心是产品与服务。创业者需要准确把握产品的三个层次：核心产品，是客户购买的直接理由，能给消费者提供最起码的基本功能；形式产品，是核心产品得以实现的形式，如品质、款式、价格、商标、包装；附加产品，是消费者购买产品或服务之后所获得核心利益之外的利益，如售前售后服务、送货上门、安装服务等。产品设计完成后还需要进行测试，完成小试、中试和批量生产等环节。

此外，本阶段还有一点需要格外注意，即实现销售。从客户需要到客户购买是一个复杂的过程，这一过程中的定价、渠道和促销均很重要。为了打动目标客户，提高销售环节的效率和成功率，创业者应遵循先做市场，再做销售的法则。创业者需要从小规模的市场开始做市场调研，拟定周密的销售计划，按照不同的销售渠道和地域划分市场开展销售。

（三）审核评估阶段

本阶段的目的是进一步验证所设计的商业模式的可行性。该阶段要特别重视企业对预期利润的获取，创业者必须整合相应的外部资源，并考虑让价值链上各个利益相关者都能获得必要的利益，与企业一起分享商业模式创造的价值。

因此本阶段最重要的关注点就是财务报表中的各项指标，如销售量、销售额、毛利润、净利润、固定成本、可变成本等。即使在前期初创阶段，企业并不一定能正向盈利，但如果预期的正常售价不能抵消直接成本，企业在后期即使扩大了规模也很难获得利润。因此对于风险投资者来说，在审核和检验一个创业项目时需要关注生产和销售是否具有扩张性。

（四）修正优化阶段

本阶段需要修正商业模式，进一步提升商业模式的可行性和优势。创业者可以根据价值创造的情况，进一步思考其为客户提供的独到价值是否充分，从而进一步修改商业模式。例如，要将客户并不在意的、费力不讨好的产品功能与服务尽量减少或降低标准；明确企业创新了哪些要素，那些独创的产品和服务是否具有持续性，是否能转化为核心能力。

四、商业模式设计的工具

一个优秀的商业模式并不仅仅是各种商业要素的简单组合，而是要把这些要素有机地联系在一起。只有其内部构成要素协调一致，才能阐明价值发现、价值匹配、价值获取的商业逻辑。创业者通过商业模式画布能够提供灵活多变的计划，满足消费者的需求，更能将商业模式中的元素相互联系起来。那么何为商业模式画布？

商业模式画布是一种描述可视化、评估、改变商业模式的通用语言，能够帮助创业者催生创意、降低猜测、确保对上目标客户、合理解决问题的工具，由价值主张、客户细分、渠道、客户关系、收入来源、核心资源、关键业务、重要伙伴、成本结构九个关键要素组成，如图8-3所示。

重要伙伴 Key Partners 公司同其他公司之间为有效地相互提供价值并实现商业目标而形成的合作关系网络，需确认哪些人或机构可以给予公司战略支持	关键业务 Key Activities 商业运作中必需从事的具体业务 核心资源 Key Resources 为了实现并提供这些价值，公司需拥有的资源，如资金、技术、人才等	价值主张 Value Propositions 公司通过其产品或服务所能向消费者提供的价值。价值主张体现了公司相对于消费者的实际应用价值，即客户需要的产品或服务，商业上的痛点等	客户关系 Customers Relations 公司和消费者群体之间的联系 渠道 Channels 公司用来接触消费者的各种途径。如实体店、网店、中介等	客户细分 Customers Segments 公司所瞄准的消费者群体。这些群体具有某些共性，进而使公司能够（针对这些共性）创造相应的价值。定义消费者群体的过程也称为市场细分
成本结构 Cost Structure 公司需要在哪些环节中付出成本			收入来源 Revenues Streams 公司将怎样从提供的价值中获得收益	

图8-3 商业模式画布

（一）价值主张

价值主张是企业通过其产品和服务向消费者提供何种价值，能否解决何种困扰或满足客户何种需求。也就是企业为了迎合特定客户细分群体的需求而提供可选的系列产品或服务。主要表现为：标准化、个性化的产品、服务或解决方案。其要素为，该向客户传递什么样的价值？正在帮助客户解决哪一类问题？正在满足哪些客户需求？正在为细分客户群体提供哪些产品和服务？

（二）客户细分

客户细分是企业经过市场划分后所瞄准的客户群体。客户群体细分主要表现为：大众市场、利基市场、区隔化市场、多边化市场、多边平台市场。主要关注的问题如：正在为谁创造价值？谁是重要客户？

（三）渠道通路

渠道通路是规划企业用来将价值主张传递给目标消费者的各种途径。通道类型有：销售队伍、在线销售、自有店铺、合作伙伴店铺和批发商。其要素主要关注的问题如：通过哪些渠道可以接触到客户细分群体？如何接触他们？渠道如何整合？哪些渠道最有效？哪些渠道成本效益最好？如何把渠道与客户的接触和沟通过程进行整合？

（四）客户关系

客户关系描述了企业与消费者之间所建立的联系，两者的信息沟通反馈。客户关系类型表现为：交易型关系、关系型关系、直接关系、间接关系等。其要素主要关注的问题如：客户细分群体希望建立和保持何种关系？哪些关系已经建立了？建立这些关系的成本如何？如何把它们与商业模式的其余部分进行整合？

（五）收入来源

收入来源概括的是企业通过各种收入流来创造财务的途径。收入来源主要有：一次性收入和经常性收入。其要素主要关注的问题如：怎样的价值能让客户愿意付费？目前客户付费购买什么产品或服务？客户是如何支付费用的？客户更愿意如何支付费用？每个收入来源占总收入的比例是多少？

（六）核心资源

核心资源概括的是企业运行其商业模式所需要的资源和能力。核心资源主要有：实体资产、知识资产、人力资源、金融资产。其要素主要关注的问题如：价值主张需要什么样的核心资源？渠道通路需要什么样的核心资源？客户需要什么样的核心资源？收入需要什么样的核心资源？

（七）关键业务

关键业务概括的是企业为了确保其商业模式的可行性所必须做的最重要的事情。关键业务一般分为三类：设计和制造产品、构建平台或网络、解决问题的方案。其要素主要关注的问题如：价值主张需要哪些关键业务？渠道通路需要哪些关键业务？客户关系需要哪些关键业务？收入需要哪些关键业务？

（八）重要伙伴

重要伙伴即企业为有效提供价值与其他企业形成的合作关系网络。重要伙伴的合作关系主要有：上下游伙伴、竞争关系、互补关系、联盟伙伴、合资关系、非联盟合作关系。思考的问题如：谁是重要伙伴？谁是重要供应商？目前能从伙伴那里获取哪些核心资源？合作伙伴都执行哪些关键业务？

（九）成本结构

成本结构即运行某一商业模式所引发的所有成本。成本结构有两种类型：成本驱动型成本结构和价值驱动型成本结构。前者侧重低价的价值主张，后者侧重增值型的价值主张和高度个性化服务。思考的问题如：什么是商业模式中最重要的固定成本；哪些核心资源花费最多；哪些关键业务花费最多。

【实训项目 28：绘制商业模式画布】

小红书的商业模式

小红书 App 是深受年轻人喜爱的内容电商平台，截至 2019 年 7 月，小红书已经有 3 亿用户，到同年 10 月，月活跃用户已经过亿。和大多数电商平台一样，小红书 App 所针对的用户类型主要是 80 后、90 后，具有一定消费购买力的年轻人。这类消费群体有四大特点，一是购买力强；二是愿意花时间做攻略，往往会对比多种同类产品再进行购买；三是愿意为了购买某一商品不惜代价，国内无法购买到的商品，他们愿意出国、找代购或通过海淘购买；四是乐于分享，商品使用过后，他们也愿意与人分享产品的使用心得。小红书 App 正是把这样的群体聚集在一起，打造成了一个融合社交购物的内容电商。

小红书的价值主张随着企业的发展，慢慢发生了变化，2014 年，小红书仅仅是境外购物攻略平台，其品牌口号是"找到国外的好东西"，2015 年变成了"全世界的好东西"，2016 年变为"全世界的好生活"，2018 年改为"标记我的生活"，2019 年变成现在的"上小红书，找到你想要的生活"。品牌口号的转变，反映出小红书的定位，从跨境电商逐步变成内容电商，鼓励用户分享值得买的好物品，变成生活方式和消费攻略平台。目前，越来越多的用户，在购物甚至有问题时，都会在小红书上进行搜索，查看测评和经验分享。

不同于其他跨境电商有网页版页面，小红书以手机 App 作为其渠道通路，最开始小红书的用户有一大部分来源于微信、微博、浏览器推荐，后来随着已有用户黏性增强，吸引了一大批同类消费者。之后小红书又与品牌方、明星、网红、KOL 达成合作，邀请他们入驻。通过明星效应，吸引了更多用户，打造社群，再用社群绑定用户，在构建成生活方式和消费攻略平台之后，再成立"福利社"形成 App 内种草、购物、分享、再种草的商业闭环。

对同类产品的强互动吸引了小红书的用户，在自媒体大背景下，建立起一个活跃的消费分享社区，UGC（User Generate Content，用户创造内容）是小红书客户关系的核心。依托于 UGC，每一个用户都是品牌的宣传者，用户也从最开始的围观者变成粉丝，再从粉丝变成内容的创作者，最后变成消费者。后期，小红书从单一的 UGC 模式，逐步转变为 UGC+PGC（Professionally Generate Content）+BGC（Brand Generate Content）。小红书引入了很多优质商家、明星和 KOL 入驻，用户参与度的逐步提升，小红书建立起强大的用户黏性，通过社群黏接用户，实现了直达客户需求的针对性营销。

小红书的收入主要来源于广告和电商，作为非常活跃的平台电商，小红书引入了多种彩妆、服饰、母婴品牌入驻，在 App 内搜索时，经常会出现很多广告，广告费成为小红书收入的重要来源之一。电商也是小红书盈利的核心，"福利社"内销售美妆、食品、护肤品等多种产品，产品销售收入也颇为可观。

平台内的用户是小红书的核心资源，用户的参与实现了UGC，平台用户本身成为内容的创作者，在这个模式下，每个用户可以自己创造内容，分享自己真实的用户体验，用户之间互相"种草""拔草"，使得小红书的用户活跃度非常高，带动App本身的商业价值也越来越高。

海外直采加自营的模式也是小红书的核心资源，小红书打造了自己的三大仓库：保税仓库、国内仓库和海外仓库，福利社所销售的商品都由小红书自己在海外直接采购，自营销售。这一模式在消费者心中建立了品牌信用背书，在保证商品品质的基础上，最大化降低了产品的价格，为用户带来了更好的消费体验。

小红书的关键业务包括平台运营、用户和内容运营及广告推广，小红书App目前已经有超过1亿的活跃用户，企业需要持续进行系统的开发维护，为用户提供稳定的分享环境。广告合作、招商推广也是小红书另一关键业务，用户将笔记上传到平台后，系统根据笔记和用户的搜索、浏览记录，智能推送相关的笔记，并在笔记中发布相关产品的购买链接，实现内容分享和产品购买的闭环。

小红书的重要合作伙伴主要是各大美妆品牌和平台内的KOL。虽然小红书是以UGC为主的内容平台，现在也渐渐增加了很多PGC和BGC的内容，在平台内，品牌可以运营与其相关的内容，加深了品牌与平台和用户的合作。此外，2019年5月，小红书发布了《品牌合作人平台升级说明》，提高了官方品牌合作人的门槛，KOL数量由原来的2万多减至5千多，并要求KOL签约小红书认证的MCN。这样一来，小红书与品牌和KOL的合作将更趋于良性，留下的KOL更具有影响力，有助于平台打造更加健康的内容生态。

小红书的成本来自三个方面。一是营销费用，小红书需要花费一定成本到其他平台引流，另外还要与品牌方、明星、网红、KOL达成合作，邀请他们入驻，以此来提高用户数量和活跃度。二是商城运营费用，小红书需要与各大品牌商或者大型经销商建立销售关系，实现商品的海外直采，在各大仓库进行备货，另外还需要搭建自己的供应链和物流配送体系，福利社跨境自营电商模式需要成本支出。三是科技研发投入，小红书作为科技型企业，App的研发、线上商城的搭建、售后维护的费用占成本的很大部分。

实训任务：根据案例试着绘制出小红书的商业模式画布。

第三节　创业计划书的撰写

一、创业计划书的撰写目的

创业计划书的撰写目的是向投资者、潜在合作伙伴或银行申请贷款时展示一个企业或项目的商业模式和未来发展计划，因此对任何想要开展新创企业的创业者来说都是必不可少的。它提供了极其重要的信息和引导，通过创业计划书，创业者可以向外界传达自己对市场需求、竞争环境、产品定位及市场营销等方面的思考和规划，同时表现出创业团队的能力和激情，从而让投资者或贷款机构对该商业计划产生兴趣和信心。

除了起到向外界展示自身价值和吸引外部资源的作用外，创业计划书还可以帮助创业者更加清晰地思考公司的战略方向和运营方式，提前预测可能遇到的问题和难点，制定相应的解决方案，避免浪费时间和金钱。首先，创业计划书更像是一份指南，指导着创业者从设想到实现的整个过程。创业者通过创业计划书了解潜在客户、竞争对手、市场规模和趋势等重要信息。这些信息将有助于确定自己的竞争优势，并制定明确的营销战略。其次，创业计划书也规划了财务计划。它不仅考虑了起初的启动资金，还详细列出了短期和长期资金，并阐述了如何获得这些资金的策略。最后，创业计划书也描述了团队组建、产品设计、运营管理等方面的细节安排。它可以帮助创业者形成一个清晰的思路，使得所有计划都有一个具体的执行框架，并帮助团队成员更好地协作，共同实现创业目标。

二、创业计划书的撰写要求

（一）信息的准确性和可靠性

在撰写创业计划书时，信息的准确性和可靠性是非常重要的因素，因为这些内容不仅影响到投资者是否愿意投入，还将决定企业是否能够成功实现经营目标。因此撰写创业计划书需要注意信息的准确性和可靠性，只有通过深入的调研和分析、全面的数据比较，再与创新理念相结合，才能够让投资人看到项目的潜力和前途。

也可考虑借助外部力量来完善创业计划书，从而确保创业计划书更加准确可靠。虽然外部力量可能会增加一些额外的费用和时间，但专家的建议能优化创业计划书的质量，专家可以提供特定行业或市场领域的深入见解，以帮助创业者确定与创业计划相关的风险、机会和趋势。

（二）内容的全面性和条理性

创业计划书必须包含完整的市场分析和行业研究，涉及财务预算和资金筹措，还应该着重介绍企业的管理层和员工队伍，让其他人员更清晰地了解整个团队的素质与潜力等。也可以通过学习优秀的创业计划书，能更好地了解市场趋势和竞争环境，分析自身的优劣势，增强自己的创造力和思维能力，从而进一步提升自己的能力，更进一步完善自己的创业计划书。

创业计划书的撰写也需要注意其条理性。缺乏逻辑的创业计划书会让读者感到疲惫并由此产生负面情绪。整个文档应该是严谨有序的，内容安排承上启下，条理清楚，这有助于投资者更清楚地了解企业运营和发展的全貌，快速有效地获取重要信息，并对该公司的可行性进行准确的评估。

（三）叙述的简洁性和通俗性

创业计划书必须简洁明了。投资者都是客观理性的，比起套话、假大空的内容，干货输出更能抓住投资者的注意和好奇心。首先，创业者在编撰创业计划书要直奔主题、精炼文字，尽可能以较短的篇幅讲述本产品或服务在市场上的竞争力、目标客户群体及预期收益等核心信息，让投资者能立马抓住产品或服务的要点。其次，创业计划书也要注重通俗性。虽然你的创业计划书的主要读者可能是投资人或行业专家，但要想吸引更广泛的受众，就需要考虑到广大消费者的阅读需求。通俗易懂的表达方式可以确保更多的人理解你的思路和商业模式，并有可能成为你的忠实客户。

（四）计划的可接受性和实施性

当我们考虑到计划的可接受性时，就是要考虑到它是否能够被外部利益相关者（如投资人、客户和供应商）所接受。因此在撰写过程中需要着重关注产品或服务本身。在创业计划书中，创业者要详细交代所有与企业的产品或服务有关的细节，这中间包括产品正处于研发的哪个阶段、产品的最大卖点是什么、哪些特性会吸引消费者、产品的生产成本和售价是多少等。这样才能让投资者感受到企业产品或服务的优势和与众不同。

当涉及计划的实施性时，你可以为你的企业制订一个可行的计划，这份计划需要提供准确的数据以支持自己的主张，需要避免夸大产品（或服务）及市场潜力，确保所有论断都能被客观地验证并能实现商业目标。

三、创业计划书的撰写步骤

（一）模仿学习

撰写创业计划书之前，可搜集相关的资料，诸如创业计划书的范文、模板等，学习创业计划书的写作手法、内容等，这些信息有助于创业者模仿学习并撰写出一份更规范、更具有可行性的创业计划书。

（二）创业构思

创业者在进行创业构思时，要冷静分析、谨慎决策、全面思考，像团队的组建、资源的获取、企业的运作、盈利的模式、可能的问题及解决方案等都是需要创业者深入思考的内容。

（三）市场调查

市场调查是撰写创业计划书前的必要步骤，是成功创建企业的基础。市场调研可以为创业者提供关键信息，帮助创业者更好地了解目标客户、竞争对手和市场趋势。

（四）起草创业计划书

起草一份成功的创业计划书需要深入了解市场、竞争对手和财务状况，这将有助于确定企业发展的方向。首先明确创业的目标和使命，将愿景、品牌理念与实际可执行的方案相结合。其次，了解你的客户，这有助于你建立起一个有效的营销策略。再次，需要分析竞争对手和财务状况。最后，结合自身项目特色，在相应模块展示亮点。

（五）修饰与检查

创业者需要对创业计划书进行适当的修饰和检查。创业者要审查每个部分的内容和结构，仔细阅读每部分内容，确保不要错过任何重要信息。检查语法、拼写和标点符号，这看上去很基础，但文档中的拼写错误和语法错误会对阅读体验造成极大的影响，因此，务必多次检查语法、拼写和标点符号。创业计划书需重点突出，使用插图、表格和图表等方法展示数据可以增加创业计划书的可阅读性，同时也能深入阐述某些关键信息。

四、创业计划书的撰写内容

创业计划书是全方位描述与创建创业企业有关的内外部环境和要素的书面文件，是成功创建企业的"指南针"。创业计划书为企业人员提供了清晰的企业目标和战略蓝图，是吸引投资者和合作伙伴的有效途径，更是团结创业团队和雇员的重要手段。因此，对于创业者而言，创业计划书是必要的，并且是获得资源的重要工具。

接下来将从封面、计划摘要、企业概况、产品或服务介绍、行业分析、市场预测与分析、营销策略、经营管理计划、团队介绍、财务规划、风险与风险管理来介绍创业计划书的主要内容。

（一）封面

一个好的创业计划书封面会使读者产生良好的观感，从而加深第一印象以及好感。封面的设计要做到基本的"三度二性"，即重要度、整洁度、清晰度，并追求审美艺术性和产品个性。主体的内容应包含项目名称、团队、主要联系方式等基本内容，以及产品的标识等，但制作时要注意封面内容要简洁大方，堆砌过多内容会让读者抓不住重点。

（二）计划摘要

计划摘要是整个创业计划书的精华及投资者优先关注的核心内容。正因其重要性，创业者在撰写计划摘要部分时要仔细斟酌、反复推敲，做到言简意赅、简约有力，吸引投资人的注意力并留下深刻印象。

1. 阐述亮点

该部分需要用最简洁直白和具有吸引力的言辞来说明本项目的商机，但需要注意的是内容无需全部生搬硬套，对创业团队来说需要考虑哪些要点是重要且必须要提及的。

2. 介绍产品或服务

在正式介绍产品前可以先用一段话交代消费者当前或未来将面临的某个特定重要问题，然后介绍该项目将如何解决这类问题。同时需要注意的是，为了让投资者清晰明了本产品或服务，在编撰时切忌使用专业术语，最好采用通俗易懂的语言加以介绍。

3. 描述前景

该部分要做到有理有据、科学客观地概述该产品或服务的市场规模、增长趋势及发展前景。切忌使用空洞、宽泛的语句，导致投资者对项目的印象大打折扣。

4. 分析竞争对手

知己知彼方能百战百胜。面对竞争对手，创业者和创业团队要提前预设各类的解决方案，清晰各类解决方案的优劣势等，并描述自身项目的核心竞争力和优势区间。

5. 介绍团队

在编辑该部分时要做到客观真实，切忌编撰套话。要用简洁的文字表述展示创业者和创业团队的背景及过往成就。

6. 财务分析

该部分的内容主要通过表格来展示未来三年的核心财务指标，如现金流量表、资产负债表、利润表等。

7. 融资说明

该部分需陈述该项目期望的融资金额、主要用途及使用计划等。

【案例阅读 8-1】

大二学生小明参加了本地高校联合举办的创新创业大赛，在大赛上小明展示了与校友们共同研发的"西游记"项目，吸引了投资者的兴趣，尤其是那一页的计划摘要。那么，小明的计划摘要都有什么内容呢？下面让我们来看一看。

项目："西游记"的计划摘要(部分)

1. 项目简介

2020 年，全球旅游人数已达 14 亿人次，据世界旅游协会预测，到 2030 年，这一数据则将攀升至 18 亿人次，全球呈现旅游热现象。目前中国出境游的人数在大幅增加，向往西班牙旅游的人数众多，但由于缺少专项旅游平台，真正实现西班牙出境游的游客却比较少，且现有的旅游网站中，对西班牙的旅游推荐及资源也较少，我们探索通过自媒体来做"西游"。我们的项目名称为"西游记"。西，取西班牙的西；游，为旅游、游览的意思；记，即游记、记录。我们的项目宗旨为：通过自媒体平台推送西班牙精品游记，宣传所经营的专项西班牙旅游业务，提供私人定制服务，力争成为国内西班牙专项出境游高端品牌。

2. 竞争优势

现今自媒体平台业务覆盖面广，多以综合服务为主，缺少精品化、商业化、专项化的西班牙出境游平台。针对这一市场空白，我们将推动实现旅游产品创新，放弃西班牙传统地接，利用在西班牙留学生资源，为顾客提供更加专业的优质服务。相比于市场同类旅游产品，我们具有更加个性化、人性化、更加地道、更加自由、更加便捷的优势，性价比也更高。

3. 产品介绍

"西游记"以"西班牙足球之旅""西班牙蜜月行""西班牙人文探秘"三套线路为主打业务，以游客要求设计线路，通过对微信小程序、微博号的创设与宣传，以及在携程、途牛、同程等平台推广，签订外包协议，在穷游网、知乎等社区推送精品帖，扩大各平台的曝光量，以更加专业的、经济的、具有西班牙特色的西班牙专项出行方案来吸引客户。同时开拓创新，放弃传统的西班牙地接，而雇佣在西班牙留学生为主要服务人员，并额外提供全程点滴采访服务，为游客免费制作旅程纪念微视频和微相册，在征得游客同意的前提下，把游客旅行感想写成游记，在微信、微博平台推送，为我们的平台更好地宣传。

4. 项目进展

初期：推送西班牙游记，由创业团队成员自己撰写，无费用产生。

中期：联系资深导游，向旅游者购买优秀游记；与微信公众号合作，所购买的游记价格控制在 200~500 元/篇，总投入在 5 000 元左右。

后期：争取五年内实现推出成熟的专属旅游产品，设计路线前期投入 50 000 元，实现稳定盈利。酒店、民宿预订收取 10%的利润。接/送机 80 欧元每次，全陪 80 欧元每天，个性化定制 15 欧元每小时。

5. 团队介绍

创业团队由一群充满激情与创新精神的大学生组成，该团队拥有西班牙语专业、技术经济及管理专业的研究生。

◎ **案例点评**

上述创业计划书的计划摘要之所以能够吸引投资者注意，最主要的原因在于创业者所设计的简洁且详实的内容，一页纸便交代完毕主要内容，让投资者明白该创业产品并清楚介绍了其竞争优势及如何解决消费者的需求问题。

（三）企业概况

该部分是对新创企业的总体情况进行说明，包含的内容诸如创业背景和企业发展的立足点，以及企业理念、经营思路和企业的战略目标等。

【案例阅读 8-2】

项目："迈德广告工坊"企业概况

1. 公司简介

本企业所创建的项目名称为"迈德广告工坊"，是一家集制作、代理、策划、创意、调查、咨询为一体的媒介性合资广告公司。我们的业务范围主要是校园内及周边地区产品的广告宣传。迈德广告工坊有一支优秀的团队，有着一套完整的管理体系。我们设有广告部、策划部、营销部、执行部、财务部、人事部、物资采购部及综合办公室。

2. 公司宗旨

迈德广告工坊以帮助客户获取经济效益和社会效益为己任，旨在通过公司科学、专业、真诚的服务来建立客户与市场的最佳沟通渠道，把客户有限的资金进行最经济的策划和设计，让客户以最低的广告成本，达到最佳传播的效果。

3. 公司目标

打造成校园内及周边地区一家具有创新精神和高性价比的广告公司，为校园师生提供全方位的广告服务。

4. 创业理念

"让人人都做得起广告"这是我们创业的口号，在起步之初积极探索发展模式和方向，走一条有自己特色的道路，我们的服务对象是广大在校师生，我们将考察师生的需求，认真做好让客户满意的广告，达到让客户满意的宣传效果。

◎ 案例点评

这部分的目的不是描述整个计划，而是对公司做简要介绍，因而重点是公司理念和公司战略目标。上述项目团队言简意赅地阐述了项目团队的创业理念、战略目标等核心内容。创业团队可以继续补充有关创业背景和企业发展的立足点等内容。

（四）产品或服务介绍

新创企业提供的产品与服务是否解决了或是多大程度上解决了消费者生活中遇到的某类现实问题、跟现有产品或服务相比有哪些创新和优势、如何激发消费者的购买欲等，这些都是创业者在设计产品或服务中需要优先考虑的问题，也是投资者进行投资评估最关心的问题。在编撰该部分时，需要创业者用通俗的语言对自身的产品或服务做详细说明，这包括产品或服务的性能和特点、研发情况、市场前景、品牌、知识产权等。撰写该部分内容时可以围绕以下问题开展：（1）自身的产品或服务是什么？满足了消费者哪些需求？（2）产品或服务的特色是什么？和竞争对手相比，具有怎样的核心竞争力？（3）产品或服务的门槛有多高？保护措施有哪些？企业拥有知识产权许可证等。（4）产品的持续性改进如何保证，如何改进产品质量和性能？（5）市场前景预测，新产品开发、上市有什么计划？

【案例阅读8-3】

项目："全生命周期生态道路铺面材料"的产品介绍

1. 产品概述

公司立足材料"生产、服役、养护"全生命周期，针对"垃圾、噪声、尾气"等病害推出全生命周期生态铺面材料。产品以废旧材料在道路工程中的循环利用为机理，以提升城镇道路交通体验为标准，以延长道路寿命、高性能服役为目标，具有生产成本低、服役性能佳、使用寿命长等突出优势。产品的全生命周期如图8-4所示。

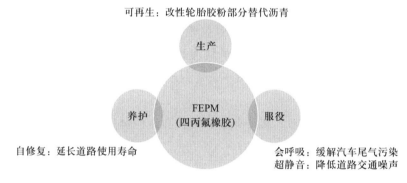

图 8-4 产品全生命周期

2. 产品原理

原料循环化。Q公司以废旧轮胎循环利用为机理，针对不同类型废旧轮胎开发胶粉、胶粉改性沥青等全要素资源化产品。相关产品和技术在国内外处于领先地位，关键技术包括了零排放的废旧轮胎胶粉清洁转化技术和高掺量胶粉改性沥青生产技术。

铺面功能化。Q公司基于二氧化钛气凝胶的尾气降解功能，使尾气中氮氧化合物（NO）的降解率大大提高，并利用胶粉改性沥青吸声降噪特性，依托先进的技术使产品具有尾气降解功能及吸声降噪功能。

道路长寿命化。基于人体仿生学原理，研究团队将一种用于道路裂缝自修复微胶囊融入全生命周期生态铺面材料制备，实现道路损伤后的材料自愈合。自修复微胶囊可应用于沥青路面裂缝预防和修复、沥青路面的再生利用等领域，延长道路整体使用寿命。

3. 产品优势

（1）生产成本低。基于废旧轮胎全要素转化与道路整体应用技术，生产过程中使用成本低廉的废旧胶粉部分代替石油沥青，实现"生产成本控制"与"废物高质利用"的双赢，收获环境效益、降低生产成本、提高道路性能。

（2）服役性能佳。依托产品中掺加的二氧化钛和废旧胶粉，使用全生命周期生态铺面材料建设的道路具有"降噪、防霾"的环境效益，可以有效缓解现代城市中的交通噪声、尾气污染问题。

（3）使用寿命长。全生命周期生态铺面材料依托掺加自修复微胶囊实现预防性养护，可以有效延缓道路出现裂缝的时间，大幅提高了道路服役性能和使用寿命。经与同类产品的比较试验，全生命周期生态铺面材料的微裂缝出现时间推迟了 27.56%，显著增加了道路使用寿命。

◎ **案例点评**

该产品介绍清晰地介绍了产品的具体内容与原理，并阐述了与竞品的优势。但公司的持续发展需要不断进行技术、产品的创新，项目团队却没有对产品与持续开发方向进行规划阐述，因此项目团队可以从研发产品的完善及发展潜力方向等方面进行补充说明，增强项目的说服力。

（五）行业分析

在这一部分中，需要创业者对所在行业进行有关基本特点、竞争状况和发展趋势等内容的评估，主要包括：（1）简要概述新创企业所涉及的行业领域；（2）用数字、图表等形式来表达行业现状；（3）从宏观和微观两个视角对行业的发展趋势进行分析和预测；（4）进入该行业的壁垒等。

【案例阅读 8-4】

项目："疫检宝"的行业分析

1. 项目背景

根据国家统计数据网显示，2019 年全国共发生道路交通事故 247 646 起，造成 62 763 人死亡、256 101 人受伤。更重要的是，有研究表明，在所有的交通事故中，80%～90% 是人为造成的，其中主要是由于驾驶员注意力不集中或者操作不当等因素引起，疲劳驾驶已经成为导致交通事故频发的重要因素，约占交通事故总数的 30%，在特大交通事故中所占比例更是高达约 43%，给人民群众的生命财产安全造成了巨大损失。《道路交通运输安全发展报告》中也指出疲劳驾驶是导致群死群伤特大交通事故的主要原因之一。目前，我国道路交通事故年死亡人数依然在全球排名靠前，遏制道路交通事故高发、降低交通事故的伤害仍然任重道远。

2. PEST 分析（宏观环境分析）

公司从政治、经济、社会、技术、环境和法律 6 个方面，对公司面临的宏观环境展开分析，具体内容如表 8-2 所示。

表 8-2 宏观环境分析

环境类型	环境分析概况
政治环境	随着国家对交通安全的重视，以及国家对中小企业大力扶持等系列政策出台，本公司主营的疲劳驾驶检测系统业务将会拥有十分优越的政策环境
经济环境	我国全年城镇居民人均总收入不断增长，全国拥有公路营运汽车数量不断增加。此外重大项目的开工建设拉动运输业、物流运输等行业的刚性需求，以及大众对交通安全产品的需求，这些市场需求的扩大为公司持续稳定发展提供了良好的经济环境
社会环境	驾驶员疲劳驾驶是造成交通事故的重要因素，目前交管人员无法科学判定司机是否存在疲劳驾驶，这将为公司产品的推广提供一个良好的社会环境
技术环境	目前国内外关于实时性疲劳检测技术的已有研究成果具有一定局限性，公司产品通过技术创新形成了一整套完善的驾驶员疲劳检测系统，实现数据深度挖掘利用，这使得本公司产品在市场中有良好的技术环境
发展环境	目前市面上所售驾驶疲劳检测设备都局限于车辆本身，本公司研发的疲劳状态便携检测系统通过疲劳检测眼镜、云端服务器，实现精确、方便、快捷的驾驶员疲劳检测，使得本公司具有良好的发展前景
法律环境	随着国家对交通安全的重视以及一系列交通安全法规的出台，疲劳驾驶的监管力度正在加强，这使得本公司的产品具有良好的法律环境

3. 市场需求痛点

有效遏制交通事故的发生和确保运输车辆安全需要交管部门与运输企业双方共同付出努力。针对疲劳驾驶，目前公安交管部门依然通过主观判断是否疲劳驾驶，尚未有法律承认的专门针对疲劳驾驶的定量检测装置，因此导致很多驾驶员对驾驶疲劳熟视无睹。另外，运输企业要确保"问题人员不上车"，而目前运输企业并没有专门的设备对客货运司机进行出车前的疲劳检测，只是凭借主观感觉。可以看出，无论运输企业还是交管部门，都缺少能够从源头遏制因疲劳驾驶导致交通事故的技术手段。目前国内外虽然有不少疲劳驾驶检测方面的研究，也不乏一些产品问世，但一直缺乏一个可以普遍推广的定量检测产品出现。由于行车环境的复杂，目前市面上常见的疲劳监测系统需要驾驶员在脸部做些辅助性的标记，不方便使用，并且驾驶员本身及不同人的驾驶习惯也会存在较大差异，所以检测的结果有较大误差。疲劳驾驶检测系统除了具有精确的检测结果外，还应顾及应用的实时性、便捷性，现有大部分疲劳驾驶检测产品不能完全解决这些问题。

4. 目标市场

按照应用需求细分市场，公司将目标客户群分为两类：第一类是应用于自身预防的客货运输公司及高负荷领域，以实现驾驶员及高负荷高危工作人员工作前的疲劳检测。其中包括"两客一危"（即从事旅游的车辆、3类以上班线客车和运输危险化学品、烟花爆竹、民用爆炸物品的道路专用车辆）、长途客货运运输公司以及高负荷高危企业（如矿业公司、电力公司、建筑公司）。第二类是应用于监测管理的交管部门。当产品逐渐普及时，公司与交管部门将进行合作试用，为交管部门对驾驶员进行疲劳检测提供科学的理论依据。[①]

◎ **案例点评**

上述项目团队所制作的行业分析部分既能够基于 PEST 分析对政治、经济、法律等宏观视角分析行业发展趋势，又能基于自身目标市场进行微观分析，抓住需求痛点并辅之数据说明（以表格的形式呈现），翔实可靠。

（六）市场预测与分析

该部分的具体流程是：（1）通过搜集相关资料和数据从而确定市场分析的方法；（2）借助市场分析方法探究市场的变化规律、分析研究产品的市场占有情况及竞争对手情况；（3）合理安排生产，对企业生产经营决策进行分析。

该部分的内容主要包括：（1）市场细分和目标市场选择，对每一个细分市场都进行详细的分析和说明；（2）用户行为分析，以此为依据提供满足用户实际需求的产品和服务；（3）竞争对手分析，使新创企业更好地把握市场机会；（4）销售额和市场份额预测，以此对企业未来销售额和市场份额进行预测。

【案例阅读 8-5】

项目：“绿 e 可移动项目部”的市场预测与分析

1. 市场需求分析

经过走访调研和数据分析，项目部建筑的办公场所和居住环境的安全舒适性是客户最主要的考虑因素，除了满足安全、舒适的要求外，项目部建筑还应进一步完善配套的生活服务设施；其次，能源消耗、分区流线等因素是项目部建筑建设时应考虑的因素。公司将社会与市场对新型项目部产品的需求分为资源节约需求、成本节约需求、环境使用需求和功能使用需求四个方面，设计的产品可以满足以上需求。

在资源节约需求方面，现有项目部建筑设备的设计与管理存在许多资源浪费的问题，不仅在选材上不能满足保温、隔热等需求，而且处理工序也比较繁琐，能量消耗较大；同时缺乏有效的市场管理和企业资质，临时设施的回收利用率较低，资源浪费严重。而新型可移动项目部能够在短时间内组装、拆卸及整体移动，可实现重复利用，其标准化、模数化、系统化及绿色装配概念能够吸引消费者的青睐。

在成本节约需求方面，目前项目部建筑普遍采用活动板房，其建造工序繁琐，效率低下，办公条件差，少部分采用了箱型活动房，虽缩短了工期，但其进深、层高有限，而且隔热保温效果不佳。而新型可移动项目部产品利用可移动技术，对场地的要

---

① 陈建校.创新创业典型案例分析[M].北京：机械工业出版社，2022.

求较低，有利于拆解移动，方便运输组装，极大地缩短了工期。

在环境使用需求上，公司选取了 3 个极具代表性的临时建筑项目部设计作为案例进行分析，结果表明项目部大部分人员对居住、办公环境表示不满意，近半数人员只表示环境一般，只有极少部分人员感到满意。另外，考虑到成本问题，很多项目部建筑设施往往参照制定标准的最低要求施工，降低了员工的使用体验。而新型项目部建设采用了标准化设计，简化了设计流程，提高了施工效率，还可根据规模的扩张和缩减需求实时更新，通过模块、单元和构件的设计极大地提升了客户的体验感。

在功能使用需求上，公司通过实地调研发现各岗位绝大部分员工对项目部建筑的外形设计都不满意，表示其未能实现办公区智能化与生活区社区化的建设目标，还存在功能设计不合理、流线组织混乱、办公居住条件较差等问题。而公司的口字形庭院模块组合建筑设计解决方案选择以模块围合构造庭院式空间布局，可根据规模调整口字形模块数量，不仅具有良好的可扩张性，还具有较高的办公居住舒适度。

2. 目标客户

公司的目标客户为企业净资产 1 亿元以上的一级施工总包单位，以及近 5 年承担过建筑面积 3 万平方米以上的构筑物、高度 100 米以上的单体工业、民用建筑工程的施工总承包或主体工程承包且工程质量合格的单位。[①]

◎ 案例点评

从上述的材料中能够看出创业团队找到了自身产品与竞品的不同特点，在资源节约、成本节约、使用需求三个方面为切入点进行分析，确定自身产品的特色与优势，体现创业团队对市场的深入了解，并经调整和修正明确了市场的准确定位。

（七）营销策略

对于新创企业来说，自身知名度远远低于已有的产品与服务，因此必须根据市场制定不同的营销策略来建立基本的口碑。营销策略是企业以顾客需求为出发点，根据经验获得关于顾客需求量及购买力的信息、商业界的期望值，有计划地组织实施各项经营活动。

营销就是通过教育使得目标消费者赏识你的产品或服务的能力，其手段也多种多样，如"4P 营销策略"包含产品策略、价格策略、渠道策略和宣传策略四个要素，如表8-3 所示。

表 8-3 4P 营销策略

产品策略	包括有关产品的特点、质量、设计、品牌及定位等相关的内容。其主要目的是使客户群体关注到产品所具有的差异和优势，从而吸引目标客户群体

① 陈建校. 创新创业典型案例分析［M］. 北京：机械工业出版社，2022.

价格策略	是指企业通过客户需求的估量和成本分析，按照市场规律来变动价格以实现其营销目标
渠道策略	是指企业为了使产品和服务能有效提供给目标客户群体，企业通过中间商和营销服务设施等途径与客户建立联系，从而帮助企业高效地将产品和服务转移到消费者手里
宣传策略	是指企业通过广告、公共关系等多种方式来给目标客户群体传递信息，从而吸引目标客户的注意，是企业开拓市场、实现销售目标的重要手段

【案例阅读 8-6】

项目："智能医疗护理机器人"的营销策略

现今市场上对老龄化服务和残疾人服务供不应求，且当下有关护理产品的科技水平远低于实际需求，大学生小李和其同学着手了智能医疗护理机器人研发的项目，以下是其团队设计创业计划书中的营销策略。

如果残疾人护理产品要快速增长，且还要取得竞争优势，最佳的选择必然是"目标集中"的总体竞争战略。随着辽宁经济的不断快速发展、城市化规模的不断扩大，残疾人护理产品市场的消费潜力越发巨大，目标集中战略对我们来说是明智的竞争策略选择。围绕"目标集中"总体竞争战略，我们可以采取的具体战术策略包括：市场集中策略、产品带集中策略、经销商集中策略，以及其他为目标集中而配套的策略四个方面。为此，我们需要将市场划分为以下四类：战略核心市场（沈阳，大连）；重点发展市场（北京，天津）；培育市场（辽宁省，河北省）；待开发市场（苏浙沪地区）。总的营销策略：坚持全员营销战略，采用直销和渠道营销相结合的营销策略。渠道的建立模式如下：

① 采取逐步深入的方式，先草签协议，再做销售预测表，然后正式签订协议，订购第一批产品。如不进货则不能签订代理协议。

② 采取寻找重要客户的办法，通过谈判将产品压到分销商手中，然后我们的销售和市场支持跟上。

③ 在代理之间挑起竞争心态，在谈判中因有潜在客户而使我们掌握主动权和保持高姿态，不能以低姿态进入市场。

④ 草签协议后，在我们的广告中就可以出现草签代理商的名字，通过大力宣传乘机进入市场。

⑤ 在当地的区域市场上，随时保证可发展为一级代理的二级代理客户，以对一级代理起到促进作用。

分销合作伙伴分为两类：一是分销客户，是我们的重点合作伙伴；二是工程商客户，是我们的基础客户。

定价策略：采取撇脂定价①策略与渗透定价策略相结合的方式，既抓住了市场当前技术并未出现的有利时机，前期在某个核心市场范围内进行有目的的提高价格，又在消费能力不强但上升潜力很大的市场以较优惠的价格售卖。这种定价策略既能在短时间内获取尽可能多的利润又能起到快速渗透市场、迅速提高营销量与市场占有率，并快速而有效地占据市场空间的作用。②

◎ **案例点评**

上述项目的服务对象是残疾人和难以自理的老年人，创业团队根据区域划分市场并设计渠道策略及定价策略，但是该部分的内容可进一步优化，创业团队可进一步充实产品策略、促销策略甚至组合营销策略等方面内容，让该部分的内容更符合市场实际状况。

（八）经营管理计划

经营管理计划的目的是通过合理组织生产过程，有效利用生产资源，经济合理地进行生产活动，为客户提供高效、低耗、灵活、准时的合格产品和满意服务。投资者也可以通过经营管理计划清楚了解产品或服务的生产经营状况。该部分主要解释清楚以下问题：企业生产所需的厂房、设备、安装问题；新产品的设计和研制、新工艺开发、投产前的技术准备；物料需求计划及其保障措施；生产工艺与质量控制，产品生产工艺技术和质量控制方法；产品单位成本、全部产品成本核算和降低成本计划等；生产计划所需的各类人员的数量、劳动生产率提高水平、工资总额和平均工资水平、奖励制度和奖金等。

【案例阅读 8-7】

项目："七叶红"的经营管理计划

1. 原料

本产品主要原材料是天然生物材料，来源十分广泛，进货价格相对较低，主要材料有：天然活性物、膨润土、溶解剂、膨化粉、柠檬酸粉等。

对于原材料采购的基本原则是质量第一，在保证质量的前提下价格优先。具体措施有：为确保产品质量，建立相关的物料检验标准和检验制度，对采购的物料进行定期检查。在材料的选配上基本遵循以下原则：（1）使用标准的原材料，对原材料进行三批以上的外观和理化检验；（2）定时定量测定材料所含指标成分的下限值，以确保产品的性能、质量等各项指标满足要求。

为保证供应正常，建立第二备用供应商，并定期检查有关供应政策。科学计算出

---

① 撇脂定价是指利用高价格获取较高利润，渗透定价是指利用较低价格提高市场份额，实现市场渗透。
② 陈建校.创新创业典型案例分析［M］.北京：机械工业出版社，2022.

物料的储备量，并根据生产情况、供应情况、价格变化情况随时做出调整，保证供货渠道的顺畅。厂房设备购置如表8-4所示。

2. 生产工艺流程

生产工艺流程为：外购原材料→配料→混料搅拌→均质过滤→半成品→分装→成品→常温储藏。

表8-4　厂房设备购置

序号	设备名称	型号	产能	数量台	价格/台	备注
1	搅拌机		8吨/h	9	20 000	
2	漏斗		8吨/h	9	12 000	
3	定量机		8吨/h	18	17 000	
4	封口机		8吨/h	18	7 000	
5	缝纫机			12	300	
6	电子设备			20	3 500	
7	运输设备			10	8 000	
8	搬运设备			10	5 000	
9	实验设备			4	6 000	
10	空调			10	5 000	
11	其他设备				50 000	

◎ **案例点评**

上述部分较为详实地阐述了项目的经营管理计划，建议除对材料与产品的管理外，也可对生产人员数量、奖励制度、工资情况等进行补充说明。

（九）团队介绍

这一部分主要介绍阐述创业团队和组织结构。创业团队这一项内容需要对创业者、创业团队核心人物、企业顾问等重要角色加以介绍，包括成员的专业能力、详细经历、背景，以及职务和责任等。组织结构主要包括：公司组织结构图、各部门的功能和责任、各部门的负责人及主要成员、薪酬体系、股东名单、董事会成员、董事的背景资料等，也可以在本部分明确公司人才结构情况、员工薪酬待遇和教育培训情况，以及未来人才引进的方向和需求等。可以将这部分内容通过图表形式展现，也可加入团队核心人物的照片、成果等证明材料，清晰展示创业团队的实力。

【案例阅读8-8】

项目："全生命周期生态铺面材料"的团队介绍

公司依托高校的可持续道路交通系统研究中心与现代城市生态铺面重点科技创新团队在生态铺面材料及全生命周期道路演化行为等领域具有良好的研究基础，形成了由资深顾问、研发骨干组成的技术团队和跨学科背景的创业团队。团队成员简介如表8-5所示。[①]

表8-5 团队成员介绍

成员	简介
成员一	A大学公路学院硕士研究生，曾任校学生会主席，有省直机关挂职经历
成员二	A大学公路学院硕士研究生，发表SCI文章2篇，并拥有两项国家专利
成员三	A大学公路学院硕士研究生，成功组建"青路"创业团队
成员四	A大学公路学院硕士研究生，担任学生社团联合委员会社联部长，并有两段校园创业经历
成员五	A大学公路学院硕士研究生，有过两段校园创业经历，并曾是高寒、高海拔地区道路工程国家重点实验室实习生

◎ **案例点评**

该项目的团队介绍部分用列表的形式较为翔实地呈现了创业团队的核心人员的背景和专业能力，利于投资者对团队的人员状况能一目了然。但是缺少了组织结构的信息，可以通过追加组织框架图来清晰展示各职级间的从属关系和职能、业务等重要信息。

（十）财务规划

财务规划是以会计核算、报表资料及其他相关资料为依据，采用一系列专门的分析技术和方法，对企业过去和现在有关的筹资活动、投资活动、经营活动、盈利能力、营运能力、偿债能力和增长能力等进行分析并规划的经济管理活动。

该部分内容一般多用表格形式呈现，包括现金流量表、利润表及资产负债表等，如表8-6所示。它是为企业的投资者、债权人、经营者及其他关心企业的组织或个人了解企业过去、评价企业现状、预测企业未来、做出正确决策提供准确的信息或依据。

---

① 陈建校.创新创业典型案例分析[M].北京：机械工业出版社，2022.

表 8-6　现金流量、利润及资产负债表

现金流量表	反映一定时期经营活动、投资活动和筹资活动对企业现金流入流出的影响，评价企业的实现利润、财务状况及财务管理
利润表	利润表反映的是企业的盈利状况，即反映企业在一段时期内的经营成果，利润＝销售总额−成本总额
资金负债表	资金负债表反映企业在一定时间点的财务状况。投资者可查看资产负债表来得到所需数据，以此来衡量可能的投资回报率

【案例阅读 8-9】

项目：“子午流注养生保健公司”的财务规划

该公司的主营业务将是采用类似家庭医生服务模式，以咨询为起点，采用中医的子午流注理论，通过制定全程养生保健方案，开设养生保健知识培训班的形式，对亚健康者提供点对点服务，服务内容包括在子午流注观念指导下的针灸、推拿、按摩、指导服药、膳食指导、养生知识讲解等。由于服务对时间有特殊的要求，我们将实施全天 24 小时营业，且服务对象特殊，为了更好地服务顾客，我们还将为顾客提供上门服务。将来，公司在形成一定规模后，将不断拓宽公司子午流注的业务范围和市场应用，包括开设专门的中医药膳店，建立独立的中医养生保健医院等。

子午流注养生保健公司的财务规划见表 8-7、表 8-8 及表 8-9。

为了对公司的财务状况进行客观分析和评价，从而为投资者、经营者及其他利益相关者提供公司过去及现在的经营状况，预测公司未来发展，现对公司的偿债能力、营运能力及盈利能力等进行分析，我们分别选取了它们的相关指标，分析如下：

（1）偿债能力

债务是企业在未来要偿还的以前经济业务所承担的经济责任，偿债能力关系到筹资活动的风险，公司如不能按期足额偿付债务，则会面临一系列损失。下面从流动比率、速动比率、利息保障倍数三方面进行分析（表 8-10）。

（2）营运能力

营运能力反映公司对有限资源的配置和利用能力，为了反映公司的营运能力，从流动资产周转率（表 8-11）进行分析。

（3）盈利能力

盈利能力是公司在一定时期内赚取利润的动力，反映了公司成本费用管理的效果问题，为了反映公司的盈利能力，从净资产收益率（表 8-12）进行分析。

表 8-7　团队资产负债表

单位：万元

资产	初期	第一年末	第二年末	第三年末	第四年末	第五年末
现金	400.00	671.14	1 156.28	1 933.22	2 861.48	3 562.14
短期投资	—	—	—	40.00	—	—
预付款项	—	15.00	15.00	42.00	318.12	456.32
存货	—	10.00	10.00	30.00	53.22	76.35
待摊费用	—	—	—	10.00	20.00	34.50
流动资产	400.00	696.14	1 181.28	2 055.22	3 252.82	4 129.31
固定资产总额	—	80.00	64.00	84.00	128.36	156.35
累计折旧	—	16.00	13.00	16.80	26.35	31.23
固定资产净值	—	64.00	51.00	67.20	102.01	125.12
无形资产	—	50.00	80.00	150.00	320.00	436.52
资产合计	400.00	810.14	1 312.28	2 272.42	3 674.83	4 690.95

负债和所有者权益	初期	第一年末	第二年末	第三年末	第四年末	第五年末
短期借款	—	—	—	—	—	—
应付工资	—	138.86	149.86	138.86	138.86	138.86
应付税金	—	32.56	32.56	32.56	32.56	32.56
其他应付款	—	60.00	80.20	103.50	119.65	148.36
流动负债合计	—	231.42	262.62	274.92	291.07	319.78
长期负债	100.00	105.59	105.86	—	—	—
实收资本	300.00	300.00	300.00	300.00	300.00	300.00
资本公积	—	—	—	—	—	—
盈余公积	—	100.13	428.23	986.35	1 986.31	2 800.36
未分配利润	—	73.00	215.57	711.15	1 097.45	1 270.81
负债和所有者权益合计	400.00	810.14	1 312.28	2 272.42	3 674.83	4 690.95

表 8-8　收 益 表　　　　　　　　　　　　单位：万元

	第一年	第二年	第三年	第四年	第五年
一、主营业务收入	653.00	712.00	1 132.15	1 547.35	2 012.23
减：主营业务成本	150.02	168.02	184.36	245.36	325.98
减：主营业务税金及附加	32.56	32.56	45.36	48.56	53.63
二、主营业务利润（毛利）	470.42	511.42	902.43	1 254.43	1 632.62
加：其他业务利润	30.21	35.12	256.56	312.50	410.00
减：营业费用	127.00	35.00	42.52	48.28	53.26
减：管理费用	5.50	5.50	10.00	12.00	14.00
减：财务费用	2.00	2.50	4.00	4.63	5.12
三、营业利润	366.13	503.54	1 002.47	1 502.02	1 970.24
加：投资收益	0	0	362.50	362.50	362.50
加：营业外收入	0	0	20.00	50.00	165.00
减：营业外支出	35.00	52.00	120.36	150.36	182.19
四、税前利润	331.13	451.54	1 264.61	1 764.16	2 415.55
减：所得税费用	132.45	180.62	505.84	705.67	966.22
五、净利润	198.68	270.92	758.77	1 058.49	1 449.33

表 8-9　现金流量表　　　　　　　　　　　单位：万元

	第一年	第二年	第三年	第四年	第五年
一、经营活动现金流量：					
销售商品、提供劳务收到的现金	648.00	869.00	1 654.00	2 156.00	2 963.00
收到的加盟费和利润分成	0	0	388.80	421.80	435.60
现金支付					
付给供货方	30.00	35.00	48.00	54.00	62.00
付给职工	138.86	146.86	163.23	184.32	202.33
付利息	105.59	105.86	—	—	—
付税金	132.45	180.62	505.84	705.67	966.22
现金支付总额	406.90	468.34	717.07	943.99	1 230.55
经营活动现金净流量	241.10	400.66	1 325.73	1 633.81	2 168.05

续表

	第一年	第二年	第三年	第四年	第五年
二、投资活动现金流量：					
因被投资企业利润分配而收到的现金	0	0	0	0	0
购置固定资产	30.00	50.00	70.00	92.00	112.00
为构建固定资产、无形资产而支付的现金	32.00	43.00	56.00	72.45	92.13
投资活动现金净流量	−62.00	−93.00	−126.00	−164.45	−204.13
三、筹资活动现金流量：					
借款所收到的现金	100.00	0	0	0	0
偿还债务所支付的现金	56.32	58.63	0	0	0
筹资活动提供的净现金	43.68	−58.63	0	0	0
现金净增加	222.78	249.03	1 199.73	1 469.36	1 963.92

表 8-10 偿债能力分析

	第一年末	第二年末	第三年末	第四年末	第五年末
流动比率	1.72	2.12	2.08	2.13	2.12
速动比率	0.91	0.99	1.10	1.06	1.02
利息保障倍数	2.03	3.12	3.56	3.86	4.22

表 8-11 流动资产周转率

	第一年	第二年	第三年	第四年	第五年
流动资产周转率	2.36	2.41	2.54	2.76	2.88

表 8-12 净资产收益率

	第一年	第二年	第三年	第四年	第五年
净资产收益率	55.23%	56.31%	48.36%	62.13%	46.13%

通过以上对公司的偿债能力、营运能力及盈利能力的分析，可以看出，公司偿债能力较强，能比较轻松地偿还当年的短期贷款；公司的资产增长率较高，投资回报率高且增长较快，可见公司的营运能力和盈利能力较强。

◎ **案例点评**

针对上述项目的财务规划部分，创业团队能够较翔实地呈现项目的资产和负债情况。但在盈利情况的预测上可能存在过于乐观的情况，比如是否达到所预计的消费人次以及经营收入是存疑的。同时各年的现金净流量为：222.78 万元、249.03 万元、1 199.73 万元、1 469.36 万元、1 963.92 万元，对比公司各年的净利润，公司持续经营能力和真实盈利能力存疑。因此在财务规划时要更加注重细节和深度剖析，展示一份客观、翔实、全面的财务规划报告。

（十一）风险与风险管理

创业者对于风险的意识也是投资者颇为关注的一点，因为任何企业都会遇到各类显性或是潜在的风险，创业者能够敏锐发现各类风险，实事求是、认真负责的态度更能引起投资者的认同与赏识。

创业团队需要在工作之前对工作过程及工作结果可能出现的异常进行预测并制定预案，从而预防事故发生。在对风险事件进行预测时，需要综合考虑这些不确定的、随机的因素可能造成的破坏性影响。该部分内容主要分为两个步骤进行撰写，第一步要将企业可能会遇到的风险尽可能地罗列出来，包括战略风险、市场风险、管理风险、竞争风险、核心竞争力缺乏风险及法律风险等；第二步便是详细交代防范风险的有效措施。

【案例阅读 8-10】

项目："金刚爬壁机器人"的风险与风险管理

1. 政策风险

工业机器人产业易受到国家产业政策和税收政策及利率汇率变化的影响。项目团队由高校教授、博士生导师牵头，在团队上实现了金字塔式的管理模式。团队运用各类资源预测政策风险，并进行有效的防范，最大限度地降低政策风险。

2. 市场风险

工业机器人的市场风险主要有需求变化及产品价格变动带来的风险、原材料供应不足及产品价格变化带来的风险、主要客户与主要供应商的信用风险，以及潜在进入者、竞争与替代者带来的竞争风险。项目详细设计了提高产品质量、降低产品成本、加快产品创新及丰富产品结构的方案，并要求营销人员对销售价格进行合理设定，以增强市场应变能力，增强公司的盈利能力，从而来应对各类市场风险。

公司拥有经验丰富的管理团队及强大的技术基础，在配备专门的宣传推广与项目推介人的同时，还配备了对市场相关产品最新动态和最新技术进行监测的人员，不仅能对本公司项目产品进行较好的推广，还能够对本行业产品最新科技与技术发展方向进行实时预测，能够及时有效地处理好经营中存在的各类风险。

3. 技术风险

工业机器人技术开发难度大，关键技术难以突破，存在技术障碍和技术壁垒等风险。项目负责人长年从事控制系统设计、无线通信、图像处理、嵌入式系统等方面的研发工作，对本项目所涉及的关键技术比较熟悉。项目研究思路明晰、项目组织结构合理、理论基础扎实，实践经验丰富、团结协作精神强、自主创新意识浓厚，项目组完全具备以上必要条件，有能力应对项目的技术风险并解决项目中的理论和技术难题。[①]

◎ **案例点评**

通过上述材料的表述，能够从字里行间清晰感知到创业团队能够以客观的态度分析风险，不仅对市场风险进行分析，还从政策上、技术上进行了分析，对潜在风险的各类可能性提出了切实可行的防范措施，这一点更能博得投资者的青睐。

【章节自测】

◎ 商业模式设计的要求有哪些？

◎ 商业模式画布包含哪些内容？

◎ 创业计划书的撰写原则和要求是什么？

◎ 创业计划书的内容包含哪些？

【实训项目29：创业计划书案例分析】

在一次天使见面会上，北京创盟李鹏的"发酵罐气流能量回收装置创业计划书"引起了风险投资公司的关注。

"一页纸创业计划书"

一、产品名称

发酵罐气流能量回收装置。

二、产品简介

专利产品、填补国内空白、年节电 100 亿度、政府强力推荐。

三、公司简介

公司成立于 2005 年 8 月，从事节能节气业务，拥有自己的技术与知识专利，包括节电器技术、发酵罐排放气流压差发电与能量回收等。

四、项目简介

"发酵罐排放气流压差发电与能量回收"：发酵罐是药厂与化工企业普遍使用的生产工具，用量非常之大，如华北制药、石药、哈药使用的大型（150 吨以上）发酵罐均在 200 台以上。因生产需要，发酵罐前端需要压气机给罐内压气，压气机功率一般为 2 000~10 000 千瓦/小时，必须在 24 小时内运转，每年电费为 900 万—4 000 万元，而且需要多台压气机同时工作。所以，压气机耗电通常是这些企业很大的一项成本支

---

① 陈建校. 创新创业典型案例分析[M]. 北京：机械工业出版社，2022.

出。经发酵罐排放的气流仍含有大量的压气能，这些压气能浪费在减压阀上。如安装我公司研制的"发酵罐排放气流压差发电与能量回收"装置，可以回收压气机所耗费电能的三分之一左右。

五、同行简介

目前该技术国际通称 TRT，应用于钢厂的高炉煤气压力能量回收。主要的供货商有日本的川崎重工、三井造船、德国的 GHH、国内的陕西鼓风机厂等。年销售额为20 亿元以上。

六、进展简介

本项目关键技术成熟并已经被掌握，我公司已经与××制药集团达成购买试装与推广协议，项目完成时，预计可以在该集团完成 5 000 万元以上的销售额。

七、优势简介

1. 公司已申请该项目的多项专利。

2. 公司在市场中先行一步，能填补市场空白。

3. 公司技术符合国家产业政策，国家要求各地政府落实节能减排指标，该项目属于节能减排项目。

4. 各地政府有节能奖励，如三电办（安全用电、节约用电、计划用电办公室）有三分之一的投资补贴，制药集团可获得约 1 600 万元的政府补贴。

5. 可以申请联合国 CDM（清洁生产）资金（每减排 1 吨二氧化碳可以申请 10 美元国际资金，连续支付 5 年）。制药集团可每年节能 6 000 万吨，减排二氧化碳 6 万吨，5 年内可获得 300 万美元。

八、用户利益

1. 减少电力费用支出。以××制药集团为例，如全部安装该装置，一年可以节约电费 3 000 万—3 600 万元。

2. 公司产品质量优质，维护时长短，产品寿命在 30 年以上，可以为用户创造投资额 10 倍以上的价值。

3. 降低原有的噪声 20 分贝以上，符合环保要求。

4. 其他政府奖励。

九、目标用户与市场前景

本项目目标用户为国内药厂、化工厂。从和××集团达成的初步协议看，集团内需求量大约在 100 套，而全国存在同样状况的药厂有很多家，再加上许多化工行业企业也采用了相同或类似的生产工艺，均为我公司的目标客户。总市场规模预计在 100 亿元以上。[①]

实训任务：分析这份创业计划书为什么博得了投资者的关注？

---

①　钟之静．"互联网+"大学生创新创业大赛蓝宝书［M］．广州：暨南大学出版社，2020.

【实训项目 30：撰写创业计划书】

尝试撰写一份创业计划书，模板参考附录。

第九章　创业项目的路演

在上一章，我们了解到创业计划书是一份面向潜在投资者、合作伙伴或竞赛评委的详细文件，涵盖了丰富的创业内容，是初创企业为了展示其产品或服务及商业模式所必不可少的一个环节。而在本章中，路演则是以一种更具说服力、更生动直观的方式展示项目价值、潜力并吸引投资者的现场表达方式，是对创业计划书的更为生动精彩的呈现。二者紧密关联、相辅相成。在编写创业计划书时，创业团队应当考虑如何将核心信息转化为精练的内容和材料，以便在路演中更有效地传达。反过来，在路演之后，投资者或评委可能需要对企业的详细信息进行更深入地了解，因此准备一份完整的创业计划书也是必需的。因此，路演和创业计划书不仅具有独特的优势和要求，而且二者缺一不可。接下来本章将介绍有关路演的详细内容。

学习目标

◎ 了解路演的概念、作用、关注点和突出维度。
◎ 重点掌握路演 PPT 及视频的设计制作。
◎ 掌握路演技巧。

【实训项目 31：路演准备工作案例分析】

大四学生小李在毕业季期间没有选择找工作，而是组建了自己的团队，经过几个月的调研，团队撰写了一份关于猫咖店运营的创业计划书。创业计划书做好后，为了使其能付诸实施，就需要将创业计划书推介给投资者，也就是进行路演。在实际演讲时，由于紧张和准备不当，在整个演讲过程中不断出现"嗯"或"啊"这样的词汇，而且演讲思路也不清晰，没有陈述清楚该项目最大的价值。不难想象，路演以失败告终。

实践任务：案例中反映出路演要做好哪些准备？

第一节　路演的概念

路演这个词源于英文"roadshow"，最初起源于国际上广泛采用的证券发行推广方式，是指证券发行商通过投资银行家或者支付承诺商的帮助，在初级市场上发行证券前针对机构投资者进行的推介活动。现今，路演是指通过现场演示的方法，引起目标人群的关注，使他们产生兴趣，最终达成宣传营销的目的。

在商业活动中，"路演"的作用是显而易见的，即通过亲身参与，让目标受众更好地理解你的公司、产品或服务，从而增强其信心和兴趣。此外，路演还为企业提供了一个机会，与媒体、投资者、客户和潜在合作伙伴面对面交流，获取反馈和建立联系。当今，随着数字化和在线营销工具的普及，许多公司和个人可以通过网络直播来替代传统的路演活动。但实际上，路演仍然是一种非常重要和有效的推广方式，因为它还具有无法替代的真实互动体验和社交价值。但需要注意的是，路演要在较短的时间内完整清楚地表述创新创业项目内容，需要做到如下几点：

（一）逻辑性

一场高品质的路演需要有清晰的信息结构和有效的逻辑关系，帮助听众理解创业核心内容、记忆深刻和产生价值。尽管各类创新创业大赛项目的商业计划模板在形式上略有出入，但它们都按照创业项目本身的商业逻辑而进行设计。因此，建立合理的逻辑框架是一场成功路演的基石。创业团队必须清楚他们想要展示的主要信息有哪些，并且将这些信息分门别类地整理出来，内容包括初步认识项目、市场痛点和解决方案、引出本产品、市场环境分析、竞品分析、商业模式与营销策略、风险预测、发展规划等。

（二）创新性

为了让自己或项目更容易得到投资者的青睐，有时需要在路演过程中着重介绍项目的创新点。因此，在进行路演时，创业者应该着重阐述自己的创新点，不同类型的创新点可以从技术、岗位、产品、应用及集成等方面入手。首先，技术创新是指通过改进或颠覆传统技术，从而实现更好的产品、更高效的生产和更快的交付。如果您所推出的产品是一个前所未有的创新产品的话，就可以汇报产品采用的新技术、新工艺、新配方、新参数，或解决了什么关键技术难题、实现了什么新功能。针对岗位创新，可以介绍哪些工作岗位与现在市场的发展趋势相吻合，能够为本项目赋予更多的战略性优势。产品创新是指针对产品外形、内部结构、功能、人机交互等方面的创新。应用创新是利用既有技术或产品进行全新、独特的应用，从而创造新的商业价值。集成创新指的是综合利用现有的多个创新点，创造新的集成效果，在项目路演中，展示出自己整合现有创新点的能力，通过组合、改进和重新设计，使它们成为一个更好和更高效的系统功能。

（三）盈利性

许多初创公司由于没能达到可持续盈利的水平而破产，这给创业者们带来了很大的风险与挑战。因此，对于想要走得更远的项目，必须要着重解决好盈利性问题。项目路演时可以用财务指标帮助投资者更准确地了解项目的盈利能力、市场前景及风险管控能力等。在路演中，创业者可以用一些典型的财务指标来表述项目，比如收入、成本、净利润、现金流等方面的数据。同时，还可以运用趋势分析、比率分析、成本效益分析等财务手段详细说明这些指标的含义。通过财务指标，在路演中充分展示项目的盈利能力。

（四）政策性

选择创业项目时不能只看眼前的市场需求，还要考虑国家的产业政策。符合国家政策的项目，才是真正能够站稳脚跟、有发展前景的项目。符合政策的项目不仅能够获得政府的扶持，还能享受优惠政策，如税收减免、贷款支持等。因此在创业之前，我们一定要认真研究和分析市场前景和国家政策，理性、务实地做出决策。

（五）真实性

创业计划书中的数据要求是真实的，这是确保项目具有可行性的关键。这些数据需要以充分的市场调研为支撑，财务数据预测准确可靠，数据推理过程要前后一致。只有这样，才能在项目路演中引起潜在投资者的关注和兴趣，从而获得投资支持。考虑到实际路演时间有限，因此在路演过程中需要汇报有亮点、有特色的数据，至于数据的推理过程若在答辩时被问起，路演主讲人要做到胸有成竹(图 9-1)。

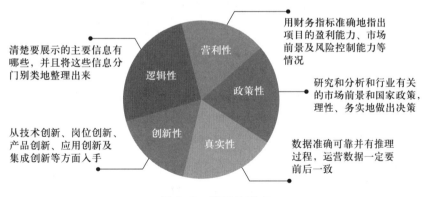

图 9-1　路演的要点

第二节 路演的准备

（一）精简路演 PPT

在进行路演 PPT 设计时，应始终坚持"精简至上"的原则，将内容压缩至 3~5 个项目亮点，有重点、有主次地展示创业计划书的重要信息。还要尽量少用或不用生僻的技术术语，让更多推介对象能明白亮点内容和特色内容。如果路演 PPT 内容繁琐复杂，又没有亮点，很容易使听众失去兴趣和关注。相反，当 PPT 主题和内容简明扼要时，听众会对其中的信息更感兴趣，从而提高演讲效果。简洁清晰的幻灯片穿插醒目的图像和动画可以有效地将重点突出。而过于冗长的 PPT，可能在视觉上造成负担，减弱背景图片、文字的效果。

（二）精炼演说文稿

演说文稿可以确保路演的流畅性和演讲效果，演讲者通过演示能够表现出产品的吸引力和实用性。因此创业者在演说时要注意在语言结构和表达顺序上体现出充分的逻辑性和系统性，快速地切入主题，恰当地解释创新创业项目。可以考虑利用新闻热点、市场趋势等热门话题引入项目，即便没有直接与产品或服务相关，这些话题也可以吸引听众的注意力，让他们随着主讲人的思路思索，从而达成共识。这需要反复简练演说文稿。

（三）预设问题库

在进行路演活动之前，准备一个问题库并将其预设好是非常重要的。正所谓"知己知彼，百战百胜"，因此创业团队需要了解评委的职业特点和背景。评委都有不同的职业特点和专业背景，他们对产品和服务的认知程度以及对不同行业规则的认识都有所不同。因此，在路演中，可以从评委的身份角色方向入手，针对其职业特点确定哪些内容是投资对象感兴趣或认为重要的。通过预设问题及答题准备，不仅可以检查出创业计划书中的漏洞，及时修补和完善，还可以让路演活动更加流畅、高效，并且能够有效地吸引投资人和观众的关注。

（四）确定主讲人

路演主讲人尽量是创始人，因为其对自身项目更为熟悉并充满激情，创始人的演讲更能引起投资者的共鸣与认可。创始人通常都是从零开始构建团队并取得成功的核心人员，由创始人亲自阐述企业的使命、愿景和价值观，投资者可以更好地理解公司如何创造长远的价值并解决相关社会问题。但如果创始人存在一些表达困难，可以适当选择项目的其他联合创始人，选择适合的主讲人可以确保活动的顺利进行、有效传递信息和激发观众的共鸣，要避免选择对创新创业项目完全不熟悉的主讲人。

（五）熟悉使用设备

路演过程中出现技术故障或者设备问题，不仅会影响到企业形象，也可能导致失去投资机会。因此，在进行路演前，企业必须提前熟悉和测试相关设备，还需留意场地的网络连接情况。此外也要准备备用设备，例如备用麦克风、备份演讲文稿及打印稿等，以应对出现问题时能够及时解决。

（六）调整心理状态

路演是一项需要表现出色的任务。如果心态紧张、焦虑，那么很可能无法发挥自己的最佳水平。相反地，冷静自信的心态可以淡化紧张情绪，保持清晰思考，展示最大潜力。因此路演人面对诸如设备故障的突发状况或是评委尖锐提问等要随时调整心理状态，轻松应战。

只有经常练习，主讲人才能更好地掌握生动形象的语言表达和流畅自然的演讲节奏，从而提高演讲效果，并取得更好的路演效果。通过不断排练和演示，可以对演讲材料的内容有更深入的理解，对每一个演讲技巧也能够进行更系统的训练和学习，同时减少紧张情绪，才能更好地适应不同的场合、听众群体，最终取得一个完美的演讲效果。

（七）准备路演相关物料

除了创业计划书、路演 PPT、路演视频三类参赛材料外，每个参赛项目可根据实际情况准备一些相关物料，如项目运营实践的特色服装、实验或生产的产品样品或实物、专业精美的推荐画册、产品设计册、审计报告等，这些都要根据实际需要进行准备。

（八）准备现场宣传造势

在这里主要介绍三种宣传方式，如图 9-2 所示。首先，是让投资者参与体验。如果产品是实物产品，那么可以将实物带到现场展示，这样不仅可以增加评委对产品的印象，还可以让评委更好地理解产品的特点，加深初步印象并提起兴趣。如果你的产品是虚拟的，那么可以通过交互演示或现场体验来进行展示，让评委可以在现场实际操作你的产品。这种方式能够更好地让评委感受到产品的功能和用户体验，从而更好地评估产品的商业价值和市场前景。其次，路演现场和附近的地方分发宣传单可以很好地增加项目的曝光度，投资者看到宣传单后会更加关注该项目，并且宣传单可以帮助评委更清晰地了解你的项目情况。最后，可以根据产品或服务的特色进行现场布置来营造氛围，如果你的产品和农业有关，可以设置田园风光或农业器械，让评委在传统和现代之间产生巨大视觉冲击。总之，通过项目产品服务优势来打造浓郁的现场氛围，是一种有效的路演策略，不仅能够吸引评委的关注，而且也能够让评委更加直观地去感受你的产品或服务。

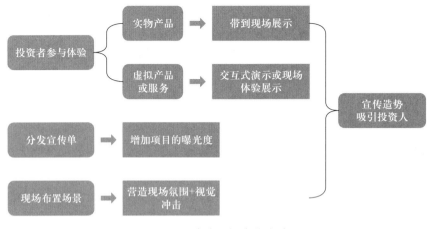

图 9-2 路演现场宣传方式

第三节 路演 PPT 与视频的设计制作

一、路演 PPT 的设计与技巧

路演 PPT 与其他类型的 PPT 都较为相似——它们都发挥着抓住观众的眼球、引起关注和共鸣从而达到宣传的作用。但路演 PPT 在内容、表达方式、目的等方面却有着很大的差异。

从内容上来说，路演 PPT 主要包括企业产品及服务介绍、市场分析、财务数据、团队介绍等内容。在表达方式上，路演 PPT 注重展示企业实力、专业水平，采用直接、简洁的语言，强调数据、逻辑性和说服力。路演 PPT 旨在吸引投资者、合作伙伴及客户购买产品或加入企业，扩大企业影响力。

路演 PPT 的设计需要秉持简洁美观、鲜明精练、实用有效的理念，在页面设计时，要注重整体布局合理，文字和图片大小适中，排版简洁明了，使投资者能够迅速理解 PPT 内的内容，同时也能够很好地表达信息，做到言简意赅、一目了然。篇幅最好控制在 20 页左右，并把想要强调的关键词内容，比如产品或服务、市场状况、竞争分析、商业模式、团队介绍、融资需求等，醒目地展示给投资者。这样才能更好地呈现出企业或项目的价值与未来愿景，才会让项目脱颖而出。接下来将从如下几个环节介绍如何进行路演 PPT 的设计。

（一）封面

路演 PPT 的封面，主要是描述项目名称，尽量用一句话描述项目定位和亮点，避免太过于技术化。同时不要忘记在封面的底部添加联系方式，如果是参加创新创业比赛，需要包含参赛组别、创始人、团队成员、指导老师、联系电话、电子邮件等信息，方便投资者或者评分专家能够方便地找到联系方式。

（二）项目概要

一个优秀的项目概要，能够引起投资者的兴趣和注意。可用 1 页 PPT 进行阐述，让投资者在第一时间了解项目的大致情况。项目概要包括几个关键元素，例如你的公司介绍、项目的简短描述、你的创意点和解决方案，并突出强调你的竞争优势和市场需求。总的来说，在项目概要部分中，要对项目进行简介和说明，让投资者感兴趣，并最终使他们产生使用公司产品的期待。

（三）市场分析

通过对市场分析进行详细、清晰地介绍，我们可以让投资人感受到透彻的市场分析背后所蕴含的价值。下面我们将从几个方面阐述市场分析应该如何在路演 PPT 中呈现。

首先，在介绍市场分析的过程中，我们需要给投资人一个大致的行业背景。可以包括行业规模、增长趋势及主要竞争对手等信息。此外，我们还需要介绍一些当今市场对于新产品或服务的接受度和反应力情况，这可以更清晰地展示自己的竞争优势。其次，我们需要对目标市场进行详细分析，特别是针对我们的产品或服务，因为只有了解市场的商业机会和挑战，才能准确传达我们的价值主张。我们应该强调自己的市场定位及我们的产品的独特之处。最后，我们需要数据支撑，以证明我们的解决方案符合消费者的需求并可以充分满足他们的需求。同时，我们也需要证明我们自身的竞争优势、市场增长预测等。投资人们需要充分了解这些数据，以使得他们信心满满地与我们展开合作。

总的来说，该部分需要用 1 到 2 页 PPT 的内容来分析创新创业项目的行业背景和市场现状，也就是阐明为什么要做这个项目及现在的市场环境。

（四）产品服务

在路演 PPT 产品部分中，要清晰明了地描述自身的产品或服务。该部分需要用 1~2 页 PPT 简洁明了地阐述你的产品是什么、它的优势以及是如何满足市场需求的，应避免大段文字充满 PPT，只需将产品或服务的特色和优势作为重点来进行介绍，比如是否采用了新的技术和工艺；产品性能是否可以更好；生产成本是否下降；环保上是否达到绿色减排要求；与同类竞争者相比，是否在技术、产品设计、产品功能、产品质量、环保、团队等方面比他们更优、更强。最好用数据、图表在 PPT 中予以展示，并选择重点内容予以口头汇报，让评委对所要做的工作一目了然。

（五）创新性

PPT 中一定要用 1 页 PPT 的内容来体现出项目的创新点，充分展示自身团队的想象力和胆识，这既可以是针对市场、用户和产品等维度的创新策略，也可以是针对团队自身发展的其他创新性思考，主要包括技术创新、技能创新、原始创新、模式创新及岗位创新等。

（六）核心竞争力

在路演中，投资者最终会考虑的是你的项目能否获得成功，而核心竞争力则是最能够体现出你的项目与众不同之处。在这部分需要用 1 页 PPT 来介绍自己产品最为独特性的方面，在 PPT 中穿插相关图片、数据和案例等，来增强核心竞争力的说服力。

（七）商业模式

商业模式是团队如何创造价值并赚取利润的方法，对于一个项目的可持续性和商业前景有着举足轻重的必要性。投资者或评委会通常会关注一个项目的商业模式是否能够持续发展、是否具有创新性、是否与市场需求相匹配及是否具备竞争优势等。因此，在路演中，展示一个切实可行、能够符合市场需求并有商业前途的商业模式是至关重要的，因此团队的路演要突出自身的商业模式与传统商业模式相比，是不断地进行改良和升级的，更能为消费者带来独特的价值和体验、提供更便捷的服务方式。该部分可用 2~3 页 PPT 构建，如果商业模式还处于雏形阶段，请说明产品服务对客户的社会价值，未来如何实现盈利。

（八）竞品分析

将自己的产品与竞品进行对比，以清晰的方式展现两者的区别和优劣势，这有利于投资者对 PPT 内容记忆和理解，这部分可用 1 页 PPT 进行分析，可以通过比较来突出自己的优势，例如可以从市场份额、创新程度、定价策略等方面对竞品进行评估，了解他们的优势和劣势。同时不要只从自身角度来说，更要从客户和用户的角度出发，比较竞品与自己的差异和关键点，针对这些点进行优化和改进。

（九）市场策略

商业模式构建后，采取什么市场策略让商业模式变现，这是项目路演时要阐释的重要内容，在路演时不一定有时间详细介绍每一个市场策略，因此，要重点介绍项目的产品策略、价格策略、渠道策略、促销策略和宣传策略。对于技术研发类、产品设计类、技术服务类、技术咨询类、专题培训类、会议会展类等不同的创新创业项目，可能会采用不同的市场策略。项目路演时可用 1 页含有图片的 PPT 展示市场策略，但对于有创新性和特色型的市场策略要作口头汇报。

（十）财务分析与融资计划

该部分用 2~4 页 PPT 的一些数据内容来客观说明项目的优势和融资计划。财务分析能够体现出产品或服务的财务表现、未来的盈利预期和市场潜力等因素，从而加深投资者对该项目的信心和认可度。通过现有的财务数据内容，比如年销售额、年利润额、年毛利率、年销售增长率、年利润额增长率等财务指标，来展现项目的盈利能力。该部分可以用趋势图、对比图等数据图表形式展示。

融资计划中需要注明筹集的资金金额、采取的融资方式、用途等具体内容。在介绍融资方案时，一定要清楚汇报投资回报情况，包括项目融资需求、融资计划及投资回收周期、投资回报率等关键财务指标。对于初创企业来说，创业第一年的财务指标普遍不理想，但是可将创业第二年、第三年实际的财务指标或预期的财务指标呈现在PPT中，让评委和投资人清楚地看到创新创业项目未来三至五年的财务指标动态变化情况，对投资回报做到心中有数。

（十一）创业团队

在路演PPT中做创业团队介绍时用1~2页PPT突出团队成员的亮点和优势。在介绍每个成员时，不妨特别提一下他们的专业背景和技能特长，并且强调这些特点与项目的契合程度，这样可以让投资人充分认识到团队成员的价值和作用，从而增强对团队的信心。可以通过团队成员的身份和经历来体现项目的创新性和前瞻性。比如，如果团队成员曾经在某个领域拥有多年从业经验，或者已经在该领域涉及相关的项目、有过研发和实施经验，这些都可以成为突出项目前景的依据，获得更多的关注和支持。

此外，在路演中展示团队的协作默契和凝聚力是非常重要的。一个完整的团队必须是由相互信任、相互尊重、相互扶持的成员组成，更需要将每个人的专业能力和角色定位突出展现出来。团队成员之间是相互依赖、相互支持的，每个成员应该清楚自己在团队中的角色，并能够胜任自己的岗位职责。如果可以将每位成员的专业技能和知识融合成为一个有机的整体，那么团队的形象和信誉都将得到提升，更有可能赢得投资者的青睐。

（十二）风险管控

风险分析及管控是投资者非常关心的问题之一，投资人可直观了解到项目可能面临的潜在问题和挑战，以及项目团队如何应对和管理这些风险。该部分可用1页PPT的内容加以呈现，可围绕创新创业项目政策管制、市场环境、技术迭代、组织应对措施和应急预案来展开分析。

二、路演视频制作方法与技巧

（一）制作方法

一般来说，视频制作方式可分为委托专业视频制作公司和创业团队自己制作两种，如图9-3所示。

对于不熟悉制作技巧和缺乏专业设备的企业来说，委托专业视频制作公司制作路演视频可以提升视频质量，能够根据企业定位和路演需求制定切实可行的视频制作方案，确保视频呈现效果与预期一致，确保画面流畅、效果逼真，更能抓住投资者的眼球。但也存在成本高、沟通时间长、打磨时间长等风险。

而团队自己制作路演视频则可以更好地表达项目的理念、文化和愿景，因为他们最了解自己的品牌和产品。由自身的团队成员来介绍视频内容，能够传达出最真实、最有说服力的信息，从而增强投资者信任和兴趣。此外团队自己制作视频还可以节省时间和成本。但是制作出来的视频不一定能达到专业的美观效果，尤其是一些没有视频制作相关知识和技能的创业团队要慎重选择这一方式。

图 9-3　委托公司与团队制作的区别

（二）制作样式

视频制作主要采取实景录制和虚拟特效设计两种模式，完成一个视频一般采取以实景录制为主、虚拟特效设计为辅的方式。

实景录制是指在真实场景下拍摄的视频素材，包括真实场景视频、场景化视频、素材剪辑、影棚拍摄等相关的素材和镜头。它占据了绝大部分的视频片长，是视频制作中至关重要的一环。实景录制可以以视觉的方式表达出想要传递的信息和感觉，可以让观众更加真实地感受到故事背景、场景气氛、角色情感等元素。通过对环境、人物和道具进行搭建和布置，实景录制能够营造出令人真切感受和美感的视觉体验，促使观众更好地理解视频内容并产生共鸣。

虚拟特效设计目前成了创业领域中展示产品或服务的一种新方法。虚拟特效设计可以更加生动地展现产品或服务的概念、功能和价值，同时也能够有效地弥补实景展示无法表现或效果不佳的问题。对于一些复杂的技术概念和无法直接展示的场景，虚拟特效设计可以通过动态和富有互动性的视觉效果，使观众充分感知、理解产品或服务的概念、功能和价值。例如，在某些行业，如人工智能、区块链等领域，推广新型技术需要对复杂的工作流程进行演示。对于大多数观众来讲，这些过程通常是难以理解并且枯燥乏味的，此时使用虚拟特效设计可以轻松地将这些流程转换为具有吸引力、富有动感和互动性的视觉效果。通过动态图表、模拟演示、三维模型和动画等，让观众更直观了解你的技术原理、产品优势和商业模式。但是虚拟特效设计一般要委托专业的影视公司制作，属于原创性作品，成本相对来说较高。如果创新创业项目本身就是做文化传媒创意的项目，这个虚拟特效设计就是创业团队专业技能的一种最好的展现方式。

（三）制作技巧

1. 脚本设计

在制作路演视频前进行脚本设计至关重要。项目视频制作脚本相当于电影拍摄的剧本，它有助于视频编辑深入了解产品或服务进而合理组织信息，从而确保整个视频的逻辑清晰明了且内容充实精彩；同时也能有效控制制作进度，以及塑造品牌形象和故事。所有这些因素共同作用，构成了一部令人难忘的、精彩的、高效的路演视频。脚本设计需要注意以下几点：

（1）明确目标

明确目标可以帮助制作人更好地把握视频内容的重点和重心，创作更加有效，从而拍摄出更匹配脚本的路演视频。所以在脚本设计中需明确视频中要出现的文本、影像、声音等内容，以及各部分之间的次序及关系。

（2）展示主要内容

首先需要明确信息的主要内容，包括项目创始、项目实践、项目成效、项目意义及未来预期等。其次是挖掘核心亮点并进行分析，如项目的创新性、突破性、技术性、功能性等。再次介绍项目成效，即"问题陈述"与"解决方案"。通过技术报告、产品报告、报刊文章等相关证明文件，说明项目已经取得什么成效，为社会带来的社会价值和经济利益。最后介绍项目的愿景，也就是项目的融资需求和投资回报是什么，这能给评委和投资人带来投资欲望。

（3）斟酌语句

路演视频的语言表达只有兼顾准确性和吸引力，才能成功传递重要信息，产生良好的路演效果。首先，在脚本设计过程中，必须要确保语言通俗易懂，能简洁明了地表达出所要呈现的信息和关键点。其次，在编写脚本过程中，需要注意时间的限制性。即使有很多重要信息，有限的时间也会在一定程度上限制我们的文案篇幅，因此，我们需要仔细筛选信息，仅仅保留最重要的信息，以便在有限的时间内最大限度地传达重点内容。按照视频制作规律，1分钟视频的解说字数宜控制为270~330字。最后，务必记得对脚本进行深度和广度的审查和检验，这可能包括在各种不同情境下回读、重新构成句子和选择合适情境等，使脚本文案更易于理解且更加流畅。

（4）巧用技法

路演视频不仅是一种营销传播手段，也是一种艺术表达形式。而要让脚本更出彩，需要巧妙地运用一些技法。要善于使用情境化、感性化和个性化的叙述方式，这样可以让观众更具共鸣感，从而使中心思想传递顺利展现。比如，可通过讲故事、举例子、列数字、打比方、做联想、场景示范、对比体验、数据对比等方式方法增强脚本的吸引力和生动性。

2. 视频制作

（1）强大的视觉冲击力

视频制作要充分利用人的阅读习惯，用强大的视觉冲击力在第一时间抓住评委的眼球，这要求整体视觉效果和每一帧的画面、配音、背景都能如广告大片般带给评委视觉盛宴。

（2）开头引人入胜

一个响亮的开头应该注重创意和独特性，需要具有引人入胜的氛围和节奏感，使得整个视频从一开始就能够抓住观众的注意力。比如，可以通过震撼式的画面进行展示，让观众感受到品牌的独特性及与竞品的关键区别，在相对短暂的时间内取得出色的效果。在设计开场时可以参考和借鉴其他成功品牌的营销案例、最流行的视觉表现方式，得出自己独特的一套思路，从而打造一种与众不同的视频内容效果，可以是令人眼前一亮的项目名称，也可以是震撼人心的画面、一种悬念、一种印象深刻的声音，抓住目标受众的注意力。

（3）结尾发人深思

一个有力的结尾就是要从语言、画面、音乐等多方面打造一个具有一定情感含义的结尾，以打造完美的营销闭环，让您的客户保有强烈信任感，更加容易记住您的品牌，从而为正式的营销打好基础。在这个过程中，我们所要表达出来的主要是一种与目标受众产生关联、引起共鸣并且留下深刻印象的情感。

第四节 路演的后期完善

凡事讲究有始有终，路演完毕不是意味着整个流程的结束，创业团队在路演完毕后要跟投资者进行访谈来了解投资者的反馈和想法，更准确地了解投资者们的期望和关注点，找到自己的薄弱环节，从而做出针对性的改进，据此重新思考、补充、进一步完善自己的创业计划。

（一）整理路演建议

在整理路演建议时，创业团队需要将各项建议进行分析比较并从投资者的角度来看待问题，深入思考投资者所关心的问题。经过比较后，团队可以得出一个清晰明确的成长方向，并获得更好的执行计划或指导措施。团队应为自己设立一个既定的目标和计划，用实际行动不断推进团队自身的发展。

（二）后期沟通访谈

沟通访谈是创业团队和投资方双方交流的过程，同时也是信息共享的平台。首先在这个过程中，创业团队要理性又和谐地沟通交流，展现团队的价值观和潜力，让投资者加深对创新创业项目的了解。其次在沟通过程中创业团队要时刻保持积极互动的状态，营造和谐的沟通氛围，达到充分交流的目的。最后需要注意的是提前明确访谈目的，在正式访谈前做好充足的准备，有针对性地对疑惑点、讨论点进行整理，切忌支支吾吾，耽误投资者的宝贵时间，影响对团队能力的认可与好感。

【章节自测】

◎ 路演要突出的维度有哪些？

◎ 制作路演 PPT 时，主要有哪些要求？

◎ 路演的技巧有哪些？

【实训项目 32：分析创业项目路演演讲稿】

　　分析如下案例，该项目专注数字气味技术研发，推出的气味播放器是一款能根据不同的场景"播放"出各种气味，给用户带来嗅觉体验的设备。目前已形成从硬件、组件、行业解决方案、体验店到数字气味内容产出的立体化商业模式。

"气味播放器"项目路演演讲稿

　　各位老师好。今天来到阳澄湖边，作为一个大闸蟹的吃货，对于蟹黄的肥美，我是欲罢不能。那么，在蒸螃蟹的时候，螃蟹的香味飘出来，也会让全家愉悦。我们就在想，这样美好的气味，能不能通过互联网传输，让异地的人也能够享受美好的气味呢？这就是我们公司现在做的事情。

　　简单地说，我们公司做了一款叫气味播放器的产品。气味播放器由三个部分组成：气味库、硬件设备和软件。

　　关于气味库，我们公司制作了目前市面上种类最多的气味种类库，有将近 3 000 种原始气味储存在气味库中。有了丰富的气味库之后，就能实现气味的调用。同时，我们把气味进行了编码，确保在网络传输过程中它是一一对应的，同一编码一定是同一气味。

　　硬件是以气味核心模块为基础，大家可以把它理解为一个非常精密的仪器。我们知道，塑料袋可以把水和气密闭住，但是味道不行。气味具有易渗透、残留、混淆等特性，像榴梿，只要很少的一点，就可以让很远的人闻到。创业者在硬件设备上做了大量的自主创新和迭代，已经取得 70 多项自主专利。

　　关于软件，创业者有气味软件，普通用户可以通过气味软件，就可以简单地编辑、调制气味。

　　介绍完气味播放器，目前，我们已经实现了产品的量产，从 2016 年开始到今年，我们和 100 多家影城合作，已有超过 1 万台设备在各大影城投入使用。

　　我们的商业模式很简单，我们和影城的一个气味特效厅采用分账的模式，一张票上会多 10 块钱，影城拿 5 块，我拿 5 块，对影城来说这是增量收益，所以非常受欢迎；对我们来说，5 块钱可以让我们在 4~6 个月之内，就能收回单台设备的成本。

　　有产品，有商业模式，今天，我更想说的是，它的应用可能会打开一些新的局面。大家经常看到的电影场景中，比如说茅台酒的味道，你就可以闻到，像重庆火锅，你也会闻到，曾经还有小朋友在体验我们设备的时候就流口水。气味作为人的底层生理需求，对人的记忆情绪等会产生影响，这方面的作用今天可以重新把它挖掘出来。

我们在旅游上的应用很广泛。目前浙江的一些景区，都有我们的产品设备。它很简单，自助设备，用户自己扫码付费，就可以体验当地宣传片中提到的美景美食，一年四季不同的鸟语花香。在零售上，气味的应用也非常明确，我们和一家大厂的合作，能够验证出，用户不需要拆开产品外包装，可以提前试闻产品气味，通过试闻这个环节可以增加产品的转化率。

我们在汽车上的应用也很广泛。我们和本田合作，在氢氪出行上，用户可以选择香味车，当你进入车内之前，就可以提前预设车内的环境，把自己喜欢的味道放进去，同时针对车内的汗臭味、烟味等可以做定向去除。

气味模拟的应用可进入消防领域，会有非常好的培训效果。我们还和中科院合作的各种心理、医疗上的设备，包括我们现在和复旦大学合作的植物人的唤醒，也可以通过气味维度的脚本编辑来做一些事情。

所以说，我们的气味播放器，不仅是我们公司的一款产品，它是有机会成为一个产业的事情，它的上下游牵动，会带来上游各种行业原料供应商的增长，中游会带来硬件厂商、软件厂商的服务，下游会带来各种趣味短视频，文化创意等产品的出现，像气味电影中就可以植入很多产品广告，下游的这个牵动呢，有点像显像管出现，不仅仅带动了电视剧行业，而是推动了整个文化娱乐产业的蓬勃发展。

我想表达的就这些，谢谢大家。

（资料来源：根据网络资料整理）

实训任务：请分析该路演演讲稿主要阐述了哪些主要内容、有哪些表述优势，还有哪些美中不足？

【实训项目 33：制作并汇报路演 PPT 和视频】

组织同学成立创业团队，合力制作路演 PPT 和视频，并在课堂中汇报展示。

第三部分

大学生创新创业大赛与案例

第十章　创新创业大赛的时代背景与类型

　　全球经济的快速发展和科技的深入应用，创新创业已经成为社会进步和经济发展的重要推动力。在这种背景下，各类创新创业活动如雨后春笋般涌现出来，其中最具代表性的活动就是各类大学生创新创业大赛。大学生创新创业大赛的发展是时代的呼唤，它为更多有创意、有实力的大学生提供了更好的展示和切磋的机会，培养出适应未来职业生涯发展的高素质人才，并对国家经济发展起到重要的推动作用。

学习目标

◎ 了解创新创业大赛举办的意义。
◎ 掌握各类型的创新创业大赛的基本信息。

第一节　创新创业大赛的时代背景

　　在当前经济持续提速创新的形势下，大众创业、万众创新已成为中国经济转型和稳增长的"双引擎"，具有重要的推动作用。为了适应和引领新经济的发展，2014年以来，中国政府逐步加大对创新创业的支持和投入。高校深化创新创业教育改革则是培养新时代创新人才的载体之一。其中，"互联网+"大学生创新创业大赛成为高校深化这一改革的重要突破口。

　　2015年首届中国"互联网+"大学生创新创业大赛的举办，意味着高校深化创新创业教育改革迈出了实质性的一步。通过创新创业大赛，高校可以帮助学生更好地实践和掌握实际技能，促进校企合作，激发学生的创造力和实践能力，从而培养出更多的创新人才。

　　国务院也多次强调各类创新创业赛事活动的重要性，呼吁各界共同推动中国经济向高质量发展，打造创新创业重点展示品牌。

　　伴随着中国经济转型和稳增长的新形势，大众创业、万众创新正成为中国经济的重要推动力。高校深化创新创业教育改革，则是培养新时代人才的载体之一。通过不断提升大赛的规模和水平，加强校企合作，培养更多的高质量人才，中国可以在新时代更好地适应和引领新经济的发展，实现中华民族伟大复兴的中国梦。

第二节　创新创业大赛的类型

近几年来，国内各地高校热情高涨地举办了各类创新创业大赛，大学生创新创业大赛类型众多，主要整理为如下几种。

一、国家部委组织的创新创业比赛

为落实党中央、国务院提出的大众创业、万众创新的重大部署，深入实施创新驱动发展战略，国家各部委依照各自职责在全国范围内如火如荼举办各类创新创业大赛，聚集和整合各种创新创业资源，引导社会各界力量支持大学生创新创业，搭建服务创新创业的平台，弘扬创新创业文化，激发全民创新创业的热情，掀起创新创业的热潮。尤其是通过创新创业比赛来鼓励大学生大胆创新，给大学生提供一个创新创业实践的舞台。接下来以中国国际"互联网+"大学生创新创业大赛及"挑战杯"创新创业大赛为例，简单介绍这两类国家级的创新创业比赛的内容。

（一）中国国际"互联网+"大学生创新创业大赛

中国国际"互联网+"大学生创新创业大赛是由教育部会同13个部委联合举办，旨在深化高等教育综合改革，激发大学生的创造力，培养造就大众创业、万众创新的主力军，推动赛事成果转化，促进"互联网"新业态形成，主动服务经济提质增效升级，以创新引领创业、创业带动就业，推动高校毕业生更高质量就业。2015—2019年共举办了五届中国"互联网+"大学生创新创业大赛，2020年第六届该赛事更名为中国国际"互联网+"大学生创新创业大赛。该赛事已成为覆盖全国所有高校、面向全体大学生、影响最大的高校创新创业大赛。该赛事已经成为影响最大的高校双创赛事，是学校深化创新创业教育改革和人才培养的重要载体，是促进学生全面发展的重要平台，推动产学研用结合的关键纽带，是检验"双一流""高水平"大学建设成效评价的重要考量指标之一。

（二）"挑战杯"创新创业大赛

"挑战杯"是全国大学生系列科学技术作品竞赛的简称，是由共青团中央、中国科协、教育部和全国学联共同主办的全国性大学生课外学术实践竞赛。目前共有三个并列赛事：一是"挑战杯"中国大学生创业计划竞赛（简称"小挑"），二是"挑战杯"全国大学生课外学术科技作品竞赛（简称"大挑"），这两个项目的全国竞赛交叉轮流开展，每个项目每两年举办一次。三是"挑战杯——彩虹人生"全国职业学校创新创效创业大赛（简称"职挑"）。这三大赛事具有导向性、示范性和群众性，均每两年举办一次，分为国家和省区两级赛事。

二、地方政府组织的创新创业大赛

如今，全国各大省区市、行业协会都在组织开展创新创业大赛。以下着重整理了首届安徽省乡村振兴创新创业大赛相关信息（见表 10-1、表 10-2），以供参考。

2022 年 11 月 21 日，首届安徽省乡村振兴创新创业大赛在安徽建筑大学启动，相关单位、高校领导及企业界代表参加活动，共研共商共谋乡村振兴。本次大赛由安徽建筑大学、安徽大学、安徽农业大学、安徽理工大学、合肥学院、合肥师范学院、巢湖学院、皖西学院、安徽师范大学皖江学院、安徽新闻出版职业技术学院、安徽商贸职业技术学院等 11 所高校联合承办，以"乡村振兴，你我同行"为主题，旨在通过以赛促教、以赛促学、以赛促创、以赛促产，引导广大学生和社会力量做推动乡村振兴宣传者、实践者和参与者。

参赛对象分为高校组与社会组：高校组为安徽省各高校（含高职院校）在校学生（含专科、本科、研究生）；社会组为各级政府、社会团体、企业或个人（具有合法独立法人或具有民事能力的自然人）。

三、行业协会组织的创新创业大赛

近年来，大学生创新创业比赛的数量不断增加，各行业协会也开始举办自己的创新创业大赛。行业协会通常会规定与之相关的主题和内容来开展创新创业比赛。以下将举例介绍"中联杯"国际大学生建筑设计竞赛、"深水杯"全国大学生给排水科技创新大赛。

（一）"中联杯"国际大学生建筑设计竞赛

为繁荣建筑创作，提高在校大学生及研究生的建筑设计能力和综合素质，促进青年人才的成长，自 2009 年以来，中国建筑学会、全国高等学校建筑学学科专业指导委员会和中国联合工程公司举办"中联杯"国际大学生建筑设计竞赛已陪伴建筑学子走过十余载春秋。过去的五届"中联杯"收到了来自海内外 200 多所高校超过 4 000 份有效作品。以下以第六届"中联杯"国际大学生建筑设计竞赛为例，介绍主要参赛事宜，如表10-3 所示。

表 10-1 第二届安徽省乡村振兴创新创业大赛

参赛内容	参赛对象	竞赛时间	竞赛规则	奖项设置
常规赛： A 类：乡村美术创作（"画里故乡"美术作品）。 B 类：乡村文创设计（产品包装设计、产品品牌形象设计、视觉传达设计、AI 创作）。 C 类：乡村建筑设计（建筑设计、乡村规划、景观设计、乡村公共艺术等）。 D 类：数字智慧乡村（智慧农业、农村电子商务、乡村绿色生活、人文环境数字化、智慧党建、"数字农房"建设管理、"互联网＋医疗健康"等，新媒体、自媒体宣传计划、创业结构、创业计划等）。 E 类：乡村产业融合（乡村一二三产融合及相关新技术及运用）。 **定制赛：** A 类：乡村建筑改造及运营（空间含庭院改造及运营策划）。 B 类：乡村规划和人居环境提升（人居环境提升规划设计、景观节点和环境设计）。 C 类：乡村文化品牌塑造及新媒体传播（村域品牌规划和设计、村前自然教育研学课程设计及运营策划、文旅品牌宣传推广的新媒体运营）	参赛对象分为高校学生组与社会组。 **高校学生组**为安徽省内普通高校全日制在校学生（本专科和研究生，其中研究生获奖为教育厅 A 类赛事，须提供研究生入学或在校证明）。 **社会组**为安徽省内各级政府、社会团体和企业，本次竞赛高校组和社会组均要求以团队形式参加。其中高校组每队学生人数 ≤5 人，指导老师 ≤2 人，需明确团队负责人，鼓励团队和指导老师跨地区、跨学校、跨领域、跨专业、跨学科自由组队。社会组每队人数 ≤7 人，含团队负责人 1 人	**赛事发布：**2023 年 10 月 15 日。 **作品征集与上传：**2023 年 12 月 15 日。 **评审与获奖公示：**2024 年 1 月 5 日（初审选拔） 2024 年 1 月 30 日（专委会确定获奖名单）。 **颁奖典礼：**2024 年 2 月—2024 年 4 月	**常规赛：**分为乡村振兴创新创意组、乡村振兴创业实践组两类。其中，创新创意组分为乡村美术创作、乡村文创设计、乡村建筑设计三个赛道，创业实践组分为数字智慧乡村、乡村产业融合两个赛道。 **常规赛作品要求** 1. 提交作品需为近 3 年内建设（创作）完工或正在建设（创作）中的项目或作品。参赛作品须为独立创作，没有参加过其他竞赛的作品。2. 每个学生一个赛道只可报名一个作品（单人或组队），每所高校参赛作品数不得超过 100 组（项）。 **定制赛：**为庐江县治父山镇治父山社区东冲村。定制赛参赛目、要求和资料等具体内容详见定制赛通知或大赛官网定制赛作品要求	**高校组：** 一等奖：10%；颁发获奖证书。 二等奖：20%；颁发获奖证书。 三等奖：30%；颁发获奖证书。 优秀奖：若干。 **社会组：**所有参赛总作品数的 15% 设置奖项名额。 特等奖：1 名；奖金人民币 10000 元，并颁发获奖证书。 一等奖：2 名；奖金人民币 6000 元，并颁发获奖证书。 二等奖：5 名；奖金人民币 3000 元，并颁发获奖证书。 三等奖：10 名；奖金人民币 1000 元，并颁发获奖证书。 优秀奖：若干。 **优秀组织奖：**若干

表 10-2　高校组参赛内容

高校组参赛类别	
类别	参赛内容
乡村美术创作	以"画里故乡"为内容的美术作品
乡村文创设计	中国年文化文创产品设计、"讲好古井故事品读二十四节气"创意作品设计、产品包装设计、产品品牌形象设计、广告海报设计、纸质媒体(绘本)、漫画插画(IP 形象、墙绘)等多种形式设计
乡村调研策划	发现传统村落、乡村品牌活动策划、产业发展调研、安徽人口变化研究、文旅发展对策等 5 个板块
乡村建筑设计	发现传统村落、乡村品牌活动策划、产业发展调研、安徽人口变化研究、文旅发展对策等 5 个板块
乡村人居环境	厕所改造新技术和新装备、乡村生态水务新技术、乡村垃圾处理新技术等 3 个板块
数字智慧乡村	智慧农业、智慧党建管理、智慧健康、直播电商、数媒交互(交互网页\H5 \ App \ VR \ ARMR)等 5 个板块
乡村产业融合	现代种养技术、生物育种、一二三产融合、乡村新型服务和农村新能源等 5 个板块

表 10-3　第六届"中联杯"国际大学生建筑设计竞赛

参赛要求	时间安排	参赛内容
全国及境外高等学校建筑及相关专业本硕博在校学生，提倡跨专业跨学科联合组队参赛。 参赛人以个人或小组为单位参加，成员 1~4 名。 每组可有不超过 2 名的指导教师。	报名截止时间：2022 年 4 月30 日 作品提交截止时间：2022 年 7月 15 日	以未来社区为创作主题，在城市有机更新与乡村振兴的时代背景下，关注城市与乡村社区的组织和制度建设、邻里关系的建构、归属感的营造、人文建设、自然条件和社会生态环境建设等重点内容，重构社会群组，构想城市或乡村的未来社区生活场景。 设计鼓励参赛者基于自己对未来社区的理解感悟，运用恰当的建筑语言提出前沿的、独特的、明晰的创作理念。 参赛者应以敏锐的洞察力，准确发现、把握城市或乡村社区中的突出问题，在恰当分析存在的问题的基础上，提出有效的解决方案。 鼓励参赛者将新的城市科学、城市感知技术、大数据等技术手段融入到设计中，构建未来的城市或乡村社区的智慧化场景。 鼓励设计能够注重生态环境，运用合理的技术手段，采用低碳材料，注意节约能源

（二）"深水杯"全国大学生给排水科技创新大赛

全国大学生给排水科技创新大赛是中国水行业领域极具影响力的赛事，旨在通过各高校水务技术比拼，为企业拓展项目、打造优秀人才提供良好的交流平台。大赛为高校成果转化提供契机，同时加强企业与高校学生创新团队对接，扶持拥有自主创新技术的在校生团队创业。大赛对全面培养给排水专业大学生的创新意识、协作精神及解决复杂实际问题的能力，提高大学生在给排水产品的研发、设计等方面的水平，促进相关领域大学生创新技术蓬勃发展具有重要推动作用。以下以第六届"深水杯"全国大学生给排水科技创新大赛为例，介绍主要参赛事宜，如表 10-4 所示。

表 10-4　第六届"深水杯"全国大学生给排水科技创新大赛

大赛分为校级初赛、全国决赛两个阶段。校级初赛由各高校自行组织，每个高校可评选出不超过 3 项作品（创意竞赛不超过 2 项，定向专题竞赛不超过 1 项）推荐至全国决赛，参加全国决赛的每支队伍不超过 3 人（含带队教师）。

全国决赛由全国大学生给排水科技创新大赛组委会组织，全国决赛的创意竞赛和定向专题竞赛均分为决赛和总决赛两部分。根据决赛成绩的团队排名和参赛队伍数量按一定比例产生一等奖、二等奖、三等奖及优胜奖名单，并确定参加创意竞赛和定向专题竞赛总决赛的团队名单

参赛要求	时间安排	参赛内容
1. 创意竞赛和定向专题竞赛均以团队形式参赛，参赛团队成员不限人数，但现场参加成员人数不得超过 3 人（含指导老师 1 名）。创意竞赛的所有队员均为本科生，定向专题竞赛的队员至少有 1 名博士生或硕士生参加。	报名时间：2022 年 7 月 15 日—2022 年 8 月 30 日。	大赛分为创意竞赛、定向专题竞赛。1. 创意竞赛决赛创意竞赛决赛分为知识赛和创意作品展示两个部分。知识赛采用个人闭卷笔试方式，着重考查给排水专业基础理论知识，参加创意竞赛决赛的各参赛团队需指派 1 名队员参加知识赛。
2. 每个参赛团队确定 1 名组长，组长负责本团队参赛过程中的组织、联络及答辩等工作。每位参赛者都应参与作品的创作，最终作品应该反映出所有成员的协作努力。	2022 年 9 月，确定全国决赛名单。	参赛作品的创意范围包括但不限于以下方面：基于安全和健康的饮用水处理新技术、新理念；基于碳中和的污水处理新技术、新理念；水资源集约安全利用；建筑节水、节能及循环利用；管网系统提质增效；污水及污泥的资源化、能源化技术；面源污染控制及特色海绵城市规划、建设；水体污染防治及水生态修复新技术、新理念；水质监测新方法、新技术和新产品；智慧水系统（给排水+互联网+大数据）。
3. 鼓励不同学科专业学生联合组队参赛，围绕课题项目发挥不同学科专业的优势和特长。鼓励参赛项目与学校相关老师的科研训练项目相结合。	2022 年 12 月全国决赛	

参赛要求	时间安排	参赛内容
4. 在其他各类竞赛中已获得国际、国家级奖励的作品，不得参加本次大赛		2. 定向专题竞赛决赛 　参赛作品的主题包括以下方面：供排水系统节能减碳新技术；工业废水深度处理技术；污水处理系统、污泥处理和除臭的新技术及新产品；高效脱碳除磷新工艺、新技术（如好氧颗粒污泥工艺）；水处理药剂、菌剂新产品，应急投加设备设施；给排水管道检测、清污、冲洗新技术和新产品

四、国际联合举办的创新创业比赛

国际性的创业比赛逐渐走进了大学校园，并且受到越来越多的大学生的关注。在这些国际性创业比赛中，大学生可以通过与来自不同国家和地区的青年人进行交流，分享互联网、科技和文化等领域的创意想法。这样的机会对于那些有志于创业并寻求突破的大学生来说是难得的机遇。关于国际性创新创业比赛，以下主要介绍有关 iCAN 国际创新创业大赛和大学生国际创业大赛的主要内容，如表 10-5 和表 10-6 所示。

表 10-5　iCAN 国际创新创业大赛

比赛简介	iCAN 国际创新创业大赛（iCAN International Contest of innovation 简称 iCAN 大赛）暨中国选拔赛（原美新杯中国 MEMS 传感器应用大赛），是由国际 iCAN 联盟、教育部创新方法教学指导分委员会和全球华人微纳米分子系统学会联合主办、北京大学承办的面向大学生创新创业的年度竞赛，是教育部质量工程支持项目之一。iCAN 大赛始于 2007 年，秉承"传递 iCAN 理念、激发创新热情、点燃创业梦想"精神，倡导科技创新服务社会、改善人类生活，引导和激励高校学生勇于创新，发现和培养一批有作为、有潜力的优秀青年创新创业人才，促进和加强以物联网、智能硬件等为代表的高科技领域的产学研结合，推动高科技产业的发展，为高科技创新创业搭建国际交流平台
参赛内容	参赛项目需结合物联网、人工智能、互联网、云计算、大数据、区块链等新一代信息技术，实现在智慧家庭、智慧农业、智慧社区、智慧医疗、智能交通、智能教育、智能穿戴、智能制造、智慧文娱等各领域的创新融合

续表

赛事流程	以 2022 年为参考：5 月 10 日—7 月 31 日参赛报名，8 月校赛初赛，8 月底—9 月分赛区选拔赛，10 月底全国总决赛线上初评，11 月中下旬全国总决赛现场比赛。 大赛采用校级初赛、分赛区复赛、全国总决赛三级赛制（不含创业赛道和挑战赛道）。校级初赛由各高校负责组织；分赛区复赛由各分赛区承办单位负责组织，具备条件的承办单位每年须向组委会提出申请；全国总决赛由各分赛区承办单位按照大赛组委会确定的配额择优遴选、推荐项目。由全国总决赛评选出最优团队，将推荐参加相应国际比赛

表 10-6　大学生国际创业大赛

比赛简介	大学生国际创业大赛是目前在日本举办的唯一有海外大学生参加的，以英语作为交流语言的创业大赛。大学生国际创业大赛由大学生国际创业大赛执行委员会负责企划、运营。大赛旨在为来自世界各地的有志于创业的大学生们提供一个展示自己的舞台。同时，本大赛立足于日本放眼世界，不仅为日本社会的国际化作出了一定程度的贡献，也为来自世界的优秀的年轻人搭建一个互相交流学习的平台。截至目前，大学生国际创业大赛共举办过五届
参赛内容	参赛项目要求能够将互联网、新能源、生物医药、文化传承等与文化生活紧密结合，并具有一定的创新性与盈利性。参赛项目主要包括但不局限于以下类型：① 通讯，IT，科技；② 环境改善，新能源；③ 卫生健康，生物医药；④ 传统文化，文化创意
赛事报名	以 2022 年比赛为参考：参赛报名截止日期：2022 年 11 月 21 日 17：00，初赛结果发表：2022 年 11 月 23 日邮件通知（预计）

【章节自测】

◎ 常说的"大挑"和"小挑"分别指的是什么？

第十一章 大学生创新创业大赛介绍

在大学生创新创业大赛中，大学生可以把自己的想法付诸实践，并从中得到锻炼和提升。在创新创业大赛中，大学生需要思考市场分析、项目规划、团队合作等问题，这都对他们的思维和才能有着很好的培养作用。参赛的过程中还涉及商业计划书的编写、市场调研等实践操作，从而更好地服务于以后的职业发展。显然，大学生创新创业大赛已成为现代大学生们的重要活动之一，让大学生更好地接触创新创业领域，锻炼自己的能力，获得实践机会并结交同行，这一切都将帮助他们更好地走向未来，做出不凡的成就。接下来，本章将主要介绍几类大学生创新创业大赛的信息。

第一节 中国国际大学生创新大赛

一、大赛简介

中国国际大学生创新大赛（原全国"互联网+"大学生创新创业大赛）由教育部与各地方政府、各高校共同主办。大赛自 2015 年创办以来，每年举办一届，已成功举办九届，成为覆盖面最大、影响最广、成果最多、规格最高的大学生创新创业盛会。大赛旨在落实立德树人根本任务，传承和弘扬红色基因，聚焦"五育"融合创新创业教育实践，开启创新创业教育改革新征程，激发青年学生创新创造的热情。

（一）历史沿革

2015 年，首届中国"互联网+"大学生创新创业大赛正式面向广大学子，大赛旨在深化高等教育综合改革，激发大学生的创造力，培养造就"大众创业、万众创新"的主力军；推动赛事成果转化，促进"互联网+"新业态形成，服务经济提质增效升级；以创新引领创业、创业带动就业，推动高校毕业生更高质量创业就业。

2019 年 12 月，在教育部召开的工作研讨会上，将第六届大赛正式更名为第六届中国国际"互联网+"大学生创新创业大赛。大赛将原国际赛道并入高教主赛道，邀请国外高校尤其是世界知名院校积极参赛，建立同场竞技、相互促进、人文交流的国际大平台，举办一场世界青年双创盛会。

2023 年，第九届大赛正式更名为中国国际大学生创新大赛，本次更名更准确地反映比赛的内涵和目标，即专注于促进大学生的创新能力和创新实践。这一改变不仅体现了比赛对于学生创新思维和创业技能培养的重视，也突出了比赛在推动高等教育创新、培养未来创业者方面的重要作用。同时，中国国际大学生创新大赛也是全国"互联网＋"创新创业大赛的继续发展，为继续贯彻"以赛促教、以赛促学、以赛促创"的核心理念，以激发大学生的创新精神。

（二）　大赛变化

历经九年的持续探索与发展，大赛的正式更名，不仅标志着赛事本身的成熟与升级，更反映出其在理念定位、内涵拓展、服务导向及社会影响力等方面的显著变化。具体而言，这些变化可精炼概括为以下几个关键点：

第一，突出大学生创新能力的培养至关重要。创新是推动社会进步的关键力量，而大学生作为未来的主力军，具备创新思维和实践能力将对他们的个人发展产生深远影响。改名后的大赛将更加注重培养学生的创新精神，鼓励他们在技术、理念和模式等方面挑战传统，开拓新的领域。

第二，更好地与国际接轨，增强影响力。在国际上的许多创新大赛中，更注重的是参赛项目的创新性、实用性和商业潜力，而不是特定的领域或技术。因此，更名后更符合国际大赛的特点，会更加注重项目的整体质量和潜力。这样的改变可以让中国大学生的创新项目更好地与国际上的其他创新项目进行竞争和交流，展示中国大学生的创新能力和潜力，提高中国大学生在国际创新舞台上的地位和影响力。同时，也可以吸引更多国际上的关注和参与，进一步提升大赛的国际化水平和影响力。

第三，更名并不意味着对创业要素的忽视。名称的改动并不意味着淡化创业，因为在整个过程中，大学生对创业的认知和商业素养是随着项目和赛程的进展而不断提升的，他们也通过项目的尝试认知到自己的能力及与外界的差距，而大赛提供了一个很好的平台。创新与创业紧密相连，创新能力是创业成功的基石，而创业过程则是创新的实践与应用。通过参与创新大赛，大学生能够积累宝贵的经验，提升创业素养，为未来的创业道路奠定坚实基础。

二、参赛要求

以下以 2023 年中国国际大学生创新大赛为例，介绍主要参赛事宜。

参赛项目能够紧密结合经济社会各领域现实需求，充分体现高校在新工科、新医科、新农科、新文科建设方面取得的成果，培育新产品、新服务、新业态、新模式，促进制造业、农业、卫生、能源、环保、战略性新兴产业等产业转型升级，促进数字技术与教育、医疗、交通、金融、消费生活、文化传播等深度融合。

参赛项目应弘扬正能量，践行社会主义核心价值观，真实、健康、合法。不得含有任何违反法律法规的内容。所涉及的发明创造、专利技术、资源等必须拥有清晰合法的知识产权或物权。如有抄袭盗用他人成果、提供虚假材料等违反相关法律法规和违背大赛精神的行为，一经发现即刻丧失参赛资格、所获奖项等相关权利，并自负一切法律责任。

参赛项目只能选择一个符合要求的赛道报名参赛，根据参赛团队负责人的学籍或学历确定参赛团队所代表的参赛学校，且代表的参赛学校具有唯一性。参赛团队须在报名系统中将项目所涉及的材料按时如实填写提交。已获本大赛往届总决赛各赛道金奖和银奖的项目，不可报名参加本届大赛。

参赛人员（不含产业命题赛道参赛项目成员中的教师）年龄不超过 35 岁。

各省级教育行政部门及各有关学校要严格开展参赛项目审查工作，确保参赛项目的合规性和真实性。审查主要包括参赛资格及项目所涉及的科技成果、知识产权、财务状况、运营、荣誉奖项等方面。

三、参赛指南

（一）参赛报名（2023 年 5—8 月）

参赛团队通过登录全国大学生创业服务网（网址：https：//cy.ncss.cn）进行报名，在"资料下载"板块可下载学生操作手册指导报名参赛。通过微信公众号（名称为"全国大学生创业服务网"）进行赛事咨询。评审规则请登录全国大学生创业服务网查看具体内容。

报名系统开放时间为 2023 年 5 月 29 日，报名截止时间由各地根据复赛安排自行决定，但不得晚于 8 月 15 日。国际参赛项目通过全球青年创新领袖共同体促进会官网进行报名（网址：www.pilcchina.org），具体安排另行通知。

（二）初赛复赛（2023 年 6—8 月）

各地各学校登录 https：//cy.ncss.cn/gl/login 进行大赛管理和信息查看。省级管理用户使用大赛组委会统一分配的账号进行登录，校级账号由各省级管理用户进行管理。初赛复赛的比赛环节、评审方式等由各校各地自行决定。各地应在 8 月 31 日前完成省级复赛，并完成入围总决赛的项目遴选工作（推荐项目应有名次排序，供总决赛参考）。国际参赛项目的遴选推荐工作另行安排。

（三）总决赛（2023 年 9—10 月）

大赛设金奖、银奖、铜奖；另设省市组织奖、高校集体奖及若干单项奖。入围总决赛的项目将通过评审，择优进入总决赛现场比赛，决出各类奖项。大赛组委会通过全国大学生创业服务网、国家大学生就业服务平台（https：//www.ncss.cn）为参赛团队提供项目展示、创业指导、人才招聘、资源对接等服务，各项目团队可登录上述网站查看相关信息，各地各校可充分利用网站资源，为参赛团队做好服务。

第二节 "挑战杯"全国大学生课外学术科技作品竞赛

一、大赛简介

"挑战杯"全国大学生课外学术科技作品竞赛是一项全国性的竞赛活动，该比赛创办于 1986 年，由教育部、共青团中央、中国科学技术协会、中华全国学生联合会、省级人民政府主办，承办高校为国内著名大学，"挑战杯"系列竞赛被誉为中国大学生学术科技"奥林匹克"，是国内大学生最关注最热门的全国性竞赛，也是全国最具代表性、权威性、示范性、导向性的大学生竞赛。该竞赛每两年举办一次，旨在鼓励大学生勇于创新、迎接挑战的精神，培养跨世纪创新人才。以下以第十七届"挑战杯"全国大学生课外学术科技作品竞赛为例，介绍主要参赛事宜。

二、参赛要求

凡在举办竞赛终审决赛的当年 6 月 1 日以前正式注册的全日制非成人教育的各类高等院校在校专科生、本科生、硕士研究生（不含在职研究生）都可申报作品参赛。

申报参赛的作品必须是距竞赛终审决赛当年 6 月 1 日前两年内完成的学生课外学术科技或社会实践活动成果，可分为个人作品和集体作品。申报个人作品的，申报者必须承担申报作品 60% 以上的研究工作，作品鉴定证书、专利证书及发表的有关作品上的署名均应为第一作者，合作者必须是学生且不得超过 2 人；凡作者超过 3 人的项目或者不超过 3 人，但无法区分第一作者的项目，均须申报集体作品，集体作品的作者必须均为学生。凡有合作者的个人作品或集体作品，均按学历最高的作者划分至本专科生。增加作品自查环节，申报学校签订承诺书，承诺作品符合"挑战杯"竞赛申报作品的要求，接受竞赛组委会抽查。本校硕博连读生（直博生）若在决赛当年 6 月 1 日以前未通过博士资格考试的，可以按硕士研究生学历申报参赛的作品。没有实行资格考试制度的学校，前两年可以按硕士研究生学历申报作品。

申报参赛的作品分为自然科学类学术论文、哲学社会科学类社会调查报告和学术论文、科技发明制作三类。自然科学类学术论文作者限本专科生。哲学社会科学类支持围绕发展成就、文明文化、美丽中国、民生福祉、中国之治和战疫行动 6 个组别形成社会调查报告，也可以按照哲学、经济、社会、法律、教育、管理 6 个学科报送社会调查报告和学术论文。科技发明制作类分为 A、B 两类，A 类指科技含量较高、制作投入较大的作品；B 类指投入较少，且为生产技术或社会生活带来便利的小发明、小制作等。

参赛作品涉及下列内容时，必须由申报者提供有关部门的证明材料，否则不予评审。动植物新品种的发现或培育，须有省级以上农科部门或科研院所开具的证明。对国家保护动植物的研究，须有省级以上林业部门开具的证明，证明该项研究的过程中未产生对所研究的动植物繁衍、生长不利的影响。新药物的研究须有卫生行政部门授权机构的鉴定证明。医疗卫生研究须通过专家鉴定，并最好附有在公开发行的专业性期刊杂志上发表过的文章。涉及燃气用具等与人民生命财产安全有关用具的研究，须有国家相应行政部门授权机构的认定证明。

参赛作品必须于申报前将作品项目名称、参赛学生和指导教师等关键信息在校内官方网站上进行不少于 5 天的公示，并将公示截图随作品一同报送。多个学校学生合作申报的项目，须注明学生、学校信息并在学生所在学校进行公示。

参赛作品必须由两名具有高级专业技术职称的指导教师（或教研组）推荐，经本校学籍管理、教务、科研管理部门审核确认。每件作品可由不超过 3 名教师指导完成。作品完成全国竞赛申报后，作品题目、作者、指导教师等关键信息不得变动。

每所学校选送参加竞赛的作品总数不得超过 6 件，每人限报 1 件，作品中研究生的作品不得过作品总数的 1/2。如研究生作品数超过比例要求，违反规定的，取消该校所有研究生作品参赛资格且不得补报，但如果学校只招收研究生的，或只有 1 件作品参加全国竞赛的，不受作品比例限制。参赛作品须经过本省份组织协调委员会进行资格及形式审查和本省份评审委员会初步评定，方可上报全国组委会办公室。各省（区、市）和新疆生产建设兵团选送全国竞赛的作品数额由主办单位统一确定。每所发起学校可直接报送 3 件作品（含在 6 件作品之中）参加全国竞赛。每所优秀组织奖或进步显著奖获得学校可直接报送 1 件作品（含在 6 件作品之中）参加全国竞赛。直通全国竞赛渠道不做累加。

三、参赛指南

作品申报方式以网上申报为主，传统纸质申报为辅。作品申报、学校和省级组委会审核均在网上进行，当年报名通道开启后参赛学生、学校及省级组委会可登录国赛网站（挑战杯全国大学生课外学术科技作品竞赛官网），按导航提示进行操作。同时，各省级组委会还须组织参赛学生从网上下载申报书，打印纸质版本进行作品申报。

申报工作开始前，各省级团委学校须核对本省份参赛高校名单，如发现在网站高校库出现缺失，请于申报开始前及时登录网站进行添加。各省级团委学校必须使用省级管理员账号登录网站，导出校级管理员账号，并派发给本地区各参赛高校。各高校相关负责人员使用校级管理员账号登录网站。参赛学生用户名为自行注册的邮箱，学校用户名为 5 位国标码。

参赛学校负责组织本校参赛学生登录竞赛网站（挑战杯全国大学生课外学术科技作品竞赛官网）进行项目申报。参赛学生须仔细填写个人信息、作品信息等，根据需要上传论文、表格、图片、视频、获奖证明、专利证明等资料，确认后在线提交。申报方式以竞赛网站项目申报流程说明为准。

参赛学校凭全国组委会分发的账户和密码登录竞赛网站，在网上审核本校参赛作品，并在线提交给省级组委会。发起高校的直送作品在线直接提交给全国组委会。在此期间，如作品审核未通过，可用预审核功能"打回"给作者，作者可进行修改；一旦审核通过，则不能再修改。

省级组委会凭全国组委会分发的账户和密码登录竞赛网站，在网上审核本地报送作品，并在线提交给全国组委会。在此期间，如作品审核未通过，可用预审核功能"打回"给作者，作者可进行修改；一旦审核通过，则不能再修改。

根据《竞赛章程》第二十二条规定"作品完成全国竞赛申报后，作品题目、作者、指导教师等关键信息不得变动"。应充分考虑国赛决赛的时间，对相关情况有所预判，确保申报工作的准确性和严肃性。一经作品申报、校级审核、省级审核后，包括作者姓名、人数、排序等关键信息均不得变动。

纸质材料寄送，作品通过全国组委会审核后将获得项目编号，须凭此编号打印纸质版本并寄送至全国组委会秘书处。

非直报项目的参赛者在网站导出 PDF 格式的《作品申报书》(附带作品文本，一式3份)打印后交省级组委会，省级组委会对纸质版作品申报书审核后，加盖相关公章，附上本地选送作品《汇总目录表》一并寄送至全国组委会秘书处。

直报项目的参赛者登录网站导出 PDF 格式的《作品申报书》(附带作品文本，一式3份)打印后交校级组委会，校级组委会对纸质版作品申报书审核后，加盖相关公章，附上本学校选送作品《汇总目录表》一并寄送至全国组委会秘书处。

第三节 "挑战杯"中国大学生创业计划竞赛

一、大赛简介

"挑战杯"中国大学生创业计划竞赛是由共青团中央、中国科协、教育部、全国学联和省级人民政府主办的一项具有导向性、示范性、实践性和群众性的创业交流活动，每两年举办一届。"挑战杯"中国大学生创业计划竞赛起源于 1999 年，由共青团中央、中国科协、全国学联主办，清华大学承办的首届"挑战杯"和讯网中国大学生创业计划竞赛在北京成功举办，竞赛由和讯网赞助，汇集了全国 120 余所高校近 400 件作品。以下以第十三届"挑战杯"中国大学生创业计划竞赛为例，介绍主要参赛事宜。

二、参赛要求

普通高校学生：在举办竞赛决赛的当年6月1日以前正式注册的全日制非成人教育的各类普通高等学校在校专科生、本科生、硕士研究生（不含在职研究生）可参加。硕博连读生、直接攻读博士生若在举办竞赛决赛的当年6月1日前未通过博士资格考试的，可以按硕士研究生学历申报作品；没有实行资格考试制度的学校，前两年可以按硕士研究生学历申报作品；本硕博连读生，按照四年、二年分别对应本、硕申报。博士研究生仅可作为项目团队成员参赛（不作为项目负责人）、且人数不超过团队成员数量的30%。

职业院校学生：在举办竞赛决赛的当年6月1日以前正式注册的全日制职业教育本科、高职高专和中职中专在校学生。

参赛项目应有较高立意，积极践行社会主义核心价值观。应符合国家相关法律法规规定、政策导向。应为参赛团队真实项目，不得侵犯他人知识产权，不得借用他人项目参赛；存在剽窃、盗用、提供虚假材料或违反相关法律法规的，一经发现将取消参赛相关权利并自负一切法律责任。已获往届"挑战杯"中国大学生创业计划竞赛、"创青春"全国大学生创业大赛、"挑战杯——彩虹人生"全国职业学校创新创效创业大赛全国金奖（特等奖）、银奖（一等奖）的项目，不可重复报名。

参赛项目申报。按普通高校和职业院校分类申报，每所学校限参加一类。聚焦创新、协调、绿色、开放、共享的新发展理念，设五个组别：（1）科技创新和未来产业：围绕创新驱动发展战略，推动数字经济健康发展，在智能制造、信息技术、大数据、人工智能、生命科学、新材料、军民融合等领域，结合实践观察设计项目。（2）乡村振兴和农业农村现代化：围绕实施乡村振兴战略，在农林牧渔、电子商务、乡村旅游、城乡融合等领域，结合实践观察设计项目。（3）社会治理和公共服务：围绕国家治理体系和治理能力现代化建设，在政务服务、消费生活、公共卫生与医疗服务、金融与财经法务、教育培训、交通物流、人力资源等领域，结合实践观察设计项目。（4）生态环保和可持续发展：围绕可持续发展战略和碳达峰碳中和目标，在环境治理、可持续资源开发、生态环保、清洁能源应用等领域，结合实践观察设计项目。（5）文化创意和区域合作：突出共融、共享，紧密围绕"一带一路"和京津冀、长三角、粤港澳大湾区，以及成渝地区双城经济圈、长江中游城市群等区域合作，在工业设计、动漫广告、体育竞技和国际文化传播、对外交流培训、对外经贸等领域，结合实践观察设计项目。

参赛形式。以学校为单位统一申报，以项目团队形式参赛，每个团队人数原则上不超过15人，每个项目指导教师原则上不超过5人。对于跨校组队参赛的项目，各成员须事先协商明确项目的申报单位，各省级组织协调委员会最终明确项目的申报单位。全国决赛报名截止后，只可进行人员删减，不可进行人员顺序调整及人员添加。

参赛项目涉及知识产权的,在报名时须提交具有法律效力的发明创造或专利技术所有人的书面授权许可、项目鉴定证书、专利证书等。

对于已工商注册的项目,在报名时可提交相关证明材料(含单位概况、法定代表人情况、加载统一社会信用代码的营业执照、股权结构等材料)。已工商注册项目的负责人须为企业法定代表人。企业法定代表人在通知发布之日后进行变更的不予认可。

参赛项目可提供项目实践成效、预期成效等其他相关材料(包括项目的社会效益、经济效益、带动就业情况等)。

参赛项目涉及动植物新品种的发现或培育、国家保护动植物的研究、新药物等的研究时,申报者可根据实际情况提供有关证明材料。

每个学校通过省级复赛推荐入选全国决赛的项目总数不超过 6 个。其中,每个组别至多 2 个;每人(每个团队)限报 1 个;每个参赛项目只可选择参加一个组别,不得兼报。参赛项目须经过本省份组织协调委员会进行资格及形式审查和本省份评审委员会评定,方可上报全国组委会。各省份选送全国决赛的项目数额由全国组委会统一确定。

全国组委会通过赛事相关活动遴选若干优秀项目,经全国评审委员会评定,给予直接进入全国决赛机会(不占每校 6 个项目名额)。

三、大赛安排

大赛每两年一届。比赛年竞赛基本流程:校赛(3 月)→省赛(5 月)→推荐国赛(6 月)→国赛初评(7 月)→国赛复评(8 月)→全国决赛(11 月)。

第四节 全国大学生电子商务"创新、创意及创业"挑战赛

一、大赛简介

全国大学生电子商务"创新、创意及创业"挑战赛(简称三创赛)是在 2009 年由教育部委托教育部高校电子商务类专业教学指导委员会主办的全国性在校大学生学科性竞赛。根据教育部、财政部(教高函〔2010〕13 号)文件精神,三创赛是激发大学生兴趣与潜能,培养大学生创新意识、创意思维、创业能力及团队协同实战精神的比赛。三创赛一直秉持着"创新、创意及创业"的目的,致力于培养大学生的创新意识、创意思维和创业能力,为高校师生搭建一个将专业知识与社会实践相结合的平台,提供一个自由创造、自主运营的空间。以下以第十三届三创赛为例,介绍主要参赛事宜。

二、参赛要求

凡是经教育部批准的普通高等学校全日制在校大学生，每位选手经本校教务处等机构证明都有资格参赛；高校教师既可以作为指导老师（在学生队中）也可以作为参赛选手（在混合队中做队长或队员）组成师生混合队。

参赛选手有两种组队方式：学生队：学生作为队长，队长和队员须全部为全日制在校学生；混合队：高校教师作为队长，队员中学生数量必须多于教师。

参赛选手每人可以同期参加一个常规赛和一个实战赛（同一团队如果参加两个比赛也必须注册两个团队 ID 号）。一个团队成员 3—5 名，其中一名为队长。可以跨校组队，以队长所在学校为该队报名学校。队员身份信息的真实性由队长负责。提倡合理分工，学科交叉，优势结合。

一个团队可以有 0—2 名高校指导老师，0—2 名企业指导老师参加。

参赛团队的成员信息、参赛作品名及作品摘要必须在报名之后上传到官网，在 3 月 1 日校赛管理员审核截止前可以修改，3 月 1 日（大赛规定的校赛开始时间）后不得更改。如果遗漏或者填写错误导致在比赛时提交的团队成员信息、参赛作品名及作品摘要与官网上填写的信息不一致，则按规则被作为违规处理，将取消团队比赛成绩。

在确认队长所在学校已经注册为承办学校之后，参赛队伍到官方网站（三创赛官网）上统一注册（由队长注册），以便规范管理和提供必要的服务。报名时选择所在省份及学校并填写参赛队员信息、高校指导老师信息、企业指导老师信息、参赛作品名、作品摘要等信息。请参赛团队的队长认真填写准确的（高校指导老师、企业指导老师）姓名和数量，若填写内容有误，则后果由团队自负。所有参赛队伍必须由本校三创赛承办负责人在官网上对参赛队伍进行审核通过后才被视为报名成功的团队。第十三届三创赛的实战赛作为与常规赛同等规范化的赛事，仍然强调原创和迭代创新两种形式参赛。但考虑到第十二届三创赛的实战赛作为试验，尚未达到与常规赛相同的规范化程度，所以对参加了第十二届三创赛实战赛的团队在参加第十三届三创赛实战赛时，不考虑重复参赛（迭代创新）的情况。即参加第十三届三创赛实战赛的团队都不考虑实战赛重复参赛的问题，都被认为是第一次参加实战赛。

三、大赛安排

大赛分为常规赛和实战赛。

常规赛：本届大赛常规赛主题如下：三农电子商务、工业电子商务、跨境电子商务、电子商务物流、互联网金融、移动电子商务、旅游电子商务、校园电子商务、其他类电子商务。

实战赛：跨境电商实战赛、乡村振兴实战赛、产教融合（BUC）实战赛。

参赛队报名时间：2022 年 9 月 27 日—2022 年 12 月 31 日；校赛举办时间：2023 年 3 月 1 日—2023 年 4 月 15 日；省级赛举办时间：2023 年 4 月 20 日—2023 年 6 月 20 日；全国总决赛时间：2023 年 7 月 20 日—2023 年 7 月 22 日。

第五节　中国创新创业大赛

一、大赛简介

中国创新创业大赛是由科技部、财政部、教育部、中央网信办、全国工商联共同指导举办的一项全国性创业比赛。组委会办公室设在科技部火炬高技术产业开发中心。

大赛采用"政府主导、公益支持、市场机制"的方式，旨在聚集和整合各种创新创业资源，引导社会各界力量支持创新创业，搭建服务创新创业的平台，弘扬创新创业文化，激发全民创新创业的热情，掀起创新创业的热潮，打造推动经济发展和转型升级的强劲引擎。以下以第十二届中国创新创业大赛为例，介绍主要参赛事宜。

二、参赛要求

企业具有创新能力和高成长潜力，拥有知识产权且无产权纠纷，主要从事高新技术产品研发、制造、服务等业务。

企业经营规范、社会信誉良好、无不良记录，且为非上市企业。

企业 2022 年营业收入不超过 2 亿元人民币。

全国赛按照初创企业组和成长企业组进行比赛。工商注册日期在 2022 年 1 月 1 日（含）之后的企业可参加初创企业组比赛，其他企业参加成长企业组比赛。

入围全国赛的成长组企业须获得科技型中小企业入库登记编号或有效期内的高新技术企业证书编号。

在往届大赛全国总决赛或全国行业总决赛中获得一、二、三名或一、二、三等奖的企业不参加本届大赛。

三、大赛安排

（一）地方赛

报名参赛。1. 自评符合参赛条件的企业自愿登录中国创新创业大赛官网注册报名。报名企业在进行注册和身份认证后，应提交完整报名材料，并对所填信息的准确性和真实性负责。大赛官网是报名参赛的唯一渠道，其他报名渠道均无效。注册截止日期：

2023年6月16日，报名截止日期：2023年6月23日。2. 各省级科技管理部门负责辖区内企业报名材料的形式审查，对符合参赛条件且报名材料完整的企业确认参赛资格。参赛资格确认截止日期：2023年6月30日。

入围推荐。1. 大赛组委会办公室根据举办地方赛情况和参赛企业数量，确定各赛区入围全国赛的名额。省级科技管理部门结合地方赛成绩产生拟入围企业名单。2. 省级科技管理部门书面推荐入围全国赛的企业，应附尽职调查报告，并完成网上推荐程序。未在规定时间内完成网上推荐和上传尽职调查报告的企业，不得入围全国赛。入围推荐截止日期：2023年8月31日。3. 大赛组委会办公室将在大赛官网公示入围全国赛企业名单，主动接受社会监督。

（二）专业赛

专业赛由大赛组委会办公室牵头组织，按专场举办，采用线下或网上评审方式进行。专业赛组织方案和服务政策在大赛官网另行发布。1. 大中小企业融通专业赛。发挥科技领军企业创新引领作用，聚焦大企业相关细分产业领域，协同中小企业打造资源共享、合作共赢的企业创新生态系统，促进产业链上中下游、大中小企业融通创新。2. 产业技术创新专业赛。发挥科技型中小企业技术创新活力和潜力，选择重点产业链细分领域，突出关键核心技术方向，运用市场机制，集聚并发掘一批高水平创新项目，促进社会资本支持科技型中小企业开展产业关键技术创新。3. 科技计划项目产业化专业赛。面向国家或省级重点科技计划，聚焦科技型中小企业承担的科技项目产业化融资需求，以市场为导向，发现科技项目的市场新价值，推动先进科技成果转化，促进形成社会资本参与支持科技计划项目产业化的机制。4. 技术融合专业赛。面向民用与国防双向应用技术开发的科技型中小企业及团队，发掘和培育符合国家需求导向的技术融合创新生力军，搭建技术融合交流合作网络平台，促进市场机制驱动下的技术融合创新和资源整合。5. 科技创新服务专业赛。聚焦科技创新服务新场景，以技术服务、人才服务、金融服务等为重点，发掘、支持从事科技创新创业服务活动的优质企业，提升科技服务专业化、国际化水平，推动建立新时代科技创新创业服务体系。

（三）全国赛

1. 全国赛（半决赛）由大赛组委会办公室负责组织，根据大赛进展情况，按战略性新兴产业领域进行分组，采用线下或网上评审的方式进行比赛。2. 全国赛（半决赛）参赛企业规模为1 500家左右，其中初创企业400家左右、成长企业1 100家左右。3. 全国赛（半决赛）结束后，评选出约600家大赛优秀企业，其中100家企业晋级全国总决赛。4. 全国总决赛产生第十二届中国创新创业大赛"创新创业50强"，并产生一、二、三等奖。5. 全国总决赛采用公开路演方式，将通过网络平台进行直播。全国总决赛比赛时间：2023年10月底或11月初。

第十二章　大学生创新创业大赛案例分析

本章将介绍大学生创新创业大赛的四个优秀案例①，对这四个案例中的项目计划书进行分析，并进行综合比较，利用雷达图呈现各项目计划书的优劣势，总结项目计划书常见的几类问题，引起大家的学习和思考。

第一节　空-天-地滑坡地质灾害智能监测系统

一、项目计划书

（一）项目概要

有数据显示，山体滑坡是人类目前面临的最广泛、时间最长、受害最重的地质灾害之一，出现的频率和广度要远大于其他种类的地质灾害，严重威胁到人民的生命和财产安全。近年来，尽管传感技术、光电技术、遥感技术不断取得突破，但市场上的滑坡监测系统仍存在许多不足，无法真正实现智能化、网络化，不能准确地监测和预警滑坡灾害，而且真正大量投入工程应用较少，并未形成市场规模，不符合未来预警系统自动化、智能化、实时化的发展趋势。基于对人民生命和财产安全的考虑、社会和政府对滑坡灾害监测预警的高度关注，以及市场上缺乏滑坡监测系统的现状，CA 地灾监测有限责任公司不断追求将地质灾害监测和现有先进技术结合，建立和完善地质灾害监测预警系统，空-天-地滑坡灾害监测系统便应运而生。

地质灾害的频繁发生，给监测市场带来新的机遇和挑战。据了解，灾害监测的相关销售总额高达数十亿，巨大的销售市场必将掀起互联网、数据信息传输、地质灾害监测等相关高新技术人员的就业潮。目前，空-天-地滑坡灾害监测系统已经在易发生滑坡灾害的地段做过实际测验，测验结果良好。基于项目的创新性和产品演示，公司已经和多家地灾监测、综合勘察研究院及企业签订合作意向书，致力于技术的不断创新和发展。另外，公司的"降雨诱发浅表层滑坡模拟系统 V1.0"享有计算机软件著作权。空-天-地滑坡灾害监测系统通过信息化与一体化建设，提高了数据传输和接收的

---

①　陈建校. 创新创业典型案例分析［M］. 北京：机械工业出版社，2022.

效率，为实现信息化管理创造条件，实现了数据、信息、技术等资源的共享，相对于其他灾害监测系统具有成本低廉、精度高、数据传输速率全天候、自动化程度高的特点，为地质灾害监测和预警提供了一种新的实时监测和预警技术手段，弥补了地质灾害行业监测和预警系统产品的不足，能有效保障人民生命和财产安全，同时也拓宽了我国北斗卫星的应用领域。

（二）项目方案

1. 公司简介

CA 地灾监测有限责任公司是一家立足于省级以上的专门从事滑坡灾害监测预警系统开发和应用的高科技公司，注册资本为 136 万元人民币（包括外来风险投资 45 万元，个人投资 91 万元），当前主要经营业务是滑坡灾害监测系统的开发与安装。公司以促进我国滑坡灾害监测系统领域和北斗卫星相关领域的快速发展为使命，将"以科技挽救人们生命财产、以创新推动产业进步发展"作为经营宗旨，旨在未来 5 年内发展成为西北地区乃至全国在地质灾害监测系统研发领域的领跑企业。

公司拥有着较为完备的组织架构（见图 12-1）。

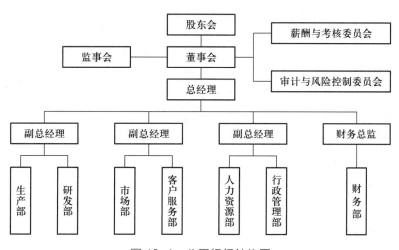

图 12-1 公司组织结构图

公司在产品的研发、生产、销售和售后上提供一站式服务。

2. 市场分析

就滑坡监测市场而言，我国滑坡治理形势严峻，传统监测技术落后、滑坡监测管理体系建设不足。政府机构开始严格统筹建设以国务院应急管理平台为核心的安全监测管理体系，应急平台、监测管理体系等相关产品及服务将会产生较大的市场需求。

就市场竞争来看，目前国内灾害监测市场格局稳定，主要有"华测""南方测绘""中海达"三大品牌，但近几年借助北斗东风成长起来的一大批以监测灾害为主的实力企业也投入市场竞争，滑坡监测市场的竞争将会愈发激烈。

就行业壁垒分析而言，一方面滑坡监测产品都有较强的专业性，一般的企业团队在没有技术支持的情况下很难在短时间内掌握复杂的业务内容和规则；另一方面监测产品对技术研发能力有较高的要求，需要融合使用大量的现代通信设备、三维空间信息管理技术、大规模数据管理技术。因此滑坡监测行业有较高的业务门槛限制，进入壁垒比较高。

3. 产品与服务

空-天-地滑坡灾害监测系统由数据采集系统、数据传输系统、数据处理系统和用户服务系统四大部分组成，包括空（无人机、机载雷达）、天（北斗导航系统、遥感技术）及地（各类先进传感器、数据采集接收器）三种技术。

该系统的主要硬件部分有土壤水分传感器 ML3、水压力式张力计、土壤水势探头 EQ3、渗压计（水位计）、温湿度传感器 111N&222N、测斜仪 GK-604D、倾斗式雨量计 7852M-AB、国产 DUK-2 型高密度电阻率仪、CR1000X 型数据采集装置、太阳能板便携式无人机、机载雷达等装置；数据传输系统能够精准高效地将收集到的数据传送到数据处理系统端；数据处理端远程精准地接收野外观测资料，通过云端对数据进行精确处理，为滑坡灾害预警提供可靠的数据支持；而用户端只需进入监测系统入口查看野外滑坡点位的实时计算状态和结果，便可分析和预警滑坡灾害。

公司除了生产先进的上述产品外，还配备了全方位的服务。公司的服务设计坚持售前宣传、售中服务、售后数据的追踪和设备的维修，兼顾全面性和专业化。

（1）售前宣传。公司采用网络、新闻等宣传手段，并在公司营运初期进行详尽的市场调查，了解客户的需求并使客户信服和接受公司的产品。

（2）售中服务。公司依据不同客户所监测的地理情况，一对一进行设备和系统调试，并详细向客户讲解产品使用的注意事项，解决客户在使用过程中的疑问，保证监管系统适应不同客户的环境要求。

（3）售后跟踪。公司建立客户档案，定期与客户联系，对产品使用状况进行跟踪调查，帮助客户定期检修，保证客户的使用满意度。

4. 经营状况分析

目前，公司尚处于试运营阶段，其核心产品空-天-地滑坡灾害监测系统已经在滑坡灾害易发地区进行了试运营，监测和预警效果良好，并和多家研究所及企业签订了合作意向书。另外，公司团队研发的"降雨诱发浅表层滑坡模拟系统 V1.0"享有计算机软件著作权，具有较高的技术壁垒。公司人员还做了市场调研，通过访谈和发放问卷的方式，掌握了不同年龄段的人对安装滑坡灾害监测系统的需求，调查结果显示 90.89% 人认为非常有必要进行监测预警，这一数据证明了人们对滑坡监测的需求，大部分被调查对象对滑坡灾害表示担忧，从侧面反映出研发精准、实时的滑坡监测预警系统的必要性。这次市场调研也进一步证实了公司积极研发的空-天-地滑坡灾害监测系统具有很大的商业价值和社会效益。

5. 竞争分析

经过多年的发展，目前监测灾害的国内市场格局基本稳定，"华测""南方测绘"和

"中海达"为高精度北斗领域最具影响力的三大品牌,占据国内市场超过半数的市场份额。但由于工程地质条件的复杂、自然条件的变化及人类工程活动等因素的随机性和不可控制性,人们对滑坡做出准确可靠的预报还是十分困难的。公司产品将从技术上实现创新,产品采用物联网、云计算、大数据三大项技术将给传统安全产业注入新的生命,将"空""天""地"三种模式相结合,360度全方位监测,助推滑坡监测预警产业跨越式发展。该产品因多功能、全方位的监测特点,已受到广大客户的喜爱并迅速抢占市场。

6. 营销策略

按照省内企业级、政府级市场先行,省外企业级、政府级市场随后的市场战略,结合企业发展战略,公司团队采用了三个阶段的营销战略(图12-2)。

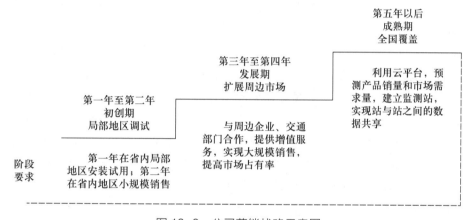

图 12-2　公司营销战略示意图

7. 发展战略

公司立足于 A 省,前期主要以硬件和软件研发为主,后期以产品服务解决方案为主。力争在未来 5 年内发展成为 A 省甚至全国在地质灾害监测系统研发领域的领跑企业,公司短期发展战略如图12-3所示。

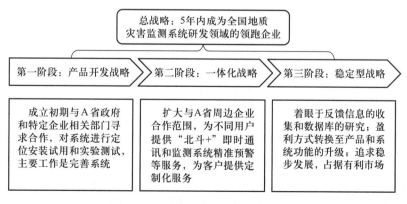

图 12-3　公司 5 年发展战略规划图

8. 风险分析与控制

（1）风险分析

① 财务风险。公司进行监测系统的研发，初期的实验器材等硬件设施购买投资较大，正是由于投资规模的问题，给公司的营运带来了较大的压力。因此，公司需要在保证质量和盈利的前提下降低硬件设备成本，加速市场推广，使经营规模尽快达到盈亏平衡点。固定资产不能购买太多，合理逐步扩大企业生产规模。企业的设备折旧和财务成本不宜过大，在没有达到收支平衡前，企业需要有较多的流动资金投入。

同时，随着公司发展阶段的变化，财务风险将越发呈现出其多样性和变化性。在公司成立后的第一年，初始融资不能顺利到位，影响企业的正常运营，初期现金回收慢，现金流压力大；第二年，后续技术研发受阻造成的技术升级换代周期延长，技术保护程度不够，遭到竞争对手的模仿，第三年至第五年，利润分配方案及盈利能力与模式达不到预期。

② 管理风险。企业以开发滑坡灾害监测系统为主。现代科技更新迅猛，企业的增长速度起初也较快，之后趋于稳定，如果不能合理调整企业的组织架构，如企业资金大部投资于某一项技术研发，形成资金分配不合理，就会导致资金链断裂或者资源浪费的情况发生。

虽然公司对预期的市场容量做了测定，但是市场在不断变化，公司的测定可能会与实际情况产生偏差，导致因实际的开发水平与市场容量不一致而产生风险，这种开发风险是不可避免的，并且贯穿于整个开发过程。

③ 市场风险。如果企业生产的新产品或服务与市场不匹配，不能适应市场的实际需求，就可能给企业带来巨大的风险。风险主要有市场的接受能力难以确定、市场接受的时间难以确定、竞争力难以确定。同时，在公司成立后的不同阶段，市场风险也呈现出其多样性和变化性。在公司成立后的第一年，由于误差与不确定性的存在，导致现实的需求与估计有偏差，达不到预期销售量使得收益无法实现，目标客户对本公司产品对于滑坡的监测的认可度和产品购买可能低于预期；第二年，潜在竞争者的威胁较大，更多的监测滑坡设备企业进入市场，以及与目前市场上存在的同品类竞争企业打价格战，对市场造成冲击，本企业市场占有份额可能减小；第三至第五年，企业在行业已具有一定知名度和商誉，由于不确定性和非市场因素，企业形象可能受到非竞争性损害。另外公司产品在滑坡监测业广泛推广，以及公司后续开发的替代产品越来越多，市场趋于饱和状态，企业难以打开新的销路。

（2）风险控制

① 财务风险控制。公司在成立初期资金需求量较大的情况下设计合理的融资渠道，不盲目追求企业规模，争取合理利用资源，降低资金运营成本。公司应联系多家风险投资机构，增加融资储备对象，利用政府的相关环保优惠政策，将申请政府无息贷款提上日程。公司应在初始融资时就提取风险储备金，以防公司出现资金缺口。在公司发展中期，公司还要重视权益乘数等财务指标，权益乘数表示公司的负债程度，反映

了公司利用财务杠杆进行经营活动的程度。资产负债率低，权益乘数就小，这说明公司负债程度低，公司会有较少的杠杆利益，相应承担的风险也低。公司还要把握公司所处的环境，准确预测利润，合理控制负债带来的风险，为保持公司较高的资产流动性，必要的时候可以考虑加大第二年融资额度，销售应采用折扣等方式支持现金回流，缩短投资回收期。另外，公司要严格控制管理费用，对于目前的导航行业，生产规模越来越大，分工越来越细，选择合适的商业模式非常重要。对于现金管理，公司应将重点放在支出的监督上，避免不必要的开支，将有限的资金运用到经营的关键之处。

② 管理风险控制。当公司规模扩大到一定规模时，可以聘请专业人士和具有丰富经验的成功人士来对公司的高层管理人员进行全面系统的培训，还要对公司的全体职员进行基础化的培训，可以运用一部分资金聘请管理方面的专家担任公司的顾问或者任职于公司的一些管理岗位。另外公司还要健全和规范相关规章制度，建立绩效评估和激励机制。对于决策方面，公司可以采取多种方法进行决策，也可以请专业的咨询公司给公司量身定做管理策略。

③ 市场风险控制。市场风险控制是辨识、度量、监测和把控市场风险的全过程。市场风险控制的目标是通过将市场风险控制在企业可以（或愿意）承受的合理范围内，实现资本回报率的最大化。公司的市场风险控制主要有风险辨识和风险度量。风险辨识，就是认识和鉴别企业活动中各种损失的可能性，估计市场风险对公司目标的影响。风险度量就是在确认对公司有显著影响的市场风险因素以后，对各种风险因素进行度量，即对风险进行定量分析。一旦公司确认了自身面临的主要风险，公司就可以通过风险规避、风险接受、风险分散、风险转移等方法进行处理。

9. 项目财务分析

（1）股本结构与规模

公司预计注册资本为 136 万元人民币，其中外来风险投资 45 万元，预通过引入 2—3 家风险投资公司共同入股；个人投资由负责该项目的教师和学生共同投入，其中教师投资 50 万元，学生投资 41 万元，主要通过老师和学生自筹获得。

（2）固定资产投资

公司主要利用注册时各股东入股筹集的现金来购买监测设备等固定资产，以及监测系统开发所需的软、硬件设施，也用于后台的设计，资金分配结构如表 12-1 所示。

表 12-1　资金分配结构表

资金分配	购买检测设备	监测系统	系统升级完善
金额/万元	25	20	15

（3）启动成本预测

预计公司启动成本情况如表 12-2 所示。

表 12-2 预计公司首期资金使用表

	项目	金额/元
启动成本	公司税务登记	4 000
	注册商标	10 000
	支付房租	40 000
启动成本合计/元		54 000

（4）主要财务假设

① 公司自获利年度起前两年不缴所得税，之后按15%的税率缴纳所得税。

② 计算机、打印机等固定资产采用直线法计提折旧，预计使用年限10年；无形资产采用直线摊销法，预计使用年限为10年，无残值。

③ 公司营运各月应收账款总额占销售收入的15%，应付账款占原材料采购总额的20%。

④ 假设各年期末存货为下年销售量的5%与当年销售量的2%之和。

⑤ 法定盈余公积金提取比例为10%，任意盈余公积金暂不提取。

⑥ 公司前三年不分配现金股利，第四年开始分配，股利支付比率为净利润的15%。

⑦ 公司为增值税一般纳税人，增值税率按13%征收，城建税税率为7%，教育费附加税率为3%，地方教育附加费率一般为2%。

（5）预计利润表

公司第一年主要进行产品的研发与调试，第二年开始进行销售活动。公司第一年至第五年的预计利润如表12-3所示。通过利润表可以分析出公司5年内的盈利能力，反映出公司成本费用管理的效果。公司的净资产收益率如表12-4所示。

表 12-3 利 润 表 单位：万元

	第一年	第二年	第三年	第四年	第五年
一、营业收入		21 598.6	47 998	104 398	170 399
减：营业收入		15 300	34 000	73 950	120 700
税金及附加		1 128	2 508	5 456	8 906
销售费用		500	750	1 500	2 500
管理费用	3 500	4 500	5 000	5 700	6 500
财务费用		237	237	237	237
二、营业利润	-3 500	-66.4	5 503	17 555	31 556
加：营业外收入					
减：营业外支出					

	第一年	第二年	第三年	第四年	第五年
三、利润总额	−3 500	−66.4	5 503	17 555	31 556
减：所得税费用				2 633	4 733
四、净利润	−3 500	−66.4	5 503	14 922	26 823

表 12-4　盈利能力比较表

	第一年	第二年	第三年	第四年	第五年
销售利润率/%	—	−0.31	11.47	14.29	15.74
总资产收益率/%	−34.65	−0.46	22.72	33.99	34.73
净资产收益率/%	−34.65	−0.66	43.05	68.20	67.70
投资利润率/%	−25.74	−0.49	40.47	129.09	232.03

净资产收益率又称股东权益报酬率，该指标体现了自有资本获得净收益的能力，指标值越高，说明投资带来的收益越高。从表 12-4 可以看出，本公司从第三年开始净资产收益率转负为正，并且第四年和第五年达到了 65% 以上，可见本公司获利能力较强。

二、项目分析

下面将依据《项目计划书》，对该空-天-地滑坡地质灾害智能监测系统项目进行分析，分析内容包括项目创新性、商业性、社会效益三个方面。

（一）创新性

1. 技术创新

空-天-地滑坡灾害监测系统由数据采集系统、数据传输系统、数据处理系统和用户服务系统四大部分组成，包括空（无人机、机载雷达）、天（北斗导航系统、遥感技术）及地（各类先进传感器、数据采集接收器）三种技术，采用物联网、云计算、大数据三大项技术给传统安全产业注入新的生命，将"空""天""地"三种模式相结合，360 度全方位监测，助力滑坡监测预警产业进行跨越式发展。

2. 营销策略创新

公司按照省内企业级、政府级市场先行，省外企业级、政府级市场随后的市场战略，结合企业发展战略，将营销策略分为初创期、发展期、成熟期。初创阶段以局部地区调试为主，对系统及设备进行研究、开发、调试，进行小范围试销；发展阶段以扩展周边市场为主，与周边企业、交通运输部门合作，提供增值服务，大规模销售提高市场占有率；成熟阶段以实现全国覆盖为主，利用云平台，预测产品销量和市场需求量，建立监测站，实现站与站之间数据共享。针对公司发展的不同阶段，采取不同战略与营销方式，使产品更好地进入市场为社会服务，缩短过渡时间，取得较好的经营成效。同时，公司在销售产品过程中充分发挥互联网和云平台的作用，兼顾全面性和专业性，保证客户的使用满意度。

（二）商业性

1. 竞争优势

当前我国灾害监测行业处于相对平稳状态，其中"华测""南方测绘"和"中海达"为高精度北斗领域最具影响力的三大品牌。但随着以监测灾害为主的公司不断涌现，使得我国滑坡监测行业的竞争日趋激烈。而公司在进入市场前，对市场现状、竞争者、供应商、购买者展开了详细的分析。结果表明，地质灾害监测预警产品的市场需求巨大，竞争公司竞品却有不足之处，而空-天-地滑坡灾害监测系统相对于其他竞品公司具有成本低廉、精度高、数据传输速率全天候、自动化程度高的特点，拥有较强的竞争优势。

2. 产品可行性

目前，公司处于试运营阶段，其核心产品空-天-地滑坡灾害监测系统，已在滑坡灾害易发地区进行试运营，监测和预警效果良好，并和多家研究所及企业签订合作意向书。同时，地质灾害监测预警产品的市场需求大，空-天-地滑坡灾害监测系统具有创新性，预计销量可观，产品的可行性较高。

3. 市场前景

近几年，虽然传感技术、光电技术、遥感技术都在不断地取得突破，但真正大规模地应用到工程中的并不多，没有形成一定的市场规模，此外，市面上已有的滑坡监测系统仍然有较多缺陷，不能对滑坡灾害进行智能化、网络化、精确化监控和预警，这与未来监测系统自动化、智能化、实时化的发展趋势不相适应。因此，公司提供的产品和服务具有良好的市场前景。

4. 行业壁垒

从行业壁垒的角度来看，滑坡监测产品具有较强专业性，如果没有相应的技术支撑，普通企业很难在短时间内掌握相关的业务内容和规则，而且监测产品对技术研发能力要求较高，需要将大量技术进行融合应用。因此，滑坡监测行业的准入门槛要求较高，进入壁垒也较高。

5. 技术壁垒

从技术壁垒的角度来看，空-天-地滑坡灾害监测预警系统将多种现代通信技术、大数据管理技术结合在一起，功能完备，且具备自身特色，与传统的滑坡监测产品不同，它对底层技术研发能力有着很高的要求。此外，公司团队研发的"降雨诱发浅表层滑坡模拟系统 V1.0"享有计算机软件著作权，具有较高的技术壁垒。而技术壁垒也使得公司的盈利能力远超传统企业，使其可以维持长期竞争优势。

（三）社会效益

1. 带动就业

地质灾害的频繁发生，给监测市场带来新的机遇和挑战。据了解，灾害监测的相关销售总额高达数十亿元，巨大的销售市场必将扩大互联网、数据信息传输、地质灾害监测等相关高新技术人员的就业。

2. 解决灾害监测问题

空-天-地滑坡灾害监测系统基于对人民生命和财产安全的考虑、社会和政府对滑坡灾害监测预警的高度关注，以及市场上缺乏滑坡监测系统的现状，不断追求将地质灾害监测和现有先进技术结合，建立和完善地质灾害监测预警系统。同时，空-天-地滑坡灾害监测系统提高了数据传输和接收的效率，为实现信息化管理创造条件，实现了数据、信息、技术等资源的共享，为地质灾害监测和预警提供了一种新的实时监测和预警技术手段，弥补了地质灾害行业监测和预警系统产品的不足，同时也拓宽了我国北斗卫星的应用领域。

三、项目计划书分析

下面将依据《项目计划书》，对该空-天-地滑坡地质灾害智能监测系统项目的计划书进行分析，分析内容包括计划摘要、企业概况、产品与服务、行业分析、市场分析、营销策略、经营管理计划、财务规划、风险与风险管理9个方面（见表12-5）。

表12-5　案例分析表

维度	分析
计划摘要	团队阐述了社会和政府对滑坡灾害监测预警的高度关注及市场上缺乏滑坡监测系统的现状，并着重介绍了空-天-地滑坡灾害监测系统的产品优势及现有成果，但并未介绍项目团队、竞争对手、财务分析等
企业概况	团队简述了企业基本情况、主要经营业务、经营宗旨、发展目标及组织架构，并未过多涉及创业背景与企业发展
产品和服务	团队客观地介绍了产品与服务内容等，但并未突出产品与服务特色、新产品开发等持续改进计划
行业分析	团队对行业分析的内容偏少，主要强调滑坡监测行业有较高的业务门槛限制，进入壁垒比较高，并未对行业现状及行业发展趋势进行分析
市场分析	团队从滑坡监测市场与市场竞争两方面进行市场分析。强调安全监测管理体系，应急平台、监测管理体系等相关产品及服务将会产生较大的市场需求，滑坡监测市场的竞争将会愈发激烈
营销策略	团队结合企业发展战略，利用图片展示公司团队采用的三个阶段的营销战略

维度	分析
经营管理计划	团队进行了经营状况分析（企业发展战略在《项目计划书》后半部分），利用图片呈现企业未来五年发展战略
财务规划	团队从股本结构与规模、固定资产投资、启动成本预测、主要财务假设、预计利润表五方面进行财务分析阐述，并列出资金分配结构表、预计公司首期资金使用表、利润表及盈利能力比较表
风险与风险管理	团队主要从财务风险、管理风险、市场风险三方面展开，并从财务风险控制、管理风险控制、市场风险控制三方面提出针对性解决方案

第二节 透水性玻璃沥青道路材料：废弃玻璃变废为宝

一、项目计划书

（一）项目概要

现阶段沥青路面在我国城市道路中的应用极为广泛，但难以满足城市道路的排水要求。废弃玻璃是一种典型的固体废弃物，既给人们的生产和生活带来了不便，又占用了宝贵的土地资源，还增加了环境负荷。大量废弃玻璃如何有效再利用的问题亟待解决。

为响应海绵城市发展号召，提高城市道路排水效率，实现废弃玻璃的回收再利用，项目团队对废弃玻璃资源进行转化，将废弃玻璃破碎后与新集料、新沥青、外掺剂等按照一定比例重新混合搅拌，研发了透水性玻璃沥青混凝土。该新型材料不仅有效处理了废弃玻璃料，同时具有辅助夜间行车照明、路面防涝及助力海绵城市等多方面功能。此外，产品形成过程中的多项技术创新解决了玻璃破碎过程中存在的安全隐患、易堵塞、破碎效率低，以及玻璃集料沥青混凝土制备过程中存在的黏附性差、水稳定性不良等技术难题。

现阶段，项目研究成果经试用得到了目标用户的充分肯定和认可。与传统道路材料相比，玻璃沥青混凝土路面节约了路面材料成本，降低了工程造价，具有更好的光学效果以及透水性能，使用寿命长，质量高。新型玻璃沥青道路材料在公路工程中的应用对发展环保事业、保证公路工程质量、降低养护费用、提高资金利用率有极其重要的意义。

（二）项目方案

1. 公司简介

XL 材料科技有限责任公司（下面简称："XL 公司"）针对当前能源与资源紧缺、新能源的兴起、环境友好型创新型社会模式的建立及废物回收高效利用趋势，提出了将废弃玻璃作为集料渗入沥青合成一种新型的玻璃沥青混合料的新思路。XL 公司以"海绵城市"道路系统综合设计与质量检验、废弃玻璃回收与资源化利用、玻璃集料加工及改性、玻璃集料透水性沥青混凝土路面施工为主营业务，进行产品和服务的市场营销与推广，推动公司可持续发展。XL 公司号召，在透水性城市道路建设中开拓出一种废弃玻璃资源化循环利用的新途径，为建设资源节约型、环境友好型社会贡献出了自己的力量。

2. 市场分析

（1）项目背景

① 政策环境。交通运输部在发布的《关于全面深入推进绿色交通发展的意见》中强调全面深入推进绿色交通发展和绿色基础设施创建，建成布局科学、生态友好、清洁低碳、集约高效的绿色交通运输体系；《国务院办公厅关于推进海绵城市建设的指导意见》中明确，通过海绵城市建设，最大限度地减少城市开发建设对生态环境的影响，将70%的降雨就地消纳和利用。到 2030 年，城市建成区 80% 以上的面积达到目标要求。当前国家重点鼓励发展水利工程新型材料开发制造、公路工程新材料开发及生产、城市基础设施建设、城市地铁及公共交通建设、城市道路建设等产业，以实现可持续发展战略。综上，政府对环保节能产业和道路修建养护的大力支持都预示着新型玻璃沥青道路材料的大好前景，为研发道路材料开辟了极其广阔的市场空间。

② 社会环境。联合国的统计数据表明，全球固体废渣中有 7% 为废弃玻璃。目前除了很少一部分可被回收利用外，更多的废弃玻璃以废物的形态被抛至荒地填埋。我国城市化进程不断加快，玻璃废弃物的数量也急剧增加，不仅给人们的生活带来了不便，同时占用了土地，破坏了生态环境，加重了环境压力，也浪费了资源。

③ 环保、经济环境。国内河川砾石的开采已经到达一个极值，很多地区资源已经开始枯竭，以废弃材料取代部分粒料，进一步开拓了材料市场，可以解决市场河砂等建筑材料供应不足的问题。

（2）市场需求痛点

城市道路中，沥青路面被广泛地应用于我国公路建设，并逐步取代传统的水泥路面。在我国已建成的城市道路中，80% 以上的路面为沥青路面。然而，随着气候变化，城市因排水不通畅而造成的内涝灾害屡见不鲜，普通的沥青路面难以满足城市道路排水要求。

同时，"海绵城市"开发建设要求有条件的地区对现有硬化路面进行透水性改造，将 70% 的降雨就地消纳和利用，提高对雨水的吸纳能力和蓄滞能力，增强城市防涝能力。

据统计，我国每年产出废弃玻璃为 450 万~700 万吨，占城市生活垃圾的 3%~5%，但回收率仅为 10% 左右。目前除了很少一部分被回收利用外，更多的废弃玻璃是以废物的形态被抛掷到荒地填埋掉，这不仅给人们的生活带来了不便，而且占用了土地，破坏了生态环境，浪费了资源。如何合理处理废弃玻璃资源，提高其回收利用率，已经成为全球关注的热点，也是现代科技工作者必须面临和解决的一个问题。

（3）目标市场

产品可应用于人行道的道路面层、校园道路、公园步行道和停车场等低等级道路及城市周边交通流量不大的公路，适用范围广。在市场细分的基础上，公司选择公路建设施工单位、高速公路养护单位、公路管理运营单位、科研机构四类群体作为目标市场，目标市场描述如表 12-6 所示。

表 12-6　目标市场情况

供求单位	特点	代表性单位
公路建设施工单位	需求量大，季节供应性强，对价格要求高	HL 公路工程有限公司
高速公路养护单位	对于价格要求较为宽松，注重产品质量	H 公路集团有限公司
公路管理运营单位	产品质量要求高，希望减少道路检修次数，长期稳定盈利	C 省高速公路养护工程有限公司
科研单位	需求量较小，研发技术先进，实验设施和条件良好	B 大学公路检测中心

对于公路建设施工单位，其总体特点为需求量大、季节供应性强、对价格要求高、项目款项回收慢、受终身责任制约束。以玻璃集料沥青混合料为例，在城市道路中，大多数为双向 6 车道路面，宽为 15 米，根据施工中沥青用量，团队计算求出每公里路面需要 750 立方米的玻璃集料沥青混合料，沥青混合料的质量是 1 800 吨，6 道路面每公里废弃玻璃需求量是 270 吨。废弃玻璃需求量大。施工承包商是沥青混合料的直接交易方，承包商的主要目标是降低成本且保证质量。XL 公司生产的沥青混合料价格在 120~140 元每立方米。

3. 产品与服务

（1）产品概述

项目针对当前能源与资源紧缺、新能源的兴起、环境友好型创新型社会模式的建立及废物回收高效利用趋势，提出了将废弃玻璃作为集料掺入沥青合成一种新型的玻璃沥青混合料的新思路。

透水性玻璃沥青混凝土是将废弃玻璃破碎后与新集料、新沥青、外掺剂等按照一定比例重新混合，形成满足沥青路面性能要求的新型沥青混凝土。这种绿色环保玻璃沥青混凝土的利用不仅能有效处理废弃玻璃旧料，解决废弃物对环境的污染问题，节约大量的新材料，降低工程造价，还能增强路面多点漫反射效果，改善道路行车环境的可视度，起到良好的交通诱导作用。除此之外，项目从城市道路排水效率方面着手研究道路材料性能，相比于传统密实防水的黑色沥青路面，这种新型道路材料实现了沥青路面的透水性，可用于海绵城市道路交通工程领域，结合新型道路排水系统，可以有效减轻因降水量过大而引起的城市内涝灾害，加强了城市道路对雨水的吸纳能力和蓄滞能力，具有补充地下水、减小城市地表径流、降低城市热岛效应等优点，具有巨大的经济和社会效益。公司产品与主营业务如表12-7所示。

表12-7　公司产品与主营业务

产品	主营业务
各类规定粒径的玻璃集料 玻璃集料黏附性纳米改性剂 玻璃集料透水性沥青混凝土（成品）	海绵城市道路系统综合设计与质量检验 废弃玻璃回收与资源化利用 玻璃集料加工及改性 玻璃集料透水性沥青混凝土路面施工

（2）项目特点

① 技术特点。废玻璃粉碎后再经筛选，具有跟矿质集料相近的密度、粒径等物理性质及相类似的化学成分。但是，玻璃中二氧化硅含量较高，其与沥青的黏附性较差，会诱发沥青混合料水损坏。创业团队通过外掺纳米金属氧化物等技术改善了玻璃集料与沥青的黏附等级，克服了水稳定不良的技术难题。

② 科学性。团队在研究成果的基础上对废弃玻璃循环利用和海绵城市透水性道路建设等方面开展了较为全面的调查分析，对其中存在的不足和蕴含的科学问题有较为深入的理解和掌握。项目组依托特殊地区公路工程教育部重点实验室，在指导教师的指导下进行了实施方案的科学规划，试验条件先进，试验方法标准，分析方法可靠，具有科学性和可参考性。

③ 先进性。通过研究，团队实现了废弃玻璃的资源化循环利用，新技术有助于废物利用和环境保护，变废为宝，具有良好的经济性，符合可持续发展战略。相比于传统密实防水的黑色沥青路面，新型透水性玻璃沥青道路材料实现了沥青路面的透水性，且具有一定的亮度，符合"海绵城市"发展理念，具有一定的先进性。

（3）创新成果

玻璃沥青混凝土的使用在世界范围内是一个比较新的课题，国内相应的研究也比较少。通过系统性研究，该项目对玻璃沥青混凝土研究领域的意义重大。项目在"资源节约、环境友好"型社会建设背景下，积极响应"海绵城市"建设号召，在透水性城市道路建设中开拓出一条废弃玻璃资源化循环利用的新途径，主要创新点如下：

① 开发了一种废弃玻璃室内破碎装置，改良了玻璃破碎工艺，能够制造出符合粒径和表面粗糙度要求的玻璃集料。

② 提出了一种改善玻璃集料与沥青黏附性的纳米改良技术,克服了玻璃集料沥青混合料水稳定不良的技术难题。

③ 优化了玻璃集料沥青混合料的材料组成设计,提出了玻璃集料的最佳粒径及最优掺配比例。

4. 经营状况分析

经过初步营销推广,产品已被部分目标用户采用,取得了良好的反馈,得到了目标用户的认可。目前,项目凭借先进的废旧玻璃资源化循环利用技术已与 Z 工程技术研究院有限公司、A 省交通科学研究院及国内 B 大学成功接洽,满足了这些单位的应用需求,初期经营状况如表 12-8 所示。

表 12-8　初期经营状况

接洽公司	接洽情况	接洽需求
Z 工程技术研究院有限公司	已签署战略意向合作协议书	5 公里路段试铺
A 省交通科学研究院	已签署战略意向合作协议书	现场施工混合料研究
B 大学	已签署战略意向合作协议书	定向实验室供给混合料教学

5. 竞争分析

产品竞争优势如图 12-4 所示。

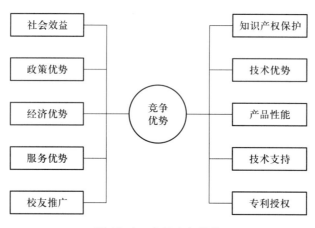

图 12-4　产品竞争优势

(1) 社会效益优势

道路建设也应保护生态和体现人文理念。传统水泥路面没有透水性能,难以满足海绵城市发展需要。新型玻璃沥青道路材料的施工以及在公路工程中的应用对发展环保事业、保证公路工程质量、降低养护费用、提高资金利用率有着极其重要的意义。本产品的特点是性能优越,使用寿命长,质量比传统材料高出很多。

（2）潜在的知识产权保护优势

本产品将申请国家发明和实用新型专利。国家加大对知识产权保护的力度为专利技术产业化提供了条件。该项目产品也将填补国内道路材料产业的多项空白，国内还没有类似的产品，将得到有效的知识产权保护。

（3）政策优势

根据当前国家重点鼓励发展的产业、产品和技术目录，公司确定当前国家鼓励发展的重点产业有水利工程新型材料开发制造、公路工程新材料开发及生产、城市基础设施建设、城市地铁及公共交通建设和城市道路建设。该产品符合国家当前产业发展政策，符合中国海绵城市基础建设的发展方向，属于国家政策鼓励和支持的新型技术、产品与方法，可以争取到各地政府的政策支持与创新基金的扶持。

（4）技术优势

创业团队自主研发能力强，依托深厚的技术积累已实现多项技术创新且申请了多项发明专利。例如，团队克服了玻璃集料沥青混合料水稳定性不良的技术难题，优化确定了玻璃集料沥青混合料的材料组成以及玻璃集料的掺配比例，发明了一种用于评价表面纹理对沥青与集料黏附性影响的装置。公司在技术方面具有较强的优势。

（5）经济优势

① 产品可以有效降低工程建设单位的材料成本与施工成本，提高施工质量与施工效益，且该专利系列产品的"优质适价"也能确保生产企业的利润空间与持续发展力。

② 废旧玻璃的使用使得费用降低，提高了路面反光性，且本材料可延长其维护周期，降低维修费用。

③ 我国每年产生大量的废弃玻璃，无法有效使用，本材料掺配玻璃集料有效提高了废弃玻璃的回收利用率。

（6）产品性能优势

本公司玻璃沥青高亮度混凝土路面材料具有优良的高温稳定性、低温抗裂性、抗滑性、高亮度特性及透水性。

（7）服务优势

① 采用一对一服务方式，对特殊地区路面材料量身定做，满足不同客户的需求。

② 聘用具有丰富经验的员工，了解施工过程中的关键技术，拥有详细的道路交通知识储备，面对突发状况具有良好的处理能力。

（8）技术支持优势

① 所在高校拥有多个专业实验室，实验设备齐全，可为本项目在创业初期提供技术支持。

② 所在高校师资力量雄厚，团队成员分工合理，技术水平先进且在高校教授指导下，有丰富的道路材料方面专业人才进行科学研究，科研能力较强，可以不断更新迭代技术。

（9）校友推广优势

所在大学在交通运输行业具有较高的美誉度。广泛分布在交通行业的校友可以为本项目的推广提供必要的支持。

（10）专利授权优势

公司已经得到专利授权，享有对于"一种废弃玻璃粉碎装置""一种利用纳米氧化铁改善玻璃集料与沥青之间界面黏附力的方法""一种掺配玻璃集料的沥青混合料及其制备方法"等 5 项专利的使用权，为公司的产品研发奠定了专利基础，同时这也保证了公司在行业内较高的发展起点。

6. 营销策略

公司将完善产业市场营销体制，打造透明生产销售流程，通过"三建、两投、一报道"等经营销售形式，拓宽市场渠道，占据市场份额。其中"三建"指建立门户网站、建立客户资源、建立技术微圈；"两投"指投放期刊广告、宣传彩页寄送；"报道"指加强新闻报道。

（1）公司门户网站

项目将依托门户网站，为广大客户提供产品名录和技术服务。

（2）建立技术微圈

将协同市场运营总监及网络开发相关部门，建立路材产品技术论坛，用于同行业间改良路材技术交流，并以此为平台，针对公司客户开展售后服务及产品回收工作。

（3）搜索引擎关键词营销

公司将向百度等搜索引擎公司提交公司网址。同时，公司还会和同类网站进行链接，用户在搜索"环保""玻璃""透水""道路"等关键词时，会出现公司名称。公司利用用户检索信息的机会尽可能将营销信息传递给目标用户，用户点击搜索结果中公司网站或相关产品内容，就可进入企业网站了解有关产品。

（4）争取新闻报道

公司将通过新闻媒体等公众平台，对产品和技术进行专题报道，扩大产品知名度和影响力。

（5）热点事件积极响应

公司将通过新闻媒体、网络营销、技术论坛等方式或平台，对大型交通事故所产生的危害及公路路面材料制品维护等方面，向群众及客户群体宣传推广并组织知识普及论坛。

（6）洽谈定向用户、微信公众号推文

公司将能够体现产品优势的各种短视频以多种形式放到微信流媒体上，通过比如"道路瞭望"等公众号向某一特定用户输送产品价值，达到一定的宣传和销售目的。

7. 项目财务分析

（1）资本构成

XL 公司注册资本共计 250 万元，采用风险投资与团队自筹的方式筹集资金，公司资本构成如表 12-9 所示。

表 12-9　公司资本构成

股本来源	风险规模	自筹	
		专利入股	货币资金入股
金额/万元	100	50	100
比例/%	40	20	40

（2）营运能力分析

资产周转率主要用于分析公司对全部资产的使用效率及未来 2 年内企业营运能力（如表 12-10 所示）。可以看出，公司成立初期每年的总资产周转率都呈上升趋势，说明公司利用资产进行经营的效率越来越高，企业全部资产的使用效率逐年递增，营运能力逐年增强。

表 12-10　未来 2 年内企业营运能力分析（资产周转率）

项目	第一年	第二年
销售收入/万元	456	532
资产平均总额/万元	215	244
总资产周转率	2.12	2.18

（3）偿债能力分析

① 短期偿债能力分析。现金流量比率如表 12-11 所示，第一年的现金流量比率为 -43.83%，因公司运营起步，产品刚打入市场，经营活动产生的现金流量较小，因而指标为负值，随着产品深入市场，销量逐渐上升，随之经营活动产生的现金流量也不断增长，这一指标呈现逐年上升趋势，表明公司短期偿债能力不断增强。

② 长期偿债能力分析。第 1 年公司初步运营，引入资金多且资产总额较小，随着产品深入市场，资产总额不断增加，同时资产负债率呈现降低的趋势，反映出公司长期还债能力逐步增强，具体内容如表 12-12 所示。

表 12-11　现金流量比率表

项目	第一年	第二年
经营活动产生现金流量净额/万元	-71	23
流动负债合计/万元	162	79
现金流量比率/%	-43.83	29.11

表 12-12 资产负债率表

项目	第一年	第二年
利率总额/万元	68	58
资产总额/万元	215	244
资产负债率/%	31.63	23.77

（4）盈利能力分析

资产利润率综合评价了企业的盈利能力，反映了企业管理者的资产配置能力，资产利润率如表 12-13 所示。资产利润率由第一年的 29.77%增长到 37.7%，公司的资产配置能力较强，盈利能力较强，且总体呈上升趋势，表明公司具有良好的市场前景。

表 12-13 资产利润率

项目	第一年	第二年
利率总额/万元	64	92
资产平均总额/万元	215	244
资产利润率/%	29.77	37.70

（5）发展能力分析

公司自第二年开始资产增长率由 13.49%增长至 14.34%，逐年递增，公司资产规模增长的速度加快，竞争力逐年增强。企业发展能力如表 12-14 所示。

表 12-14 企业发展能力（资产增长率）

项目	第一年	第二年	第三年
本年总资产增长额/万元	——	29	35
年初增产总额/万元	——	215	244
资产增长率/%	——	13.49	14.34

（6）投资分析

项目的净现值远大于 0，说明该项目的获利能力高于贴现率，除获得预定的收益率外，还有多余的附加收益；内部收益率大于基准收益率 10%，项目可行；公司投资方案的获利指数大于 1，且平均报酬率较高，方案盈利能力较强，值得投资。项目评价指标如表 12-15 所示。

表 12-15　项目评价指标

净现值	内部报酬率	获利指数	平均报酬率
170.352 8 万元	18.55%	2.416	31.26%

二、项目分析

下面将依据《项目计划书》，对该透水性玻璃沥青道路材料：废弃玻璃变废为宝项目进行分析，分析内容包括项目创新性、商业性、社会效益三个方面。

（一）创新性

1. 技术创新

该项目在产品研制、技术创新等方面已取得部分创新成果，如成功研制掺配玻璃集料的透水性沥青混合料，申请了国家专利等，而这些成果也展现了该项目的创新性，形成一定的技术壁垒，是项目的长期优势。同时，该项目的技术创新对于解决相关领域的痛点与难点有所帮助，克服了玻璃集料沥青混合料黏附性差和水稳定性不良等技术难题。

2. 营销策略创新

项目打造透明生产销售流程，通过"三建、两投、一报道"等经营销售形式，拓宽市场渠道，占据市场份额。其中"三建"指建立门户网站、建立客户资源、建立技术微圈；"两投"指投放期刊广告、宣传彩页寄送；"报道"指注重新闻报道。团队依据产品与服务特点及目标客户特征选择合适的营销方式。同时，团队也充分利用互联网优势，突出"互联网+"时代的特点，发掘多种网络销售方式。这些方式使得产品进入目标客户视野的速度更快，拉近了用户与公司的距离，更利于企业获得市场份额。

（二）商业性

1. 竞争优势

传统水泥路面没有透水性能，难以满足海绵城市发展需要，而新型玻璃沥青道路材料的施工以及在公路工程中的应用对发展环保事业、保证公路工程质量、降低养护费用、提高资金利用率有着极其重要的意义。同时，不仅产品具有性能优越、使用寿命长的特点，质量也远超传统材料，而且团队自主研发能力较强，依托深厚的技术积累已实现多项技术创新且申请了多项发明专利。例如，团队克服了玻璃集料沥青混合料水稳定性不良的技术难题，优化确定了玻璃集料沥青混合料的材料组成以及玻璃集料的掺配比例，发明了一种用于评价表面纹理对沥青与集料黏附性影响的装置。

2. 市场前景

与传统道路材料相比，玻璃沥青混凝土路面节约了路面材料成本，降低了工程造价，具有更好的光学效果及透水性能，使用寿命长，适用范围广。且现阶段项目研究成果经试用得到了目标用户的充分肯定和认可。因此，新型道路材料市场发展前景良好。

（三）社会效益

废弃玻璃以废物的形态被抛掷到荒地填埋，不仅占用土地破坏生态环境，还浪费资源。该项目针对当前能源与资源紧缺、新能源的兴起、环境友好型创新型社会模式的建立及废物回收高效利用趋势，提出了将废弃玻璃作为集料掺入沥青合成一种新型的玻璃沥青混合料的新思路。这种绿色环保玻璃沥青混凝土的利用不仅能有效处理废弃玻璃旧料，解决废物对环境的污染问题，节约大量新材料，降低工程造价，还能增强路面多点漫反射效果，改善道路行车环境的可视度，起到良好的交通诱导作用。除此之外，项目从城市道路排水效率方面着手研究道路材料性能，相比于传统密实防水的黑色沥青路面，这种新型道路材料实现了路面的透水性，可用于海绵城市道路交通工程领域，结合新型道路排水系统，可以有效减轻因降水量过大而引起的城市内涝灾害，加强了城市道路对雨水的吸纳能力和蓄滞能力，具有补充地下水、减小城市地表径流、降低城市热岛效应等优点，具有巨大的社会效益。

三、项目计划书分析

下面将依据《项目计划书》，对该透水性玻璃沥青道路材料：废弃玻璃变废为宝项目的计划书进行分析，分析内容包括计划摘要、企业概况、产品与服务、行业分析、市场预测与分析、营销策略、经营管理计划、财务规划、风险与风险管理9个方面（见表12-16）。

表12-16　案例评价表

维度	分析
计划摘要	团队提出大量废弃玻璃再利用的难题，随后对产品进行简单介绍，聚焦于其产品特点、现有成果及产品价值。但未介绍公司发展前景等内容
企业概况	团队对公司市场现状、发展前景与主营业务进行了简单的介绍，但并未介绍企业理念、经营思路和企业的战略目标
产品和服务	团队对公司产品和主营业务进行简单介绍，并突出介绍了项目特点及创新成果。其中，对项目创新性的介绍是该《项目计划书》一大突出亮点，侧面阐述了公司产品的竞争优势
行业分析	—
市场预测与分析	团队对公司的政策环境、社会环境与环保、经济环境做出分析，强调市场需求痛点，定位目标市场进行市场分析，并从社会效益、政策优势、经济优势、服务优势等多个方面进行竞争优势阐述。但该项目并未分析其面临的机会与威胁，虽有"竞争分析"，却将外部环境带来的优势与竞争优势混为一谈

维度	分析
营销策略	团队提出通过"三建、两投、一报道"等经营销售形式，即建设门户网站、建设客户资源、建设技术微圈，投放专业期刊、投放广告，加强新闻报道等方式，拓宽市场渠道，占据市场份额。但并未聚焦产品策略与价格策略，营销策略维度单一
经营管理计划	团队尚未介绍经营管理计划，只对经营状况进行简单分析
财务规划	项目利用较大篇幅进行项目财务分析，包括资本构成、运行能力分析、偿债能力分析、盈利能力分析、发展能力分析、投资分析六个方面，部分内容用表格形式呈现，包括公司资本构成、资产周转率、现金流量比率表、资产负债表及资产利润率表等
风险与风险管理	—

第三节　绿 e 移动项目部：智能建筑引领者

一、项目计划书

（一）项目概要

项目部建筑是施工企业为了完成某项建设工程，为项目施工管理人员而设立的临时性办公生活场所，以满足项目工程管理人员日常办公、生活等基本需求。目前项目部建筑的建设存在工序繁琐工期长、环境艰苦体验感差、资源浪费能耗大、功能单一无美感四大问题，导致施工场地项目部临建仍无法摆脱脏乱差的现状，与当今社会发展的要求脱节。

面对此现状，绿 e 新型可移动项目部建设工程有限公司打算运用新材料、新技术。设计出可移动绿色新型项目部建筑，并配套完善的服务设施系统，将自然风压技术与绿色建筑设计理念相结合，达到节能减排的作用，提升室内环境质量。同时，公司将充分利用场地空间，采取立体绿化系统，建设美观的室外环境，达到节约土地的目的；采用节水型器具、设备及回收用水系统，实现水资源的合理高效利用；开发利用可再生能源，达到节约能源、保护环境的作用；采用节能材料或节材措施，提高保温、隔热、防火等各项性能，减少建筑能耗。此外，公司将利用信息化技术优势，构建先进的智慧信息管理平台，实现对产品设计、施工、运营、回收等环节的智慧管理。

可移动绿色新型项目部建筑属于装配式建筑，应用可移动化、标准化等设计策略能有效缩短工期、节约建造成本；通过建筑设计和绿色建筑技术的应用，可以提高项目部办公与起居条件，改善项目部建筑现状，满足市场需求。公司还提供售前、售中、售后的一系列服务，不断提高客户满意度。

（二）项目方案

1. 公司简介

绿 e 新型可移动项目部建设工程有限公司是一家集可移动项目部的设计、施工、运营为一体的创新型公司。公司以"最先进设计高品质的产品、最优质的服务"作为宗旨，以为项目部提供一条高品质高回馈的创新之路作为发展目标，主营新型单元体标准化设计产品和单元体适用性绿色建筑技术产品。公司在发展初期主要提供施工项目部整体设计与咨询、移动项目部研发的服务，随着公司发展，公司将形成一套包括标准化单元体的设计、安装、销售、转租、回收的一体化服务。

2. 市场分析

（1）市场需求分析

经过走访调研和数据分析，项目部建筑的办公场所和居住环境的安全舒适性是客户最主要的考虑因素，除了满足安全、舒适的要求外，项目部建筑还应进一步完善配套的生活服务设施；其次，能源消耗、分区流线等因素是项目部建筑建设时应考虑的因素。公司将社会与市场对新型项目部产品的需求分为资源节约需求、成本节约需求、环境使用需求和功能使用需求四个方面，设计的产品可以满足上述四类需求。

在资源节约需求方面，现有项目部建筑设备的设计与管理存在许多资源浪费的问题。不仅在选材上不能满足保温、隔热等需求，而且处理工序也很繁琐，能量消耗大；同时缺乏有效的市场管理和企业资质，临时设施的回收利用率较低，资源浪费严重。而新型可移动项目部能够在短时间内组装、拆卸及整体移动，可实现重复利用，其标准化、模数化、系统化以及绿色装配概念能够吸引消费者的青睐。

在成本节约需求方面，目前项目部建筑普遍采用活动板房，其建造工序繁琐，效率低下，办公条件差，少部分采用了箱型活动房，虽缩短了工期，但其进深、层高有限，而且隔热保温效果不佳。而新型可移动项目部产品利用可移动技术，对场地的要求较低，既有利于拆解移动，又方便运输组装，极大地缩短了建设工期。

在环境使用需求上，公司选取了 3 个极具代表性的临时建筑项目部设计作为案例进行分析，结果表明项目部大部分人员对居住、办公环境表示不满意，近半数人员只表示环境一般，只有极少部分人员感到满意。另外，考虑到成本问题，很多项目部建筑设施往往参照制定标准的最低要求施工，降低了员工的使用体验。而新型项目部建设采用了标准化设计，简化了设计流程，提高了施工效率，还可根据规模的扩张和缩减需求实时更新，通过模块、单元和构件的设计极大地提升了客户的体验感。

在功能使用需求上，公司通过实地调研发现各岗位绝大部分员工对项目部建筑的外观设计评价都不满意，表示其未能实现办公区智能化与生活区社区化的建设目标，还存在功能设计不合理、流线组织混乱、办公居住条件差等问题。而公司提出的口字形庭院模块组合的建筑设计解决方案在功能模块的形式上选择以模块围合构造庭院式空间布局，可根据企业需求增添设施，根据规模调整口字形模块数量，具有良好的可扩张性。

（2）目标客户

公司的目标客户为企业净资产1亿元以上的一级施工总包单位，以及近5年承担过建筑面积3万平方米以上的构筑物、高度100米以上的单体工业、民用建筑工程的施工总承包或主体工程承包且工程质量合格的单位。

3. 产品与服务

（1）产品装配设计

公司推出新型绿色项目部建筑产品，其标准化设计分为3个层次，分别是模块标准化、单元标准化和构件标准化。在功能模块的形式上选择以模块围合构造庭院式空间布局，每个口字形模块约由30个标准化单元体组成，根据规模不同，将不同数量的口字形模块复制组装，快速生成所需方案；单元由一定数量的标准化单元体组合而成，标准化单元体采用"3米×6米×6米"基本标准尺寸，按功能分为办公单元、住宿单元、休闲单元和后勤单元，并根据不同功能需求设计单元体组合模式。配置内部家具，家具也进行标准化设计。

在具体的工程项目中，公司根据施工总包单位要求选取并组装内部家具，再运送至施工现场，实现高效的装配式进程。构件标准化主要体现在对单元体连接构件、梁柱螺栓连接构件以及楼梯、栏杆、门、窗等其他构件的不同形式进行标准化，根据具体要求选择不同的构件形式。

在工程人数增多规模扩张的情况下，公司依据合理的功能和流线进行了方案预设计，具体产品方案设计如表12-17所示。

表12-17 产品设计方案

人数规模	30人	50人	100人	150人	200人
模块数量	1	2	4	6	8
标准化单元体总数量	37	75	147	172	208
住宿区数量	8	16	30	42	56
办公区数量	16	33	60	72	84
会议区数量	4	9	15	20	24
娱乐区数量	4	7	12	14	14
楼梯间数量	2	4	8	10	12
卫生间数量	3	6	12	14	16

不同规模下的模块承载功能不同。随着规模的扩张，每个模块的功能愈加单一，

使用人群也更加明确，可以针对不同的使用人群进行功能布置。

（2）产品绿色建筑理念

新型项目部建筑产品采用绿色建筑技术，从室内环境质量、节地与室外环境、节水与水资源利用、节能与能源利用、节材与材料利用5个方面体现绿色建筑理念。在提升室内环境质量方面，公司将自然风技术结合建筑设计理念以解决建筑内部通风问题；通过自然通风降低室内温度，达到节能减排的作用。在节地方面，公司采取立体绿化系统进行屋顶绿化建设、垂直绿化的应用，屋顶绿化即在标准化单元体顶部预制绿植种植容器，规格为500毫米×500毫米×60毫米，种植耐寒、抗旱、根系浅的常绿植物，对传统墙面绿化进行优化，即固定钢架安装在室内外的垂直墙体或平地地面，能有效保护墙体，并且形成独特景观；同时合理开发利用地下空间与屋顶平面，利用建筑单元的退台、建筑空间减法等方式，充分利用场地。在节水方面，公司采用节水型器具和设备，包括节水龙头、节水型坐便器、节水淋浴器、节水型电器等；完善管网阀门的安装，在关键部位设置远传压力表、声光报警装置，并安装回收用水系统，使用植草砖、透水砖、屋顶水收集装置、PP模块蓄水池等技术应用模块式组合的收集方式，主要收集建筑屋面雨水、路面雨水；利用人工湿地法、人工土壤滤池法处理后作为多种用途的非饮用水，同时通过地面渗透，回灌补充地下水及地面水源。在节能方面，公司开发利用可再生能源，在墙面或阳台安装太阳能集热器，集热器与建筑紧密结合，水箱置于室内，连接管道较短，热损失少，便于采用分散集热，另外采用光伏发电，在建筑围护结构外表面铺设光伏组件，将射到建筑物表面的太阳能转化为电能，并且采用地源热泵供热制冷及空调冷凝系统，实现对温度的调节。在节材方面，公司为屋面加固或改造合适厚度的保温层，标准化单元体顶面内保温层使用膨胀珍珠岩材料以保证其承压及隔热效果、抗裂性能，侧面及地面采用膨胀聚苯板，使用断桥铝合金门窗，提高门窗气密性，门窗与墙体间的空隙使用聚氨酯发泡体进行密封填充。

（3）智能化管理服务设计

产品综合运用在线监测、过程管控、数据分析、BIM运维等手段，构建先进的智慧信息管理平台，实现对设计、施工、运营、回收等环节信息的无缝对接，并通过对设计要点进行选择后快速生成智能方案。在施工方面，公司对施工用料的造价进行高效合理的管控，通过BIM技术管理施工过程，实现安全生产、文明生产。运营过程与智慧工地结合，根据条件对项目部在施工、运营上提出建议，同时实现人员管理的智能化。在回收工作中，公司利用相关技术对现有产品状态进行自动评估，提升回收工作效率，此外，BIM还可以对回收产品的运输提出建议。

4. 生产运营

公司运营模式可分为初期、提升期和成熟期3个阶段。公司根据不同阶段的具体情况和发展目标制订了不同的运营计划。

（1）公司初期运营模式

公司成立初期主要以施工项目部设计业务为主，设置专门的设计部为用户提供专业化项目部建筑设计。设计部需要设立施工项目部，根据设计方案进行施工。公司将根据人员规模、地形条件、设计要求等提供新型移动化项目部的设计方案，并且根据不同阶段的发展状况，制定不同的业务经营模式。初期运营模式如图 12-5 所示。

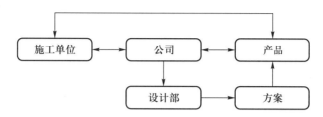

图 12-5　公司初期运营模式示意图

（2）公司提升期运营模式

在公司发展的提升期，公司拓展标准化单元体租售、反馈维修、回收周转等业务，此时考虑到公司规模资金等因素，不生产标准化单元体，由采购供应部负责联系制造厂家，为用户提供相应的产品；同时，由施工部、售后部、计划物流部分别负责项目产品的施工建造、维修反馈和周转回收。

（3）公司成熟期运营模式

公司成熟期运营模式如图 12-6 所示。

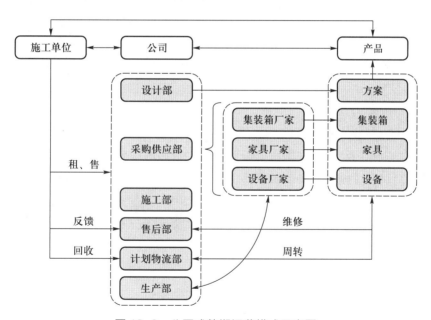

图 12-6　公司成熟期运营模式示意图

在提升期的基础上，公司在成熟期设立生产部，可以自行生产标准化单元体、家具、设备等产品，并研发绿色技术、智能技术等新兴产品。

5. 竞争分析

目前社会和市场上常见的项目部建筑类型主要包括集装箱、集装箱和板房、板房、板房和民房四大类，项目组对四类代表项目进行了实地调研，调研数据统计如表12-18所示。

表12-18 项目部调研数据统计表

项目序号	项目部类型	项目投资/亿元	项目部投资规模/万元	项目部人数	常住人口	满意程度
1	集装箱	260	3 000	200	196	基本满意
2	集装箱和板房	5.6	500	80	76	一般
3	板房	0.8	30	20	28	不满意
4	板房和民房	4.8	500	20	50	一般

板房类项目部多数功能分区不合理，管理水平较低，流线组织混乱，办公效率低，板房居住条件差，选材的保温隔热效果不佳，可回收率低；民房类项目部使用方便但不便管理，居住、办公环境舒适度低、体验感差，急需改善；集装箱类项目部的优势突出，办公、起居条件好，保温隔热效果突出，建造工期短，可循环使用，但投资巨大的复合材料使得整个项目的造价成本超预算。

目前，市场上还没有专业的项目部临建产品设计公司，项目部临建销售多面向低端市场，品质无法保证，且产品同质化较为严重。公司采用装配式建筑，秉承可持续建筑理念，在短时间内完成建造，便于拆卸、组装、运输，达到经济环保的目的。

6. 营销计划

（1）营销战略

公司采用在市场区域定位上"由点及面"推广、在市场目标定位上"由大到小"普及的营销战略。"由点及面"推广即由中西部逐渐向东部地区推广产品；"由大到小"普及即公司发展初期将目标对准大型项目部，提升期阶段主要面向有一定规模、项目部建筑整体环境较差的中型工程企业，成熟期可按照项目部的规模配置标准化单元体数量，可提供多种类型选择，将产品推广至规模较小、资金不充裕、项目部临建环境较差甚至存在一些安全隐患的小型工程项目中。

（2）营销策略

① 推广策略

一是人员推广。公司在各区域设立分公司，在推广过程中，针对不同区域采用不同的推广方式，在对当地地形、气候等充分了解的前提下，有针对地在当地介绍和宣传产品，引起当地政府行政部门、企业及公众对公司产品的认同和好感，从而促成交易。

二是公共关系。公司建立初期，投入与发展目标相适宜的公共关系经费，重点提高公司美誉度，可采取网络公关与人事公关，辅助建设销售网络。随着公司的发展，公关活动侧重于梳理公司的特色亮点、树立品牌效应、推广创新理念，如承办一些中大型的学术交流会、研讨活动，以及参加社会公益活动，树立企业的良好形象。在公司发展稳定后期，公司要承担起相应的社会责任，通过捐助贫困山区、资助希望小学等社会公益活动，进一步提高公司的影响力。

三是销售促进。针对不同的区域，产品推广主要依靠推广人员，不断地跟进调整单体核心下的具体构建，以适应不同区域的不同需求；同时，公司将与政府部门建立长期的联系，以获得宏观政策支持。

四是互联网推广。公司建立微博等互联网宣传平台，向潜在用户传播产品理念、产品信息，树立良好的工作形象和产品形象，每天定时更新内容、发布话题，达到推广产品本身和公司创新模式的目的。

② 服务战略

公司着手建立销售服务网络，为使用者提供健全优质的售前、售中及售后服务。售前提供公司团队设计体系的概况数据，建立完善的销售网络，及时推广并在各个不同区域组装单体，避免客户长期等待。售中保证服务质量，发现并及时解答消费者对产品存在的疑问。售后跟进了解单体的使用情况，在整个推广过程中保证服务的健全与优质；建立信息交流反馈渠道，做好对单体质量、使用情况的信息反馈处理；根据使用者需要及市场变化不断改进单体本身，满足使用者的需求。

公司在发展初期通过提供产品设计的方式为大型项目部提供服务；在提升期，除了大型项目部的设计之外，公司还要参与中小型项目部方案设计，并承担部分项目产品的反馈维修、回收周转，为公司发展打下良好的业界口碑；在成熟期，公司构架与运营模式趋于稳定，公司将保持并稳步提升销售量并加大对绿色建筑技术、智能技术等高新技术的生产研发。具体销售计划如表 12-19 所示。

表 12-19　销售计划

		第一年	第二年	第三年	第四年	第五年
客户数量	小型项目部				1	2
	中型项目部		1	2	2	2
	大型项目部	1	1	1	1	2

7. 公司管理

（1）企业部门组织架构

公司的组织架构在发展初期和成熟期有所不同，为使管理机构更为高效，公司将根据不同发展阶段进行内设机构的设置。公司发展初期组织架构如图 12-7 所示，成熟组织架构如图 12-8 所示。随着公司的发展，组织架构将更为合理、更为专业。

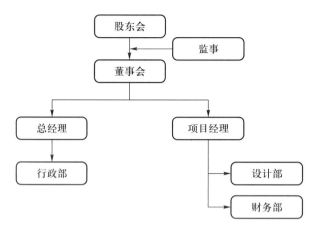

图 12-7　公司发展初期组织架构

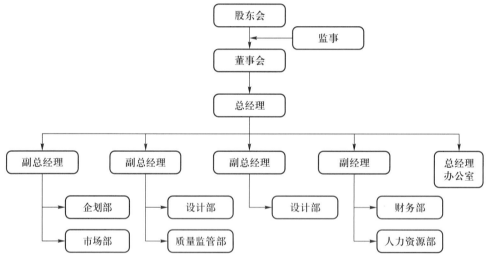

图 12-8　公司成熟期组织架构

（2）管理模式

公司组织架构根据公司性质采用直线职能制并设立不同职能部门。这样既保证了统一指挥，又吸收了专业分工的长处，有利于公司的长期健康发展。

公司创立初期采用友情化和温情化相结合的管理模式。这种模式内聚力较强，有利于团队成员相互扶持、相互帮助。当公司发展到一定规模，尤其人员扩招之后，要不断调整经营管理模式，要引入制度化等规范的管理模式。公司将坚持人本管理，将其渗透到各项生产经营管理活动中去，使公司的一切工作在人本管理的理论体系和基本框架内进行，以获取预期绩效。

8. 财务计划

（1）主营业务分析

① 收入预测。公司第一年至第五年的收入预测情况如表 12-20 所示。

表 12-20　收入预测表

		第一年	第二年	第三年	第四年	第五年
设计面积/m²	大型项目部				1 000	2 000
	中型项目部		2 000	4 000	4 000	4 000
	小型项目部	4 000	4 000	4 000	4 000	8 000
合计/m²		4 000	6 000	8 000	9 000	14 000
单价/元		115	115	115	150	150
设计费收入合计/元		46 000	69 000	92 000	165 000	270 000

注：公司经营模式为出售设计服务，为建筑总承包单位设计项目部建筑，收费计量方法为按设计平方米收费，前 3 年处于提高市场占有率时期，未采用绿建技术，每平方米设计收取设计费 115 元，从第四年开始设计采用绿建技术，每平方米设计收取 150 元。

② 成本预测。公司主营业务为设计业务，主营业务成本为设计师工资。财务费用主要是贷款利息的偿还，长期贷款利率为 4.35%，短期贷款利率为 4%，管理费用包括办公室租赁、办公室用品费用、长期待摊费用、固定资产折旧、管理人员工资。成本预测表如表 12-21 所示。

表 12-21　成本预测表　　　　　　　　　　　　　　单位：元

	第一年	第二年	第三年	第四年	第五年
设计师工资	185 400	216 450	320 800	634 500	1 140 000
销售费用	8 000	10 000	13 000	14 000	15 000
财务费用	0	0	5 740	4 000	4 000
管理费用	212 840	212 840	290 840	392 840	560 840

（2）财务分析

① 主要财务假设

公司根据现实基础、能力、潜力和业务发展的各项计划及投资项目的可行性，本着脚踏实地、稳健发展的原则，并遵循我国现行法律、法规和制度，经过分析研究采用国家规范的计算方法，与财政部颁布的企业会计制度和企业会计准则一致。

一是经公司所在省区高新技术企业认定管理机构认定，按 15% 的税率征收企业所得税。

二是在可以预见的未来，企业将会按照当前的规模、状态持续经营下去。

三是公司在会计核算过程中统一采用人民币作为计量单位。

四是公司自第三年开始按净利润的 10% 给股东进行分红。

五是公司以权责发生制为记账基础，以历史成本为计价原则。

六是前三年银行为大学生创业提供免息贷款，第三年后银行五年期贷款为分期付息、到期还本的方式，利率为 4.75%。

七是公司适用的税（费）种和税（费）率如表 12-22 所示。

表 12-22　税率说明

税（费）种	税（费）率	税（费）种	税（费）率
增值税	6%	城市建设税	7%
教育税	3%	企业所得税	15%

注：根据"营改增"政策，公司符合"技术服务"类，使用增值税税率 6%。

② 财务分析重要指标

公司前 5 年的重要财务分析指标如表 12-23 所示。

表 12-23　财务分析表

	第一年	第二年	第三年	第四年	第五年
总资产周转率/%	82.39	97.76	94.53	119.97	127.66
资产净利率/%	9.63	29.38	22.52	31.01	32.39
净资产收益率/%	12.85	44.31	35.45	48.49	48.84
成本费用净利率/%	13.23	57.07	39.05	49.17	48.44
资产负债率/%	25.08	16.41	12.81	6.03	3.89
权益乘数	1.33	1.20	1.15	1.06	1.05
利益保障倍数	—	—	51.46	152.17	246.04
销售利润率/%	11.7	36.3	26.8	31.1	30.9

二、项目分析

下面将依据《项目计划书》，对该绿 e 移动项目部：智能建筑引领者项目进行分析，分析内容包括项目创新性、商业性、社会效益三个方面。

（一）创新性

1. 产品服务创新

公司主营新型单元体标准化设计产品和单元体为适用性绿色建筑技术产品，采用可移动化、标准化等设计策略，能有效缩短工期、节约建造成本；通过建筑设计和绿色建筑技术的应用，提高项目部办公与起居条件，改善项目部建筑现状，满足市场需求。此外，公司将利用信息化技术优势，构建先进的智慧信息管理平台，实现对产品设计、施工、运营、回收等环节的智慧管理。

2. 营销策略创新

公司将运营模式分为初期、提升期和成熟期 3 个阶段，根据不同阶段的发展情况和发展目标制订不同的运营计划，并对近 5 年产品的客户数量进行预测与分析。发展初期主要为大型项目部提供服务；提升期兼顾大型项目部设计的同时，面向有一定规模、项目部建筑整体环境较差的中型工程企业；成熟期加大对绿色建筑技术、智能技术等高新技术的生产研发，范围扩大到大、中、小型企业。

3. 推广策略创新

公司将根据各个区域的地势和气候情况，进行有差异地推广。公司强调建立公共关系的重要性，从举办学术交流会、研讨活动及参加社会公益活动等方面，树立企业的良好形象。与此同时，公司还利用互联网建立微博，向潜在用户传播产品理念、产品信息，树立良好的工作形象和产品形象，每天定时更新内容、发布话题，达到推广公司经营理念及产品的目的。

（二）商业性

1. 产品可行性

产品的设计符合社会和市场对节约资源、缩减成本、绿色环保、兼具较强使用功能的新产品的要求。产品应用了移动式、环保式施工工艺，较好地解决了当前市场上存在的施工难题。同时，产品具有设计灵活、制定效率高、费用低廉等特点，可以更好地吸引目标客户。

2. 竞争优势

目前社会和市场上常见的四种项目部类型均具有不足之处，还设有专业的项目部临建产品设计公司，项目部临建销售较多地面向低端市场，品质无法保证，且产品同质化现象较为严重。

公司秉持可持续建筑理念，采用装配式建筑，在短时间内完成建造，产品便于拆卸组装运输。在资源节约需求方面，新型可移动项目部能够在短时间内组装、拆卸及整体移动，可实现重复利用，其标准化、模数化、系统化及绿色装配设计能吸引消费者的青睐。在成本节约方面，新型可移动项目部利用可移动技术，对场地的要求很低，既有利于拆解移动，又方便运输组装，极大地缩短了建造工期。在环境使用需求上，新型项目部建设采用了标准化设计，简化了设计流程，提高了施工效率，根据规模的扩张和缩减需求实时更新，通过模块、单元和构件的设计极大地提升了客户的使用体验感。在功能使用需求上，公司提出的口字形庭院模块组合的建筑设计方案较好地解决了客户实际设计需求。

（三）社会效益

新型项目部建筑产品采用绿色建筑技术，从室内环境质量、节地与室外环境、节水与水资源利用、节能与能源利用、节材与材料利用五个方面体现了绿色建筑理念，响应了国家节约资源、绿色发展的号召。运用新材料、新技术设计出可移动绿色新型项目部建筑，并配套完善的服务设施系统，将自然风压技术与绿色建筑设计理念相结合，达到节能减排的目的，有效地提升了室内环境质量。同时，公司建设美观的室外环境，可节约建设土地；实现水资源的合理高效利用；开发利用可再生能源，节约能源，保护环境；利用节能材料或节材措施，减少建筑能耗等。

三、项目计划书分析

下面将依据《项目计划书》，对该绿 e 移动项目部：智能建筑引领者项目的计划书进行分析，分析内容包括计划摘要、企业概况、产品与服务、行业分析、市场预测与分析、营销策略、经营管理计划、财务规划、风险与风险管理九个方面（见表 12-24）。

表 12-24 案例分析表

维度	分析
计划摘要	团队简述了项目部建筑的建设存在工序烦琐工期长、环境艰苦体验感差、资源浪费能耗大、功能单一及无美感四大问题，随后对项目产品进行简单介绍，主要聚焦于其产品特点与产品价值，但未介绍项目发展前景等内容
企业概况	团队对公司主营业务、企业目标、发展目标及经营思路进行了简单的介绍，但并未介绍公司市场现状及发展前景
产品和服务	团队着重介绍了项目的产品装配设计、产品绿色建筑理念与智能化管理服务设计，但并未对产品特点及产品竞争优势作清晰明确的阐述
行业分析	—
市场分析	团队经过调研和数据分析，得出社会与市场对新型项目部产品的需求有：资源节约需求、成本节约需求、环境使用需求和功能使用需求四个方面。同时，团队对项目的目标客户和竞争优势进行分析，但市场分析不够全面，仅包含市场需求分析、目标客户定位及竞品分析
营销策略	团队采用在市场区域定位上"由点及面"，在市场目标定位上"由大到小"普及的营销战略，就不同发展阶段进行市场目标定位，并从推广策略（人员推广、公共关系、销售促进与互联网推广）和服务战略两方面阐述公司营销策略
经营管理计划	团队根据初期、提升期和成熟期 3 个不同阶段发展情况和发展目标制订了不同的运营计划，并利用图片形式展现公司成熟期的运营模式
财务规划	团队从主营业务分析与财务分析两方面进行财务规划。财务分析指标选取较为全面，并通过列表分析前五年各项指标，客观地反映该项目在未来发展的可行性
风险与风险管理	—

第四节　优化大件运输服务：　数字化赋能路径规划

一、项目计划书

（一）项目概要

全球信息技术革命持续迅猛发展，"互联网+"上升为国家战略，在互联网大时代背景下，大数据、计算机仿真分析与物联网都成为交通运输分析的重要工具。在特殊的大件运输领域中，创新技术应用显得极其重要。目前，大件运输服务中的路线勘察部分主要是由物流方来承担，路桥数据获取困难，信息资源共享度较低，实际运输过程中常伴有风险，造成了托运方、承运方及购买方的损失。

针对上述问题，优路团队以提供大件运输路径规划及工程技术解决方案为核心业务，专注于服务大件运输企业，解决国家重点工程大型设备运输问题。项目基于大数据，融合计算机仿真技术和地理信息系统等先进科学技术手段，依托互联网平台，整合路勘信息资源，解决大件运输企业粗放式路勘难题，实现交通运输信息化，满足"互联网+"高效物流的行业发展趋势和国家经济社会发展要求。

团队主要提供路径规划、工程解决方案和咨询服务，旨在通过科学的计算，为大件运输的承运公司提供优质服务，降低运营成本。目前已经为有关企业提供路径规划服务，并与其签订了合作意向书。国内目前为大件运输企业提供规划、工程和咨询的服务团队较少，团队在规划、技术和咨询服务上面具有先进的技术支持和强大的科研队伍保障，具有较强的核心竞争力，在与其他跨界企业竞争时能取得一定的优势。

（二）项目方案

1. 项目背景

（1）政府层面

随着"互联网+"上升为国家战略，交通运输部与国家发展和改革委员会联合发布了很多推进大件物流建设的文件，这些文件都强调了融合物流相关信息资源、加强高新技术在特殊运输领域的创新应用、大力推进"互联网+"高效物流的重要性。交通运输部颁发的《超限运输车辆行驶公路管理规定》提出，在大件运输之前承运人需要对所选道路进行道路勘测，形成专业路勘报告，其中就包括了运输车辆的长度、宽度、载重量，以及调录载货时车辆总体外廓尺寸信息的轮廓图和护送方案等信息，经政府部门审核通过后方能进行运输。

（2）托运方层面

因西部大开发、中部崛起、重振东北老工业基地等区域发展战略的实施，相关项目迫切需要大件运输来承担关键设备的运输保障任务，如核电、火电、水电机组、风力发电设备、变压器、大型锅炉、石油储罐等大型不可解体设备。这些设备的运输保障任务直接关系到重点项目的建设进度，影响整体工程实施，由大件运输造成的损失将由托运方、承运方、购买方和政府共同承担。因此，保证大型设备顺利抵达目的地对于国家重点工程建设具有十分重要的意义。

（3）承运方层面

大型运输企业可能相比中小型运输企业会投入更多的技术、人力、物力进行路勘，但运输路线的随机性造成已有路勘资源的浪费，并且不具有共享性；而中小型运输企业考虑到运输成本，对路勘这一环节投入更是少之又少，造成了运输过程中问题层出不穷，这极大地增加了运输成本，降低了运输企业的经济效益。

2. 产品和服务

路线规划管理系统的组成如图 12-9 所示。

项目的核心业务主要是大件运输的前期运输方案的制订，包括最优路径的规划、运输设备的验算、提供工程技术方案和运输成本的分析；另一部分是运输过程服务的增值业务，包括定时提醒驾驶员驾驶目标与驾驶要求，后台动态管理运输过程等业务。

产品包括道路数据库、路径规划管理系统和信息平台建设。服务包括售前服务（宣传、培训和交流、了解客户需求）、售中服务（向客户提供技术咨询运输方案制订）和售后服务（运输状况跟踪、建立客户档案等）。

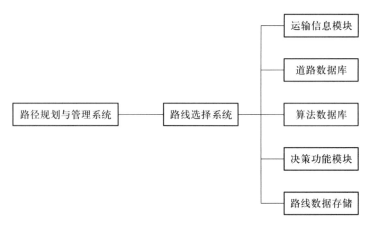

图 12-9　路线规划管理系统组成图

（1）业务流程

公司业务流程如图 12-10 所示，可分为以下 7 个步骤。

① 大件运输公司通过网上下单的方式，等待项目接单，项目会在 15 分钟内进行接单，并且在 1~2 小时给出相关基本服务费用。

② 客户收到项目组反馈后，确认下单，支付相关费用并形成电子合同，项目组由专业技术人员开始完成订单。

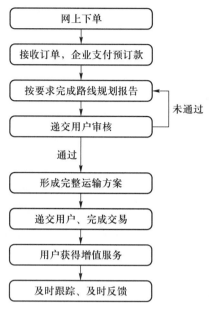

图 12-10　公司业务流程图

③ 技术人员在最短时间内完成最优路线规划报告，递交给客户审核。

④ 路线审核后无异议，技术人员在充分了解客户需求后，在 2~3 个工作日内完成相关工程技术解决方案、运输设备验算分析及运输成本核算，形成完整运输方案报告。

⑤ 向客户以邮件的方式递交完整运输方案报告后，技术人员根据客户是否需要运输过程提醒服务等增值服务来做下一步的工作，若客户需要增值服务，则签订相关合同提供服务，若客户不需要，双方交易完成。

⑥ 增值服务可以通过申请相关业务的使用权限来获得，例如通过后台监控及手机终端定时定点地提醒运输者保证大件运输可以按指定时间、指定路线和指定速度完成运输任务。

⑦ 工作人员通过定时和不定时地维护客户关系建立稳定的客户资源并保持长期合作关系。

（2）产品特点

项目的产品具有以下特点：① 提供高可靠性、高安全性、高效率性的路线规划；② 提供专业的工程技术解决方案；③ 核心道路数据库；④ 服务费用较低、服务质量较高、相比传统路勘花费时间短；⑤ 能充分整合路勘信息资源。

（3）产品竞争优势

目前运输企业进行路勘存在以下几点不足之处：路桥数据获取困难，信息资源共享度低，不利于大件运输企业道路选择和方案制作，导致工作重复和资源浪费；先进技术的接受度不高，导致路勘过程主要凭经验判断通过性；运输方注重节约成本而忽视运输流程中存在的风险；运输方对法规政策了解不深入，常出现违法超载、超限、运输物品违规等问题。

如果大件运输过程中没有进行风险管控，那么有关运输责任人就无法对潜在事故做出防范措施，进而可能导致意外严重后果，包括运输车辆被卡、道路不合理不科学等情况。

项目产品具有以下优势。

① 市场优势。对于大件运输，现在市场上并没有专业的路线勘察公司，基本上是物流方进行粗放式勘察，凭经验来断定是否可以通行。这种勘察方式带来的隐患有很多，比如大件物流公司的路勘费没有人来具体监管，容易造成不能保证路勘质量，以致产生不能及时运输到位等情况。因此，项目所提供的专业路线勘察报告满足了市场需求，并且可以有效地约束大件行业乱收费的现状，拥有良好的市场应用前景。

② 核心技术优势。该项目拥有路线规划与管理系统等软件著作权（实验室阶段）。公司拥有完全自主知识产权的核心算法。核心技术的应用增加了大件运输路线勘察的科学手段，简化并优化了大件运输路线方案的制作。随着计算机技术的发展，大件物流信息化必然会成为一种趋势。

③ 项目运作优势。该项目拥有一支专业的管理团队，由高校公路学院和汽车学院的专家教授担任首席技术顾问，经管学院教授担任首席财务顾问，技术团队成员学历均为研究生，并且项目组中还拥有专业知识扎实、创新能力较强的青年教师团队和博士研究生团队。

④ 平台优势。该项目依托高校公路学院、汽车学院和经管学院等多学院的学科专业优势，并和道路交通检测与装备工程技术研究中心、汽车运输安全保障技术交通行业国家重点实验室等进行合作。

3. 市场分析

（1）市场现状

随着我国深入实施"四大板块"区域发展总体战略，我国交通运输行业将继续蓬勃发展。自开始实施《超限运输车辆行驶公路管理规定》以来，大件运输开始备受关注，各省区也开始了专项整治行动，政府已经意识到大件运输的最优路径规划对道桥使用寿命有着极大的影响。大件运输因其具有特殊性、难预测性和运输条件的局限性等原因，时常会在有弯道、桥洞、坡道、收费站和交叉口处的道路上遇到通过性的问题和困难，大件运输安全顺畅的市场需求不容小视。

鉴于目前针对大件运输提供咨询服务与技术支持的市场尚未发展成熟，同时大件运输企业对运输的信息存在一定的刚性需求，因此项目提供的路径规划、工程解决方案和咨询服务有着广阔的发展前景。

（2）宏观环境分析

① 政治环境分析。交通运输部提出推进专业物流发展，要加强大件运输管理，健全跨区域、跨部门联合审批机制，推进网上审批、综合协调和互联互认。交通运输部和国家发改委提出要建设物流大通道，加快交通运输和物流的发展，其中指出大力推

进公路领域联合执法，加强货运车辆超限超载整治，加快健全大件运输跨省超限运输联合审批制度，强化综合协调和互联互认。国家发展改革委发布的《营造良好市场环境推动交通物流融合发展实施方案》也提出要创新体制机制，加快建设对大件运输的创新管理机制。

② 社会环境分析。我国将深入实施"四大板块"区域发展总体战略，在这过程中对大件物流的需求必不可少，大件物流也同样影响着工程、战略实施的进度，以及考验国内交通运输的条件。因此，针对大件运输的发展，从"互联网+"的角度提供咨询服务、工程方案和路径优化是十分必要且被社会广泛关注的。

③ 经济环境分析。根据国家统计局公布的数据分析，近年来国内经济增长速度逐渐放缓，各大企业都在通过开源节流的方式增加企业的收益。物流常被称为第三利润源，大件运输作为物流的重要组成部分，可以通过对运输过程等方面的优化来降低运输成本，提高企业的经济收益。

④ 技术环境分析。公司建立的"互联网+大件运输"服务平台所需的互联网、定位及路径规划服务、道路勘测、道路施工等技术条件已经比较成熟，同时获取采集数据的技术也已经成熟，在政府部门和相关科研团队的基础数据的支持下，公司完全有足够技术条件提供服务。

（3）市场竞争分析

① 现有竞争者分析。目前针对大件运输提供咨询服务与技术支持的市场尚未发展成熟，仅有一些物流平台为大件运输的委托方和运输方公司提供信息匹配的平台。因为大件运输企业对运输的信息存在一定的刚性需求，所以公司可以在提供的路径规划、工程解决方案和咨询服务的基础上进行该类业务的拓展。该项目在市场上有着广阔的发展前景和市场。同时公司对道路勘探车进行了二次开发，自主创建了路径规划管理系统，并通过现有成熟技术实现了咨询服务平台的搭建，是当前市场的开拓者，目前无有效竞争对手，但存在潜在竞争者进入市场的风险。

② 替代产品分析。传统的大件运输企业在接到订单后往往都是实际行驶模拟运行货物运输，通过实际勘察地形和路径等方式进行方案的选择，产生的成本较高，并且需要的周期较长，不利于控制成本，同时运输企业运输量有限，不可能对所有运输线路都进行详细勘测。目前在大件运输领域提供服务的平台有锦程物流网，但该平台致力于提供一个物流交易和结算服务，而不是在路径规划、工程技术和咨询服务方面提供相应的支持。

③ 潜在竞争者分析。相比于潜在竞争者，项目具有以下优势：公司拥有关于道路勘测技术和工程技术等方面的产品专利和资源优势，在短时间内公司依托自己的产品和技术实力能形成一定规模的市场，并形成自己的品牌；公司拥有高校汽车学院物流工程研究团队的大力支持，将理论研究转化为技术实力。

④ 供应商能力分析。公司最主要的供应商为地图服务公司与工程技术的实施公司。目前国内提供地图服务的供应商有谷歌、百度、高德和腾讯，工程技术公司有很多且

竞争激烈。公司拟采取以下策略来削减供应商的议价能力：选择一到两家公司建立长期的合作伙伴关系，在交易中建立起良好的信誉度，最大限度地增强议价能力；建立更广泛地服务采购网络，更全面准确地掌握有关市场信息，使自己在谈判中有更大的自主权。

⑤ 购买者能力分析。公司的目标客户是西北五省的大件运输企业，为其在进行大件运输之前提供路径优化服务、工程技术支持和咨询服务。公司根据客户自身特点，采取相应的公关策略与客户建立长期合作关系。

（4）微观环境分析

SWOT 分析法是公司进行微观环境分析时的常用工具，团队成员通过 SWOT 分析法对行业微观情况进行了全面分析，微观环境的分析可以帮助创业团队快速了解现有市场，选择合适的营销策略，从而进一步打开市场。SWOT 分析法具有一定的有效性和参考意义，公司 SWOT 矩阵分析如表 12-25 所示。

表 12-25　SWOT 矩阵分析

SWOT 矩阵分析	S（内部优势） 1. 团队拥有道路检测车的专利所有权。 2. 团队拥有高校汽车学院车辆工程和物流工程专业科研团队的支持。 3. 团队所提供的规划、技术和咨询服务的价格合理。 4. 公司团队拥有优秀的、跨学科优势互补的管理团队	W（内部劣势） 1. 运输公司对咨询服务公司的态度较为保守，不易开拓市场。 2. 公司初期缺乏专业的、成熟的营销和技术员工。 3. 公司初期管理团队缺乏管理经验
O（外部机会） 1. 目前市场上缺乏针对大件运输的规划、技术和咨询服务，市场有待进一步发展。 2. 国家政策的激励和市场需求的推动。 3. 国家发展规划引导，国民在道路安全方面的要求逐步提高。 4. 社会经济发展需要从物流方面降低成本	SO 战略（增长型战略） 1. 充分发挥好专利所有权的优势，积极扩大市场。 2. 充分发挥好专业科研团队优势，响应国家在大件运输方面的政策号召。 3. 抓住市场空白的机会，抢占市场占有率。 4. 合理计算服务成本，实现合作公司之间的互利共赢	WO 战略（扭转型战略） 1. 迎合市场需求，加大公司产品宣传力度，抓住前期为运输企业提供产品的试用机会，将产品推向市场。 2. 积极借鉴现有企业的先进管理办法，完善公司管理机制

续表

T(外部威胁)	ST 战略(多种经营战略)	WT 战略(防御型战略)
1. 跨界思维不断增强,现有的大件运输服务平台可能准备进入市场。 2. 已有的运输公司可能会向咨询公司转型	1. 科研团队需要及时进行技术更新,掌握在路径规划、工程技术和咨询服务方面的先进技术条件。 2. 与供应商建立长期合作关系,降低采购成本,为目标企业提供一个理想的价格	充分发挥好自身内部优势,利用好市场机会,抢占市场份额,优化产品价格,提高产品质量,积极创新和研发新产品,打造品牌,在社会上树立良好的公司形象

4. 商业模式

项目团队通过向大件运输企业提供最优路径规划获取营收,基于核心业务可以逐渐拓展相关增值业务,如定位系统动态跟踪后台对运输过程进行实时反馈,路勘数据与物联网相结合。待客户稳定到一定阶段,公司实施会员注册制,拓展空载大车回程信息发布、货主与物流方信息匹配、大件运输广告信息发布等衍生业务。

公司的商业模式如图 12-11 所示。公司结合导入期、成长期、成熟期的不同特点,采取对应的业务发展措施。导入期:与部分省份大件运输公司、部分大件运输货主方进行试点合作。成长期:采取会员制收取服务费。成熟期:与公路管理部门合作,实现全国统一的大件运输交易、审批平台,同时公司会提供 GPS 动态跟踪服务,并对数据进行挖掘。

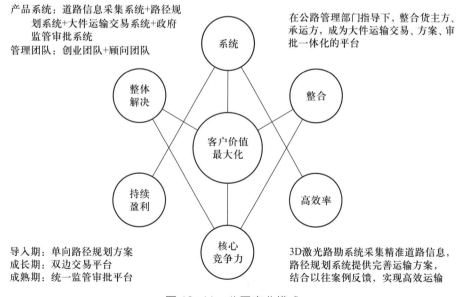

图 12-11 公司商业模式

5. 营销策略

（1）市场细分

① 目标客户划分。公司成立初期，主要的目标客户是大件运输的托运方即货主方和大件运输的承运方即物流方，当规模扩大后将交通公路局单位和交通路桥设计院纳入目标客户范围。

② 地理因素市场细分。公司初创期将目标市场定位在西北地区，依托研发团队优势和平台支持，初期以大件货主企业和大件物流运输企业为目标客户，待公司发展壮大以后，以西北为中心向周边省市辐射。即先发展西北地区，再面向全国。

（2）促销策略

通过对目前市场现状的分析，公司制定了初期扩张计划，如图 12-12 所示。公司进一步根据产品生命周期的不同阶段，制定了相应的促销策略。

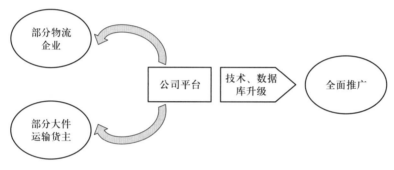

图 12-12　初期扩张计划

① 导入期。路径规划系统作为一项全新的服务产品进入市场，有着自身的优势和劣势。优势是填补市场空白，市场上暂时没有竞争对手；劣势是人们缺乏对该系统的了解，对其功能有所疑虑。此时公司借助团队背景平台与现有企业进行试合作运行，抢先进入市场。

② 成长期。随着市场的不断发展，市场会逐渐有竞争者涌入，竞争的压力也会逐渐显现出来。除了要保持技术领先外，在市场营销方面，公司更要注重品牌宣传，培养消费者的品牌忠诚度。因此，在成功进入市场后，公司将进一步进行技术升级，完善数据库，强化路径规划技术。同时提高公司品牌的附加值，使公司具有更强的市场竞争力。

公司将采用会员制，为公司会员的货主方和物流方提供一个匹配交易平台，因此，对于老客户，公司将给予一定的会员优惠。老客户推介新客户，还享受一定的折扣优惠；公司在制订运输方案的时候给予在平台匹配成功的双方 9 折优惠，同时免费提供定位系统动态跟踪服务。

公司将利用微信公众号针对目标客户推送与大件运输相关的新闻、案例、解决方案等，逐步提高市场知名度。同时，公司将完善网站的主界面，对于在网站留言的客户，公司给予一定的折扣，或者免费提供一定的技术帮助与支持。在这个阶段，公司更加注重提升客户体验。

③ 成熟期。公司将邀请公路管理部门加入管理平台，作为审批责任人和第三方监督机构，公路管理部门既能监控交易情况，又能提高审批效率。公司以此巩固市场领导者的地位。

④ 衰退期。伴随着强有力的竞争对手进入市场，产品将处于衰退期。此时的公司在维护老客户的同时，将会着手开发新产品与服务，并为新产品的销售推广奠定基础。

（3）定价策略

运输等级分级如表 12-26 所示。

表 12-26　运输等级分级表

运输等级			
一级	二级	三级	四级
1. 长度大于 14 米（含 14 米）小于 20 米。	1. 长度大于 20 米（含 20 米）小于 30 米。	1. 长度大于 30 米（含 30 米）小于 40 米。	1. 长度在 40 米及以上。
2. 宽度大于 3.5 米（含 3.5 米）小于 4.5 米。	2. 宽度大于 4.5 米（含 4.5 米）小于 5.5 米。	2. 宽度大于 5.5 米（含 5.5 米）小于 6 米。	2. 宽度在 6 米及以上。
3. 高度大于 3 米（含 3 米）小于 3.8 米。	3. 高度大于 3.8 米（含 3.8 米）小于 4.4 米。	3. 高度大于 4.4 米（含 4.4 米）小于 5 米。	3. 高度在 5 米及以上。
4. 重量大于 20 吨（含 20 吨）小于 100 吨	4. 重量大于 100 吨（含 100 吨）小于 200 吨	4. 重量大于 200 吨（含 200 吨）小于 300 吨	4. 重量在 300 吨及以上

资料来源：《道路大型物件运输管理方法》

公司根据不同的运输等级，制定分级服务定价策略。目前一般地，大件运输行业中 200 吨以下货物的运价维持在 1.5~2 元/(t·km)，200 吨及以上货物运价为 2~5 元/(t·km)。实际物流审批及道路补偿等费用为运输成本的 10%左右，路勘费占到其中 30%左右。

假设某大件运输货物运输 100 吨大型货物，运输 500 km，如按 1.5~2 元/(t·km)计算，则运输费用为 $100 \times 500 \times (1.5~2) = 75\ 000~100\ 000$ 元（理想状态下），若取 75 000 元，则路径规划费为 $75\ 000 \times 10\% \times 30\% = 2\ 250$ 元；若取 100 000 元，则路径规划费为 $100\ 000 \times 10\% \times 30\% = 3\ 000$ 元，对应吨千米则为 0.045~0.06 元/(t·km)。

因此路径规划费一二级对应吨千米为 0.045~0.06 元/(t·km)，三四级视复杂情况对应吨千米为 0.06~0.15 元/(t·km)。路径规划费的定价公式如下：

$$路径规划费 = 吨数 \times 千米数 \times 吨千米费用 + 基础服务费$$

6. 财务分析

（1）主要财务假设

① 大学生创业扶持政策规定，大学毕业生新办咨询业、信息业、技术服务业的企

业或经营单位，经税务部门批准，免征企业所得税两年。

②公司营运各月应收账款总额占销售收入的15%，起初客户较为单一，暂不计提坏账准备。

③按当年的银行借款利率向银行借款用以补充流动资金，且按实际所支付的利息计提当年的财务费用，贷款利率按交通银行短期借款利率6.00%、三到五年期贷款利率6.40%计算。

④法定公积金按10%的比例从净利润中计提；任意公积金按10%的比例从净利润中计提。

⑤公司自盈利年度起分配利润，分配比例为可供投资者分配利润的10%。

（2）股权结构

公司采用有限责任公司制，股本资金650万元，股本结构如表12-27所示。

表12-27　股本结构及规模

股本规模	风险投资入股	创业团队入股	
		技术入股	资金入股
金额/万元	100	500	50
比例/%	15.38	76.92	7.70

7. 财务指标预测及分析

公司根据资金来源和运用情况，对未来三年的成本费用、收入、利润进行了大体预测，具体数据如表12-28所示。

表12-28　财务指标预测及分析　　　　　　　　　　　　单位：元

财务指标	第一年	第二年	第三年
营业收入	810 000	1 296 000	2 073 600
营业成本	1 235 300	939 540	954 102
营业利润	-425 300	356 460	1 119 498

公司在建立初期发展势头强劲，营业收入保持着高速增长，规模不断扩大，净利润稳步提高，为公司的长期持续发展奠定了良好的基础。在发展初期，公司快速实现了盈利，股东的回报率也由负转正，在市场中站稳了脚跟。

二、项目分析

下面将依据《创业计划书》，对该优化大件运输服务：数字化赋能路径规划项目进行分析，分析内容包括项目创新性、商业性、社会效益三个方面。

（一）创新性

1. 技术创新

项目基于大数据，融合计算机仿真技术和地理信息技术等先进科学技术手段，依托互联网平台，整合路勘信息资源，解决大件运输企业粗放式路勘难题，实现交通运输信息化。同时，该项目拥有路线规划与管理系统等软件著作权（实验室阶段），其核心技术的应用增加了大件运输路线勘察的科学手段，简化并优化了大件运输路线方案的制作。

2. 产品创新

该项目的核心业务主要是制定大件运输的前期运输方案，其中包含最优路径的规划、运输设备的验算、工程技术方案的提供，以及运输成本的分析等内容。此外，项目还提供运输过程服务的增值业务，其中包含定时提醒司机的驾驶目标与驾驶要求，以及对运输过程进行动态管理等业务。公司提供的产品包括道路数据库、路径规划管理系统和信息平台支持，服务包括售前服务（宣传、培训和交流、了解客户需求）、售中服务（向客户提供技术咨询运输方案制订）和售后服务（运输状况跟踪、建立客户档案等），对解决大件运输过程中的难题效果显著。

（二）商业性

1. 竞争优势

市场竞争优势方面，项目所提供的专业路线勘察报告满足了市场强烈的需求，约束了大件运输行业乱收费的现状。核心技术优势方面，该项目拥有关于道路勘测技术和工程技术等方面的产品专利和资源优势，技术壁垒较高。项目运作优势方面，项目在规划、技术和咨询服务方面拥有先进的技术支持和专业知识扎实、创新能力强的科研队伍。平台优势方面，项目依托高校学科优势，并和研究中心及国家重点实验室进行合作。

2. 市场前景

鉴于目前针对大件运输提供咨询服务与技术支持的市场需求强烈，同时大件运输企业对运输信息存在一定的刚性需求，且当前交通运输信息化迫在眉睫，因此团队提供的咨询服务满足了市场需求，并且可以有效地约束大件行业乱收费的现状，拥有良好的市场应用前景。同时，公司也已经与多家运输企业签署意向协议，具有良好的市场合作前景。

（三）社会效益

大件运输服务中的路线勘察部分主要是由物流方来承担，路桥数据获取困难，信息资源共享度低，实际运输过程中风险时有发生，造成了政府、托运方、承运方及购买方的实际损失。针对上述问题，优路团队以提供大件运输路径规划及工程技术解决方案为主，专注于服务大件运输企业，解决国家重点工程大型设备运输问题，满足"互联网+"高效物流的行业发展趋势和国家经济社会发展要求。

三、项目计划书分析

下面将依据《项目计划书》，对该优化大件运输服务：数字化赋能路径规划项目的计划书进行分析，分析内容包括计划摘要、企业概况、产品与服务、行业分析、市场预测与分析、营销策略、经营管理计划、财务规划、风险与风险管理9个方面（见表12-29）。

表12-29　案例分析表

维度	分析
计划摘要	团队根据互联网大时代背景，提出大件运输服务的各项困难，以提供大件运输路径规划及工程技术解决方案为主，专注于服务大件运输企业，解决国家重点工程大型设备运输问题。同时，团队也介绍了项目现有基础以及未来发展前景
企业概况	—
产品和服务	团队就项目的核心产品与业务做了详细说明，也对产品特点及产品竞争优势做了清晰明确的阐述，并利用流程图介绍了公司业务流程（7个流程步骤）
行业分析	—
市场分析	团队对市场现状进行了细致了解，运用 PEST 分析法从政治环境、社会环境、经济环境及技术环境四个方面对宏观环境进行分析，还通过 SWOT 分析法对行业微观情况进行了全面分析。同时，团队也从现有竞争者、替代产品、潜在竞争者、供应商能力、购买者能力五方面对市场竞争进行全面综合分析。但其目标客户划分杂糅在营销策略中，营销策略与市场分析具体内容不足
营销策略	团队从市场细分、促销策略及定价策略三方面进行营销策略阐述。通过对目前市场现状的分析，制定了公司扩张计划，并根据产品生命周期的不同阶段，制定相应的促销策略。同时，也利用公式清晰表示公司根据不同的运输等级所制定的分级服务定价策略
经营管理计划	—
财务规划	团队从主要财务假设、股权结构、财务指标预测及分析三方面进行财务分析。但其财务分析较为简单，主要是财务预测指标选取得较少，难以全面客观地反映该项目在未来发展的可行性
风险与风险管理	—

第五节　章节小结

一、项目计划书对比分析

依据前文介绍的项目计划书应包含的九个部分(除去封面、团队介绍)对本章所介绍的四个大学生创新创业大赛案例进行综合分析,并利用雷达图比较各项目计划书的优势与缺点(图 12-13),具体项目综合分析表如表 12-30 所示。

表 12-30　项目综合分析表

评价指标	空-天-地滑坡地质灾害智能监测系统	透水性玻璃沥青道路材料:废弃玻璃变废为宝	绿 e 移动项目部:智能建筑引领者	优化大件运输服务:数字化赋能路径规划	评价标准
计划摘要	3	3	4	4	0:商业计划书缺少该指标;
企业概况	4	3	3	0	
产品和服务	3	4	5	5	1—2:商业计划书此项指标杂糅在其他指标中或描述较少;
行业分析	1	2	1	1	
市场分析	3	4	5	5	
营销策略	3	3	5	5	3—4:商业计划书对此指标的描述较为详实充分;
经营管理计划	3	2	3	0	
财务规划	5	4	5	3	5:商业计划书对此指标的描述清晰明确、图文并茂
风险与风险管理	4	0	0	0	

二、项目计划书常见问题

(一)项目创新性不亮眼

无论是技术上的创新,还是模式上的创新,在进行外部对比时都是围绕产品或服务的性价比来展开的,即产品功能、产品价格、产品服务、产品质量等。一般消费者不会对项目产品有多么创新、有多么独特进行追溯,他们需要的是功能全、稳定性强、价格较低、质量硬、服务好。因此,谁的性价比高,他们就买谁的产品。在对核心能力进行阐述时,可以对其内外部进行系统分析,使其优势凸显。也可以将项目特有优

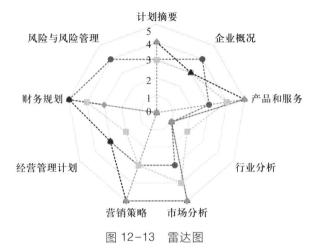

图 12-13　雷达图

势逐条展示，比如：技术创新保护，如何创新，以及申请专利，构建技术保护壁垒。但一定要具体，要有事实根据，要有令人信服的数据和论证。

（二）行业分析较为浅显

行业分析是做战略经常开展的工作，一份好的行业分析报告不仅可以让人短时间内了解到整个行业的过去和现状，还可以让人抓住行业的关键成功要素从而准确预测行业未来的演进路线。首先，简要概述新创企业所涉及的行业领域、进入该行业的壁垒。其次，用数字、图表等形式来表达行业现状，分析行业集中度、竞争环境。最后，从宏观和微观两个视角对行业的发展趋势进行分析和预测，主要对企业所处的经济、政策、法律等方面的变化对行业所造成的影响做研究。

（三）营销策略可行性弱

不少项目在写营销策略时，没有实际的营销办法、渠道，对创业实践起不到总结、指导的作用。一般来说，营销策略大致可分为三步。第一步：找出你要找的顾客群；比如客户数量、区域分布，客户有什么共同的特征和习惯。任何一种商品和服务，都有适合自己的人群，并不是因为你提供了商品，他们就会买你的商品。因此，要明确自己的产品与服务所对应的顾客群，对用户进行深入分析。第二步：怎样使你的目标顾客了解你的产品和服务。怎样让你的顾客知道你在这一过程中使用的方法、策略、渠道，所使用到的方法和策略要具体，要落地，要切合实际，不要夸夸其谈。第三步：怎样才能使顾客放心地购买你的产品。分析顾客，让顾客认识你并不是你的目的，让客户觉得购买你的产品和服务物有所值才是最终目的。

（四）风险分析形同虚设

风险分析是在市场分析、技术方案、工程方案和社会评价论证的基础上，进一步综合分析识别项目在建设和运营中潜在的主要风险因素，提示风险来源，提出规避风险对策，以降低风险造成的损失是十分有必要的。创业者必须要有风险意识，要把实践中已经或者未来可能遇到的风险预测到，并提出解决方案。应将风险管理作为重要的内容，对风险的预测、调查分析、监控都应成为项目建设和管理的重要组成部分。有些创业计划书中的风险与风险管理，介绍风险的定义、描述都是雷同的；介绍应对措施的时候，没有贴合实际情况，将与自身项目无关的风险夸大。那风险分析模块应该怎么写更好？首先，要将企业可能会遇到的风险尽可能地罗列出来，包括战略风险、市场风险、管理风险、竞争风险、核心竞争力不足及法律风险等，弄清楚 What（风险是什么），Why（因何产生）。其次，对各个风险因素点提出防范针对措施。最后实事求是进行分析，指导实践，防患于未然。

第四部分

讲好新时代创新创业的中国故事

第十三章　新时代创业者的故事

本章将依据不同年龄段，从制造、餐饮、电源、人工智能、新能源汽车等多个行业列举典型的创新创业故事，包括创业者的故事背景及创业经历（资料来源：根据网络资料整理），展示新时代下创新型人才需要具备的专业技能知识与经验。

第一节　福耀玻璃曹德旺：玻璃大王成慈善家

曹德旺

【企业简介】

福耀集团是国内最具规模、技术水平较高、出口量最大的汽车玻璃生产供应商，产品"FY"商标是中国汽车玻璃行业迄今为止唯一的"中国驰名商标"，自 2004 年起连续两届被授予"中国名牌产品"称号；福耀产品被中国质量协会评选为"全国用户满意产品"，福耀集团董事会是"十佳董事会"，福耀玻璃股票为上证 50 指数样本股。

一、人物简介

曹德旺，1946 年 5 月出生，福建省福州市福清人，福耀玻璃工业集团股份有限公司创始人、董事长。1987 年成立福耀玻璃集团，目前是中国第一、世界第二大汽车玻璃制造商。2009 年 5 月，登顶企业界奥斯卡之称的"安永全球企业家大奖"，是首位华人企业家获得者。2014 年 12 月，首部自传性著作《心若菩提》出版，曾荣获第三届全国非公有制经济人士优秀中国特色社会主义事业建设者、中国捐赠百杰榜十年致敬人物、2020 中国经济新闻人物、2020 十大经济年度人物、《财富》2022 年中国最具影响力 50 位商界领袖、2023 年中国最具影响力的 50 位商界领袖等荣誉。

二、创业经历

（一）家道中落，辍学打工

曹德旺的父亲曾是上海赫赫有名的永安百货公司股东之一。兵荒马乱的年代，曹德旺父母和家人决定搭乘邮轮从上海出发搬回老家福建福清，家产则放在另一艘运输船上。但等回到福清后，却发现自己的东西都不见了，一家人只能眼睁睁地看着家里一贫如洗。

贫困的家境致使曹德旺 9 岁上学，14 岁被迫辍学。为了帮衬家庭，小小年纪的他做过很多尝试，如种植白木耳、当过炊事员、贩卖水果、拉板车、修理自行车。16 岁时，他不惜冒着被扣上"投机倒把"帽子的风险帮助父亲倒卖烟丝。后来烟丝生意无法继续维持生计，他又转做水果生意。他每天起早贪黑，在炎热的天气中骑车拉货，与果农讲价，再将水果转卖给商贩，而一天高强度的劳累也仅能从中赚取两元差价，勉强维持一家人的生活。这样的经历也让艰难谋生的曹德旺尝遍了常人难以想象的艰辛，但他并未因此怯懦，他坚信努力能够改变命运。经年累月的工作加上不断地尝试使得曹德旺在 1975 年已为自己积累了 5 万余元的积蓄。

（二）白手起家，成立公司

1976 年，曹德旺开始在福清高山镇异形玻璃厂当采购员，推销人称"大陆货"的水表玻璃。但好景不长，玻璃厂因经营不善，连年亏损，面临倒闭。此时，曹德旺决定用自己的全部积蓄承包工厂。随着大量进口汽车涌入中国市场，曹德旺发现汽车玻璃损坏率居高不下，而在国内汽车维修市场中，汽车玻璃基本依赖进口，但从日本进口的汽车玻璃一块就高达几千元，其中蕴含着巨大的商机。

【人物语录】

"中国难道只能依赖进口，被迫接受这种不公平吗？"

于是 1985 年曹德旺转战汽车玻璃行业。突破汽车玻璃的技术壁垒，彻底改变了中国汽车玻璃市场全部依赖进口的历史。成本不到 200 元，净利润高达 1 800 元的汽车玻璃使得公司 4 个月赚到了 70 万元。1987 年，福耀玻璃正式成立。1993 年，福耀玻璃登陆国内 A 股，并成为中国第一家引入独立董事的公司。

（三）布局美国，胜诉扬名

20 世纪 90 年代初，曹德旺挥师美国，进军海外市场。1996 年，与法国圣戈班公司合资成立万达汽车玻璃有限公司。这次合作让曹德旺和福耀员工积累了大量经验，学习了先进技术。但因双方经营理念不同，1999 年曹德旺用 4 000 万美元买断圣戈班在福耀的所有股份，为福耀在国内排除强大的竞争对手并赢得 5 年的发展时间。2000 年，福耀占美国汽车玻璃市场 12.5% 的产品份额，利润却占 25%，让美国本土企业痛苦不堪。同时，几十家中国玻璃厂跟随福耀大步进入美国，不断挤压美国厂商生存空间。他对事业的追求，也从单纯的赚钱，升级为"做中国人自己的玻璃"。

【反倾销】

　　反倾销是一个金融术语，是指对外国商品在本国市场上的倾销所采取的抵制措施。一般是对倾销的外国商品除征收一般进口税外，再增收附加税，使其不能廉价出售，此种附加税称为"反倾销税"。

2001 年底，中国加入世界贸易组织后不久，加拿大国际贸易法院向包括福耀玻璃在内的中国汽车玻璃行业发起反倾销调查。为此，曹德旺成立了专门的反倾销应诉办公室，并派出工作小组，参加加拿大国际贸易法院的公开聆听。经过 8 个月的艰苦应诉，2002 年 8 月 30 日，加拿大国际贸易法院裁定，来自中国的汽车玻璃在加拿大的销售不构成倾销。福耀玻璃大获全胜，赢得我国入世后的第一起反倾销案。

同年美国 PPG 等三家公司向美国商务部投诉福耀倾销汽车玻璃。曹德旺亲自带队前往美国，接受调查，组织应诉。他不仅高薪聘请律师，还赞助对外经济贸易大学成立福耀反倾销研究中心，带领福耀团队艰苦奋战，历时数年，花费一亿多元，打赢了这场举世闻名、旷日持久的官司。福耀玻璃也成为中国第一家状告美国商务部并赢得胜利的中国企业。

【人物语录】

　　"我没有倾销，不想在中国外贸史上留下不公平的先例，不想做千古罪人。"

　　"打反倾销官司时，开始很多人都很同情我，我说你千万不要同情我，我活得很潇洒，我在和世界 500 强打官司，是和美国政府打官司，不是和街边卖菜的打官司。"

这场官司的成功堪称国际广告，不仅为国争光，也使得福耀获得持续发展的国际环境。这也让曹德旺意识到福耀已成为中国汽车玻璃的代名词，自己也不再是小商人，而是中国企业家。

（四）嗅觉敏锐，断臂求生

2007 年，全球经济连续数年高增长，股市不断推向新高，北京即将举办奥运会，全国人民热情高涨，形势一片大好，但曹德旺发现出口小微企业的税后利润仅为4%～5%，成本增加远超盈亏平衡水平，且征兆越来越明显，他立即展开福耀史上最大规模的自救行动，不顾管理层的反对声，坚决停掉一切扩张性项目，断臂求生。后来金融危机蔓延至全球，美国车企与中国企业接连遭到毁灭性打击，但福耀得益于其"断臂求生"的决心，局面很快得以扭转。

（五）行业领袖，不断创新

福耀公司生产的汽车玻璃占中国汽车玻璃70%市场份额的同时，还成功挺进国际汽车玻璃配套市场，在竞争激烈的国际市场占据了一席之地，成为世界第二大汽车玻璃厂商。多年来，福耀坚持每年投入巨额研发费用，部分高新技术产品代表当今世界上最高的制造水平，并拥有独立的知识产权。

【人物语录】

"福耀，是中国人的福耀，不是我曹德旺的福耀。"

"如果只是为了一点钱，我们就不必这么努力，我们为的是一片属于中国人自己的汽车玻璃，树世界级的行业典范。"

（六）心若菩提，回馈社会

【人物语录】

"做人要有良心，我如今的成就离不开国家和社会的支持，所以我想通过自己的力量帮助社会，帮助国家进步。"

"我一直认为，企业家的责任有三条：国家因为有你而强大，社会因为有你而进步，人民因为有你而富足。做到这三点，才能无愧于企业家的称号。"

"做慈善不是富人的专利，我捐几十个亿和上班拿工资的人捐几千块是一样的，因为你已经尽力了。即便没有钱，还可以给人笑容，展示你的同情心。"

据胡润慈善榜统计，从1983年第一次捐款，曹德旺累计个人捐款已达160亿元。2021年其创办的河仁慈善基金又出资100亿元，在福建福州建设应用研究型高水平大学福耀科技大学。曹德旺指出，慈善并不仅仅是捐钱，因为做慈善的终极目的是构建和谐稳定的社会，他认为中国的首善不是他而是袁隆平。

"西南地区遭遇百年一遇的特大旱灾，老百姓生活苦得很。我年轻的时候吃过很多苦，知道那种滋味。对于一些偏远山区的农民来说，2 000元钱可以说是他们的希望。"

在西部五省2亿元捐款项目总结表彰大会上，来自云南、贵州等五省区的农户代表把亲手制作的民族服装送给曹德旺，将他打扮成一个"彝族老乡"。为监督捐款使用到位，曹德旺成立了一个专门的监督委员会，并请新闻媒体全程监督，要求基金会每

10 天向他递交项目进展详细报告。这次被称为"史上最苛刻捐款"的捐款开创了中国捐赠者对公益捐款问责的先河。

第二节　老乡鸡束从轩：中式快餐的领军者

束从轩

【企业简介】

老乡鸡隶属于安徽老乡鸡餐饮股份有限公司旗下品牌，是以中式快餐为特色的连锁餐饮品牌，在全国有 1 000 多家快餐店，从养土鸡起家，实现了从养殖到餐桌的全产业链模式。目前，北京、上海、深圳、杭州等一线城市都有门店，并以每年新增 300 家的速度发展。鸡类菜品是老乡鸡的招牌，其中以鸡汤为代表，选用养足 180 天的肥西老母鸡，再以农夫山泉水现炖，这碗汤一年就卖出了 3 000 多万份，深受全国人民的喜爱。

一、人物简介

束从轩 1962 年 10 月生，安徽肥西人，老乡鸡创始人。现任安徽省老乡鸡集团董事长，合肥市工商联执委，合肥市禽业协会会长，肥西县工商联副主席、副会长。束从轩 2019 年作为安徽地区的候选人，参加 2019 中国新经济领航人物评选；2019 年 11 月荣获"2019 年度创业家称号"；2020 年 12 月 18 日，荣获"2020 中国十大品牌年度人物"。

二、创业经历

（一）勤恳努力，顺势创业

1982年，从部队退伍的他买了一千只土鸡，开始土鸡养殖。但随着市场逐渐饱和，束从轩开始寻找新的出路。

【人物语录】

"我作为一个养鸡人，我是跟鸡吃在一起、睡在一起，所以对鸡的很多习性特性了解要深入一点。比如说，你把我的眼睛给蒙起来，我到鸡舍里走一趟，我就大致能够分辨出这些鸡大概有多重，它们是热了还是冷了，是饱了还是饿了，因为它们发出的声音是不一样的。"

2003年，束从轩决定开始做快餐，第一家肥西老母鸡开店营业。束从轩为此筹备了三年多时间，白天养鸡、培训员工，晚上写各种工作标准手册，半年时间写了6本，随着团队不断改善和发展，总部的标准化手册也不断增多。

（二）改名升级，发展壮大

创业数年后，由于肥西老母鸡地域个性化特征显著、名字太长不易传播、"肥"字带来的负面效应等多种原因，使其发展遇到瓶颈。于是束从轩决定将"肥西老母鸡"改名为"老乡鸡"。这一举动称得上大胆，相当于放弃了长期塑造的品牌形象。不过，事实证明束从轩的做法是对的，改名后的老乡鸡顺利拓宽市场，其后还进行了3次升级，品牌识别度越来越高。

【人物语录】

"30多年我们一路走来，我觉得我们创业呢一定要卯住一件事，把它做精、做深、做透，我们一开始只能开一米的口子，要逐步把它做到一千米的深度。"

从2004年起，老乡鸡开始在全国范围内逐步推广"两段式"的养殖方式，形成一套完整的质量控制系统，从优质鸡养殖、原材料采购、新鲜食品加工、熟食加工、冷链物流，到现场烹调整体流程均已覆盖。其运作模式已形成完整产业链，拥有先进的生产设备和标准的操作指南，解决了中式快餐的标准化问题，也对食品安全进行有效的控制。同时，老乡鸡还配备了专业营养师、营养学研究开发人员，为消费者提供专业的健康保护，带来更高层次的产品创新。

【品牌故事】

　　清光绪二十年(1894年)，合肥西乡束氏高祖元胜在合肥至六安古驿道旁杨大墩开办"束大鲜鸡汤店"，专营肥西老母鸡汤。由于选材优良，用古井水，自配秘方，精火熬炖烹饪的老母鸡汤溢鲜飘香，诱人垂涎。路人闻香下马，食客拍案称绝。有名士赠匾，颁曰"华夏一绝"。束大鲜第四代传人束从轩，于2003年10月初开办肥西老母鸡餐饮店。2018年度中国快餐企业70强名单中，"老乡鸡"荣登中式快餐全国第一品牌，正式成为全国中式快餐的领军者。

（三）讲好故事，创新运营

　　老乡鸡十分注重品牌塑造，肥西老母鸡时代就已创建"肥西老母鸡家园公司"和"中华鸡文化博览园"，使养鸡文化成为公司核心品牌。老乡鸡通过独特的运营，被网友戏称为"史上最轻松的运营"，老乡鸡更是靠打鸣走进年轻消费者圈层，将品牌IP个性化，使品牌和消费者建立深层次关系，获得消费者的价值认同。

第三节　宁德时代曾毓群：从代工厂到"宁王"

曾毓群

【企业简介】

　　宁德时代新能源科技股份有限公司成立于2011年，是国内率先具备国际竞争力的动力电池制造商之一，专注于新能源汽车动力电池系统、储能系统的研发、生产和销售，致力于为全球新能源应用提供一流解决方案，拥有材料、电芯、电池系统、电池回收二次利用等全产业链研发及制造能力。2017年该公司动力锂电池出货量全球遥遥领先，达到 11.84 GWh。已与国内多家主流车企建立合作关系，并成功在全球市场上占据一席之地，也成为国内率先进入国际顶尖车企供应链的动力电池制造厂商。

一、人物简介

曾毓群，1968 年 3 月出生，福建宁德人，上海交通大学船舶工程专业本科，华南理工大学电子与信息工程系硕士学位，中科院物理研究所博士。现任全国工商联副主席、宁德时代新能源科技股份有限公司董事长兼总经理。

二、创业经历

（一）深入学习，锻造能力

1989 年，曾毓群从上海交大毕业后，被分配到福建一家国企工作。然而有远大志向的他不满足于一份铁饭碗工作，三个月后便辞职，随后进入新科实业有限公司。刚进公司，工作认真、能力突出的曾毓群就得到了上司陈棠华的认可。1997 年，他攻读华南理工大学电子与信息工程系的工程硕士学位，2002 年到 2006 年间，曾毓群就读中科院物理研究所凝聚态物理专业，获得博士学位。在中科院读博期间，曾毓群对电池研究颇为用心，为此发表了数十篇与电池相关的论文。正是曾毓群的求学经历，令其深知科研对于科技企业的重要性，继而通过一次又一次的技术攻关，逐渐成为动力电池行业老大。

（二）首次创业，股权流失

1999 年，曾毓群与梁少康、陈棠华等人组建了新能源科技有限公司（ATL），在东莞设立高科技产业园区，发展最环保的"绿色电池"——锂电池。凭借攻克贝尔实验室技术的缺陷，ATL 成功杀入电池市场。2003 年，ATL 成功拿下苹果公司的电池订单。随后 ATL 市场版图不断扩张，成为世界一线品牌的平板电脑、智能手机等新型电子移动设备的必备电源供应商。但由于 ATL 在快速成长扩大规模时过多引入风投资金，其创始团队持股比例很小，致使 ATL 成为一家中国人创建、中国人管理、但幕后老板却是日本人的公司。

（三）吸取经验，二次创业

2011 年曾毓群二次创业，与黄世霖等人创立宁德时代新能源科技有限公司（CATL），吸取 ATL 创业教训的曾毓群让创业团队保持了对宁德时代的绝对控股，还在公开场合强调其完全中资背景。

【人物语录】

"古人说生于忧患而死于安乐，人无远虑必有近忧。消极、短视的行为最终带来的一定是事业的失败、人生的失败，而集体短视会影响公司的进步最终造成公司的失败。"

创办之初，宁德时代只是行业中默默无闻的小卒。而在 2017 年，曾毓群等创始团队通过 6 年的努力，"不鸣则已，一鸣惊人"，使宁德时代的动力锂电池出货量反超比亚迪成为全球第一。随着国家对新能源产业政策的不断加码，2018 年宁德时代更是超过松下和比亚迪一跃成为全球最大的汽车电池供应商。曾毓群站在锂电和汽车动力电池兴起的两个风口上，专注电池行业近 20 年，使宁德时代一跃成为我国动力电池巨头。

第四节　科大讯飞刘庆峰：智能时代的塑造者

刘庆峰

【企业简介】

科大讯飞股份有限公司成立于 1999 年，是亚太地区知名的智能语音和人工智能上市企业，公司总部在合肥。科大讯飞是一家专业从事智能语音及语音技术研究、软件及芯片产品开发、语音信息服务的软件企业，语音技术实现了人机语音交互，使人与机器之间的沟通变得像人与人沟通一样简单。语音技术主要包括语音合成和语音识别两项关键技术。此外，语音技术还包括语音编码、音色转换、口语评测、语音消噪和增强等技术，有着广阔的应用。自成立以来，科大讯飞一直从事智能语音、自然语言理解、计算机视觉等核心技术研究并保持了国际前沿技术水平；积极推动人工智能产品和行业应用落地，致力让机器"能听会说，能理解会思考"，用人工智能建设美好世界。

一、人物简介

刘庆峰 1973 年出生于安徽泾县。年仅五岁的他便展露出惊人的天赋，复杂的粮票兑换算得又准又快。求学时，更是校园风云人物，初中时取得过物理、数学奥赛奖牌，中考成绩全县第一，高中拿遍全国奥赛国家奖，高二放弃清华保送，后考入中国科学技术大学少年班。在大学他凭借努力和天赋仍然是第一名。1999 年，还在读博的刘庆峰组建团队创立科大讯飞公司。2008 年，科大讯飞成为全国在校大学生创业首家上市公司。多年来，刘庆峰在智能语音核心技术研究和产业化方面都做出了突出成绩，现任科大讯飞董事长、全国工商联物联网委员会主席团成员、中国科学技术大学兼职教授及博士生导师。

二、创业经历

（一）放弃留学，留国创业

1999 年以前，中文语音市场几乎全部掌握在国外公司手中，且众多国际巨头纷纷在中国设立研究院，把中文语音作为重要方向。"语音是文化的基础和民族的象征，中文语音技术应当由中国人做到全球最好，中文语音产业要掌握在中国人自己手中。"正是这句话打动了刘庆峰，在硕士毕业时并未按原计划出国，而是响应团中央"大学生创业"的号召，立志要将中文语音技术在中国人自己手中全面产业化。

【人物语录】

"青年创新和创业，不仅影响着社会的可持续发展，更决定着一个民族在全球的话语权。希望看到更多的创业新锐，为自己的青春梦想、为社会进步和中华民族的伟大复兴而敢为人先。"

他向恩师王仁华教授提出想要创办智能语音公司的想法，在恩师帮助支持下，26 岁的博士生刘庆峰组建了 18 人的创业团队，与老师一起创立了科大讯飞。团队里有当年中科大电子工程系的胡郁，计算机系获得中科院自动化所保研机会的胡国平，中科大 BBS 站站长张焕杰，以及 BBS 黑客版版主陈涛等人。

【小故事】

刘庆峰在刚组建创业团队邀请陈涛加盟时，陈涛反过来挖刘庆峰："有一家日本的投资公司给我投资办软件公司，你到我这里来吧。"刘庆峰回应说："你给别人打工没意思，我们有自主知识产权，将来能做产业领导。"

这群年轻人，之所以选择创业，大多也是冲着这句话。要知道，那时候 IBM、微软等国际巨头已纷纷在中国设立机构研究语音技术，试图吃下这个十多亿人口市场的大蛋糕；国内虽然有一些科研机构有多年的科研积累，但大多数单兵作战，迟迟未见成果，产业化更是进展缓慢。打造具有自主知识产权的语音科技产品，推动语音智能的产业化应用，这批年轻人跃跃欲试，准备甩开胳膊大干一番。

（二）艰难起步，一波三折

公司成立之初，把中国科学技术大学的语音实验室建成中国的贝尔实验室是刘庆峰最大的梦想。因此，他在合肥牵头组建了语音研发基地，并担任总工程师。由于团队成员大多是做科研的学生，对企业管理、产品销售等问题一窍不通。而当时大多数语音领域的科研、管理、商务人才，都更愿意选择 IBM、微软等知名外企。所以刘庆峰决定和老师、同学们专心研发产品，将市场营销委托给一家公司。经过大半年后，他们逐渐发现创业团队辛辛苦苦研发的新产品，明明在展览会上颇受好评，但市场销量却始终上不去。这也让他意识到，要想创好业，企业领导如果放弃自主营销，就会导致产品研发战略不清晰、市场开拓没有前瞻性和连续性，产业化会失去主导方向。于是刘庆峰决定将营销权收回，开始自己拓展市场。

【人物语录】

"当年有的时候激情有余、稳重不足，在寻找商业模式的路上犯过一些错误。没有意识到一个全新的技术变成产品、产品推向市场变成商品的艰辛，没有认识到培育市场和引导市场的艰难。"

2000 年，科大讯飞推出一款安装在电脑上能说话的软件，该软件表现优秀，但由于其不符合市场需求、极容易盗版及难以维权等诸多因素，这次尝试以失败告终。正是这次失败经验，让年轻的刘庆峰和同学们深切体会到市场与实验室的差别。此外，与科大讯飞谈合作的公司认为科大讯飞骨干力量均为中科大在校学生，虽有卓越的科研能力，但担心将来学生因自身发展会影响系统维护等后续服务，因而不敢持续代销科大讯飞的产品。

（三）做大做强，顶天立地

【人物语录】

"燃烧最亮的火把，要么率先燎原，要么最先熄灭。"

创业初期的一波三折，并未让身怀理想的刘庆峰和同学们因此放弃。他们通过不断努力拿到了安徽信托、美菱集团、合肥永信三家公司的 3 000 万元投资，科大讯飞开始步入正轨。2001 年，全球互联网行业持续低迷，而科大讯飞却发展迅猛，客户量翻倍。获得投资的科大讯飞并未独自发展，他们并未忘记自己的初心——国家智能语音科研工作的可持续发展。刘庆峰通过以企业为创新主体的产学研合作机制，将国内语音研究领域有着深厚技术积累的几家研究机构：中国科学技术大学、清华大学、中国科学院声学所和中国社会科学院语言研究所紧密团结在一起，从源头技术上整合了民族语音产业的核心资源，极大增强了核心技术自主创新能力，为中国培养人工智能语音人才。2005年，科大讯飞荣获中国信息产业自主创新最高奖"国家信息产业重点技术发明奖"。2008年，科大讯飞在深圳证券交易所成功上市。

【人物语录】

"上市绝非终点，我们离设定的发展目标还很远。语音产业有着更加光明的未来，我们要长期持有科大讯飞的股票，继续咬紧牙关，以持续创业的精神去成就更大的事业。"

"未来国与国之间的竞争，归根结底在于各国高科技企业之间的竞争。而高科技企业之间的竞争又是'标准'和'产业链'的竞争，得标准者、得产业链者得天下。科大讯飞要代表国家参与全球高科技竞争，努力发展成为中国乃至全球信息产业界的标杆企业。"

刘庆峰正带领科大讯飞朝全球最出色多语种语音和语言技术提供商的目标孜孜努力，立志把讯飞打造成国际著名的智能语音和语言技术研究高地，为中华民族语音和语言产业提供核心支撑，为人类社会的智能计算机发展做出创造性贡献。在安徽合肥科大讯飞总部，刻有"顶天立地"四个大字的巨石屹立在园区中心，技术要"顶天"，做到全球第一；应用要"立地"，切实为大众服务。正如刘庆峰所说，"做技术研发，就像是一名神枪手，随着水平的提高可以越打越准。而当好一名有科学家头脑的企业家，要像一个元帅，指挥成千上万的神枪手向同一个方向射击，来打赢民族语音产业这场仗。"因突出的科技创新和产业成就，刘庆峰先后获得"国家科技进步奖（二等奖）""信息产业重大技术发明奖"、中国青年五四奖章、何梁何利"科学与技术创新奖"及第三届优秀中国特色社会主义事业建设者等奖项。

第五节 蔚来汽车李斌： 从北大高才生到创业达人

【企业简介】

蔚来是一个智能电动汽车品牌，于2014年11月25日在上海注册成立，代表国产高端电动汽车参与全球竞争，旗下主要产品包括蔚来ES8、蔚来ES7、蔚来ES6、蔚来EC7、蔚来EC6、蔚来ET7、蔚来ET5、蔚来EP9、蔚来EVE等。蔚来致力于通过提供高性能的智能电动汽车与极致用户体验，为用户创造愉悦的生活方式。蔚来是立足全球的初创品牌，已在上海、北京、圣何塞、慕尼黑及伦敦等 12 地设立研发与生产机构，汇聚了数千名世界顶级的汽车、软件和用户体验的行业人才，在中国市场初步建立了覆盖全国的用户服务体系。蔚来汽车 LOGO 中的 NIO 取意 A New Day（新的一天），"NIO 蔚来"表达了蔚来追求美好明天和蔚蓝天空、为用户创造愉悦生活方式的愿景。蔚来 Logo 由象征着开放、未来的天空，以及象征着行动、前进的道路组成，诠释了蔚来 NIO 的品牌理念。

李斌

一、人物简介

李斌从小跟着外公外婆一起生活到初中。他外公把他未来的路安排好了，但是李斌觉得读书才是真正的出路，一定要读高中。最后他如愿以偿上了高中，高考时以太湖县文科状元的身份考上北京大学。随后取得北京大学社会学学士学位并辅修法律专业及计算机。他创办过南极科技、易车网，投资过摩拜单车。后来李斌创办蔚来，致力于打造一家新能源汽车企业，重塑用户使用汽车的全程体验。

二、创业经历

（一）北大才子，打工创业

在北大读书期间，李斌开始打工，进行不断尝试，成为连续创业者。在大学期间，他联合成立了北京南极科技发展有限责任公司，当时新浪、网易、搜狐都还未成立，南极科技成为中国最早的一批互联网公司之一，是中国主机托管服务商的先驱。1997年李斌又创办了北京科文书业信息技术有限公司。

【小故事】

李斌曾这样描述自己的第一份推销员工作："当时新世纪饭店那一块都是我的地盘，苹果公司就在那儿，那些写字楼的大门没有预约根本进不了。不过，我知道有一个后门，可以从饭店大堂二楼绕过去，躲开门卫。我还做过苹果公司的生意，卖传真纸、复印纸、各种各样的文具。"

（二）打造易车，先起后落

2000年李斌迎来了新起点，创立了易车网，赶上了中国汽车行业起步的火热局面。2000年也被称为中国的私家车元年，是中国互联网行业的一个里程碑年份。他之所以会去创办一个汽车类的网站，和他师兄密不可分。当时李斌本来准备去打工，此时他做公关行业的师兄，经常和很多汽车厂商打交道，并告诉他汽车行业的现状，于是李斌开始把关注点放在汽车行业上。产生想法后，李斌开始寻找投资人，北汽一出手投资了900万元。

然而，好景不长。随着互联网泡沫破裂，公司一年多就亏了400多万元，就在这个时候占股6成多的北汽提出要撤资，这对于易车网而言可谓雪上加霜。李斌称"我们8个人半年没发工资。我上大学的时候都是出门打车，一下子从天上到地下。那时候从北京方庄坐公共汽车到一个没有电梯的居民楼里上班，我口袋里就装着当天吃饭的钱，十几块钱、二十块钱。很惨。"

【人物语录】

"当时有两个信心，一、越来越多的人会买车；二、互联网是未来。"

不过好在泡沫散去之后，互联网开始普及，网民越来越多，易车网也逐渐好转，一直到2010年易车网成为中国第一个在纳斯达克上市的汽车网站，而此时李斌心里已经开始筹划造车。

（三）创立蔚来，化危为机

易车网的一波三折并未让李斌就此停下，2012年他萌生了在汽车领域创业的想法，两年后成立蔚来，并立志于创建全球化高端电动车品牌。2015年开始，蔚来先后在德国、英国、美国建立了子公司，并且聘请了宝马i系列的设计师Kris Tomasson来当设计总监，他为蔚来设计的ES8获得了德国红点年度设计大奖。同年，为扩大知名度，蔚来还成立了蔚来车队，参加国际汽联电动方程式锦标赛，并且获得了首个年度车手总冠军。

【人物语录】

　　"创业是没有止境的事情，创办一家公司可能成功也可能不成功，可能有小的成功可能有大的成功，但这个公司本身是没有尽头的。"

　　2019 年，ES8 自燃事件登上新闻，应对质疑，蔚来召回了 4 000 多辆车，销量大幅下滑，股价更是几乎跌至一美元。为更好营造公平竞争的市场环境，国家层面对于新能源的补贴政策将逐步退出，财政部等四部委联合发布《关于进一步完善新能源汽车推广应用财政补贴政策的通知》。早在 2017 年与蔚来洽谈好建厂的上海却喜迎特斯拉。一连串的事情使蔚来陷入破产危机，几乎没有人愿意投资蔚来，最后他甚至找到了吉利汽车，吉利同意投资 3 亿美元却附带着严苛的条件，他们希望占股 10%，并撤掉李斌的 CEO 职位。这样的"不平等条款"李斌并未接受，只能继续找投资。四处碰壁后，合肥拿出 70 亿元挽救了蔚来，并与蔚来汽车签署合作协议，希望蔚来中国总部项目落户合肥，互惠互利。

【人物语录】

　　"我们的愿景是让油车能去的地方电车都能去，让加电比加油更方便。短期来看，蔚来的充换电基础设施是超前投入；长期来看，对整体新能源汽车用户体验提升、做大市场至关重要。"

　　为保持产品市场竞争力，李斌表示，蔚来将持续加大核心技术研发投入，陆续在中国、美国、欧洲建立超过十个研发中心。

　　2021 年 9 月，蔚来开始在挪威交付，细分市场份额已位居前列。2022 年 10 月，蔚来正式宣布进入德国、荷兰、丹麦和瑞典，并在 2022 年 10 月开始在上述四国交付。2022 年，蔚来在全球新建换电站 538 座，累计建成 1 315 座，其中高速公路换电站 346 座，在中国完成"5 纵 3 横 8 大城市群"高速换电网络布局；累计建成充电桩 13 384 个。截至 2023 年 4 月，蔚来在国内已布局 1 326 座换电站，52 条目的地加电路线，用户已累计完成近 2 000 万次换电。

第六节　小红书瞿芳：国民种草机

【企业简介】

　　小红书是一个生活方式平台和消费决策入口，创始人为毛文超和瞿芳。小红书通过机器学习对海量信息及用户进行精准、高效匹配。小红书旗下设有电商业务，2017

年 12 月，小红书电商被《人民日报》评为代表中国消费科技产业的"中国品牌奖"。瞿芳和小红书 CEO 毛文超都是武汉人，他们在 2006 年相识。共同创立小红书之后，毛文超负责战略层面，瞿芳则主攻内部的组织管理。

瞿芳

一、人物简介

瞿芳 1985 年出生于武汉。双子座的她自认为是一个鬼马精灵、开朗大方、独立自强的人。她 12 岁开始住校，18 岁离开武汉到北京求学，就读于北京外国语大学。22 岁大学毕业后，在上海就职于贝塔斯曼（贝塔斯曼是一家拥有 178 年历史的企业，在世界 50 多个国家和地区拥有电视、图书、杂志、服务和媒体俱乐部等业务）。2013 年，瞿芳辞掉了贝塔斯曼的工作，和毛文超共同创立小红书，希望帮助用户发现美好生活。2015 年及 2016 年，瞿芳连续两年被《创业邦》杂志评为"值得关注的女性创业者"。2017 年 11 月，瞿芳登上腾讯"我是创始人"荣耀榜榜单。2018 年 2 月，瞿芳荣登福布斯 2018 中国商界 25 位潜力女性榜单。

二、创业经历

（一）勇做自己，辞职创业

大学毕业后，瞿芳进入世界 500 强的贝塔斯曼，并且一待就是 6 年。但是 2013 年的某天她突然辞职了，原因是碰到一个志同道合的武汉老乡毛文超。从此，瞿芳开启了创业之路。当时，瞿芳身边的朋友都很不解，是什么理由支撑她辞去贝塔斯曼的工作，和毛文超一起创业，踏上未知的征程。对此，瞿芳表示她只是在做喜欢的事情，并有勇气和信心能做好。

【人物语录】

"理由很简单，也很直接，因为喜欢，所以去做。而且我相信自己完全可以做好！"

据世界旅游组织统计，仅仅 2012 年，国人在海外的消费已经超过了 1 000 亿美元，创下了历史纪录。与此同时，不懂在海外买什么、不懂购物流程、怕买到假货的问题也困扰着大家。这让她想起自己曾经在国外买羊毛衫的经历，那么多人去国外购物，告诉他们买什么、去哪里买的指南肯定是刚需。于是，她和毛文超分头去找当地的购物达人，把她们的经验编写成了一本厚厚的书，书名就叫"小红书"。当然，书没有出版，只是 PDF 的电子版。2013 年 6 月，小红书在上海成立；10 月，她把这本书放到网上后，一个不可思议的纪录诞生了：下载量一个月飙到了 50 万次。这让瞿芳更加坚信自己的判断，跨境购物的需求非常庞大，那么如何把需求转化成价值成了瞿芳要思考的问题。

【小故事】

创业之初，有一次在飞机上，毛文超问瞿芳："你说我们要做一家什么样的公司？"瞿芳当时刚开过一天的会，又累又困，但她脱口而出的答案就是，"当然要做一家伟大的公司啊！"小红书之所以能够持续发展，背后正是小红书创始人团队希望做一家伟大企业的进取心与真实愿望。

2013 年，刚在 PC 端尝到甜头的她调转航向，把小红书开到了移动互联网的蓝海中。2013 年 12 月，香港购物指南 App 上线，小红书转型移动垂直社区，通过试点 2013 年中国出境目的地第一地香港，验证海外购物分享社区的可行性。没想到是过年期间国外旅游和宅在家玩手机的人一起冲垮了小红书服务器。随之而来的是，在小红书社区里分享旅行与美食的内容也逐渐增多，社区氛围也逐渐形成。2014 年 8 月，小红书安卓版本上线，小红书已经聚集了几百万用户了。12 月小红书正式上线电商平台"福利社"，从垂直社区到电商平台的转型，真正实现种草+商城的闭环。随着用户不断增多，转到电商航道上来的瞿芳以最快速度组建了海外采购团队、仓储物流团队、客服团队……好在她的方向没错，小红书转入电商后的 5 个月里，销售额超过两亿元人民币，到 2017 年，小红书第三个"66 周年庆大促"，开卖 2 小时即突破 1 亿元销售额，在苹果应用商店购物类下载排名第一，小红书用户突破 5 000 万。

（二）坚持初心，应对难题

【人物语录】

"小红书的内容生态是为用户而生的，所有的规则从建立到迭代，都是为了保证内容对用户的有用性，这点是从 2013 年创业之初就一直贯穿到现在的。"

2018 年下半年，瞿芳认为小红书的用户数量已经够多了，可以开展广告业务，也可以引入更多的创新型模式。然而，对于瞿芳及小红书管理层来说，如何在构建内容生态与商业化之间找到一个微妙的平衡点仍是一个难题。从卷入"烟草门"开始，到笔记被曝出造假，以及品牌合作人升级事件，外界对小红书的质疑声越来越大，甚至一度成为舆论的焦点。最后，小红书被下架了 77 天，这可以说是小红书最黑暗的一段时间，这也是小红书后来发布"啄木鸟计划"和《社区公约》的原因，只有建立起一个稳定的社区，小红书才能继续发展下去。

（三）不断探索，持续创新

随着小红书的用户数量越来越多，也需不断探索自己的变现模式。瞿芳很清楚，电商平台虽然是小红书最主要的商业模式，但小红书这个真实的、多元的、美好的 UGC，却是它的立足之基。2019 年 11 月小红书正式宣布进军直播电商，至此，小红书商业化收入模型已初步形成，20% 是电商，80% 是内容社区。

从最早的 PC 端 PDF 版《小红书出境购物攻略》，到推出专注于海外购物信息分享的 UGC 移动端社区 App，到社区向电商转型的商业化探索，再到内容多元化、引进明星生态与市场下沉，到了 2019 年，小红书推进面向 B 端品牌商的广告与整合营销服务，和优秀互联网企业一样，小红书一直在随着外部环境与内部能力的变化，而持续进行战略进化。

第七节　虎头鞋尚孟青：扎根非遗文化的技艺传承人

尚孟青
与母亲

【产品简介】

虎头鞋是中国传统手工艺品之一，寓意驱病辟邪，是长辈在孩子过"十二天"的时候送上的礼物和祝福，伴随了一代又一代孩子的幼年时光。尚孟青的母亲因为虎头鞋做得好，经常被亲朋好友委托做虎头鞋。虎头鞋既有实用价值，也具有观赏价值，同时又是一种吉祥物。

一、人物简介

尚孟青，1987 年出生，邢台市任泽区大屯乡三北张村村民，虎头鞋制作技艺传承人，20 岁开始和母亲一起制作虎头鞋，九玲（九领）虎头鞋厂负责人。2018 年，尚孟青的虎头鞋制作基地被河北省妇联授予"巧手坊"称号，将当地虎头鞋制作技艺发展成为一项集虎鞋、龙凤鞋、五毒鞋、扎根鞋等 8 种类型的特色产业。

二、创业经历

（一）发现商机，传承非遗

尚孟青在姊妹四个中最爱做手工，也学到了母亲的全套虎头鞋制作技艺。但大多数人并不了解虎头鞋，如何拓宽虎头鞋销售渠道，让虎头鞋生意做大做强，更好地传承虎头鞋制作技艺是创业的一项难题。同时，现在会做虎头鞋的人越来越少，为更好地传承和发展虎头鞋文化，让更多的人了解虎头鞋制作技艺，年仅 20 岁的她和母亲杨新弱一起创业，制售特色产品虎头鞋。

【人物语录】

"穿虎头鞋的孩子可能比以前少了，但有关虎头鞋的文化不会少。"

"刚开始创业的时候就在一间 20 多平方米的工作室内，我们的绣工也只有四五个。"

因虎头鞋纯手工制作、用料考究、做工细腻等特点，很快打开了销路。随着销量越来越好，虎头鞋逐渐成为村里的"大买卖"，订单一个接一个地找上门来。两年后，为扩大规模，带动当地村民就业，她着手扩大厂房、增加设备、招募工人。

（二）扩大规模，带动就业

【人物语录】

"既然有市场，那咱就可以带动更多人一起致富。"

　　如今，尚孟青的虎头鞋制作基地占地 600 多平方米，她通过"派单"的方式，将周边的老人、巧人组织起来共同绣制，带动了闲散劳动力，将周边 8 个行政村的 100 多户村民一起带向致富路。同时，她采取"基地+散户"方式，根据绣工的特长进行分工，擅长纳鞋底的就只做鞋底，擅长绣花的就专门绣花，通过流水线式的生产模式提升产品产量及质量。2010 年，虎头鞋制作技艺被评为区级非物质文化遗产；2018 年，她的虎头鞋制作基地被河北省妇联评为"河北省巧手脱贫示范基地""巧手坊"。2021 年，该项制作技艺被列入邢台市级非物质文化遗产名录。依托当地政府的好政策，虎头鞋市场也逐渐被打开。现在尚孟青的虎头鞋制作已成为一项集虎头鞋、龙凤鞋、五毒鞋、扎根鞋等 8 种类型的特色产业，也在向虎枕、虎头饰品等工艺品、母婴用品方向拓展，产品已销至全国各地。另外，随着基地规模及人员队伍的壮大，公司正式注册了"嘟乐琦"商标，积极开启网上销售平台。

第八节　"川香秋月"吴秋月：回乡创业"新农人"

吴秋月

【"川香秋月"】

　　"川香秋月"本名吴秋月，1988 年出生，四川省泸州市纳溪区白节镇竹海村人，乡村生活自媒体创作者，她也是泸州城市宣传官，靠着自己的努力成为拥有 1 000 万粉丝的短视频达人。

一、人物简介

　　吴秋月生于 1988 年，是生活在四川泸州市纳溪区白节镇竹海村的普通农民，是乡村生活自媒体创作者、泸州城市宣传官。中专毕业后，年仅 17 岁的她前往深圳进入电子厂打工，希望能为家里缓解经济压力。在深圳打工期间，吴秋月与丈夫黄中平相识相恋，不久后两人便结婚生子。婚后夫妻二人辗转去了宁波、成都。2012 年，为了照料年迈的父母、陪伴年幼的孩子，她与爱人选择回到家乡创业，顶着压力开起了网店，先卖鞋子，又卖特色小吃。吴秋月是从 2019 年底开始创作乡村生活短视频的，凭借一条石磨豆花的视频获得网友关注。目前"川香秋月"已有粉丝 1 100 万，2021 年 9 月，由百度百家号推出的"好巴适，川渝"助农带货直播开启。川香秋月作为此次受邀的乡土文化能人出席活动。截至 2022 年 3 月，与吴秋月合作的农户达一百多家，与她合作的一家食品加工厂规模也从原来的五人增加到三百多人。2022 年 9 月，川香秋月（吴秋月）被泸州市聘任为"泸州城市宣传官"。2022 年 6 月 15 日，川香秋月在 CCTV-2《回家吃饭》栏目推荐泸州特色美食。在创业过程中，吴秋月、黄中平夫妇不断探索新模式，将视频创作与浓浓的家乡情怀相融合，为乡村振兴注入了新农人的活力。

二、创业经历

（一）真实质朴，视频涨粉

2019 年，吴秋月和丈夫黄中平关掉了工厂和网店，多年起早贪黑赚来的几十万元积蓄也被亏掉。2020 年年初，疫情暴发，在家的吴秋月觉得"那会儿在家没事做，经常刷短视频，觉得既然别人能做好，自己再努力一把，再用心一点，应该也可以的。"于是她很快决定以乡村生活为素材创作短视频。刚起步的时候，她从头学起，一遍又一遍地练习，经常通宵达旦。在西瓜 APP 上的点击量才六百出头，反响不是很好。随后，她开始转型，选材展现最原始的农村生活。吴秋月回忆起那时的情景，"经常为了一个别人看起来可能很简单的小问题尝试很久。有一次凌晨四五点钟，妈妈都睡醒了，看到我们还在对着电脑研究。"随着吴秋月拍摄的短视频逐渐获得越来越多网友的喜爱，抖音账号不断涨粉，现已拥有 1 100 万粉丝，获赞 1.2 亿，是当地大有名气的网红。吴秋月一直认为大家之所以喜欢她的视频正是因为真实质朴的乡村生活。

【人物语录】

"做任何事，都要适合自己。现在有些网红，本来不住在农村，却在农村租房子拍视频，这不是一件长久的事，不能为了拍视频而拍视频。我从小生活在农村，我拍的就是日常的生活，是真实的，我不会为了拍摄而去编一些剧本，或者做一些抓眼球的事情。"

吴秋月表示在拍视频之前"顶多是明天做什么菜、吃什么饭会提前想一下"。她希望把细节真实、自然的乡村生活表现出来，而不是为博眼球写脚本。在众多身份中，"新农人"是吴秋月最认可的一个。

【新农人】

新农人是指具有科学文化素质、掌握现代农业生产技能、具备一定经营管理能力，以农业生产、经营或服务作为主要职业，以农业收入作为主要生活来源，居住在农村或城镇的农业从业人员。中国农业科学院农业经济与发展研究所发布的《短视频为新农人搭建平台助推农业高质量发展》报告对"新农人"的作用也作了归纳，其中最主要的是"新农人"提升了农业附加值，实现农业的规模化发展。

（二）万斤萝卜走出大山

【人物语录】

"在我父母那一辈，种的红薯吃不完只能用来喂猪，没有其他想法，但我不这样认为，我觉得应该把红薯加工成产品，比如小零食、粉条卖出去。在父母那个年代，他们也不懂得怎么与外界交流，也没有平台帮助他们展现商品、销售商品，但现在不一样，我们应该充分利用电商的优势。再有就是生产方式，过去农作物基本上是自家种自家吃，各种各的，大家彼此不交流，但现在大家是集体行动，集中销售。"

【四川理塘高山萝卜】

高山萝卜有着肥大的肉质。其形状、大小、色泽等因品种不同而异，有长圆筒形、长圆锥形、扁圆形等。外皮一般白色，肉质颜色大多为白色，肉质根的大小差异也很大，在肉质根生长盛期，大量的同化物质输送到肉质根内贮藏，肉质根膨大，生长速度快。理塘县属于中国四川西部的甘孜藏族自治州，以丘状高原和山原地貌为主，气候特殊，在此地区农村高山上生长的萝卜，在经历过雨雪风吹后，味道更甜、气味更香，价值也更高。

2020 年 5 月，当时吴秋月才做短视频没多久，四川理塘的高山萝卜因无人问津而愁销路，当地的萝卜干加工厂也濒临倒闭。吴秋月也一直希望通过自己的"火"，能为家乡做点力所能及的事，把家乡特色推广出去。于是她决定拍一条有关当地萝卜干的视频，没想到随着视频的观看量越来越多，萝卜干也逐渐火起来成了网红食品。据吴秋月介绍，仅 2021 年，她的网店就消耗了 4 000 万斤萝卜。目前，在吴秋月的店铺里，萝卜干仍然是卖得最火的产品。随着萝卜干的热销，使原本面临倒闭的萝卜干加工厂从原来的几人规模扩大到现在几百人规模，使当地村民有了新的就业机会，带动当地就业。

【新华社评价】

"她的每个短视频冒着烟火气，把山货送出乡村，为农民带来收益，为消费者带去美味。"

除了高山萝卜，他们还在电商"山货上头条"的扶助下推广销售四川钵钵鸡调料、糍粑、腊肉香肠等四川土特产。2022年，他们在理塘建萝卜干加工厂，以此带动理塘当地农民就业；四川稻城也被纳入他们的规划，以扩大萝卜种植面积。

（三）饮水思源，建设家乡

吴秋月是"三农"美食短视频创作者、乡村振兴新农人、纳溪区人大代表，目前已创立"三农"人格化品牌，大力发展农业，为乡村振兴作出贡献，是全国新农人的杰出代表。作为千万级粉丝网红的她始终不忘回馈家乡。作为泸州市城市推荐官，她主动宣传家乡文化旅游，带动当地就业；在泸县"9·16"地震后，采购大米3 500斤、各类蔬菜1 500斤、花生油280斤、方便速食24件、萝卜干144瓶、月饼64斤，联系3辆货车，第一时间将这批物资送往泸县嘉明镇；在得知家乡的公路缺少保障设施时，立即捐赠60盏太阳能路灯，惠及乡里，照亮村民的出行之路……

第九节　华龛生物刘伟：细胞"智造"精英

刘伟

【企业简介】

北京华龛生物科技有限公司由清华大学医学院杜亚楠教授科研团队领衔创建，清华大学参股共建，核心技术源于清华大学的科技成果转化。公司专注于打造原创3D细胞"智造"平台，提供基于3D微载体的细胞规模化定制化扩增工艺整体解决方案。华龛生物的产品与服务，可广泛应用于基因与细胞治疗、细胞外囊泡、疫苗及蛋白产品等生产的上游工艺开发。同时，在再生医学、类器官与食品科技（细胞培养肉等）领域也具有广泛应用前景。

一、人物简介

刘伟，北京华龛生物科技有限公司创始人、首席执行官；清华大学医学院博士、博士后；国家奖学金获得者，北京市优秀毕业生；公司核心技术三维干细胞大规模培养扩增及微组织再生治疗技术的主要发明人。刘伟对干细胞与生物材料的研发经验丰富；曾发表多篇学术论文，申请并授权多项国内外专利。他曾获得清华大学与伯克利大学"GTE"联合创业领导力项目结业，和君商学院第十一届学员；第三届东升杯国际创业大赛创业组第 1 名；北京市教委高校创业大赛一等奖；清华大学"校长杯"十强等。同时，他也是清华企业家协会青年会员，2019 年中关村 U30 获得者，入选福布斯中国 2019 年 30 岁以下精英榜。

二、创业经历

（一）积极研发，积累经验

本科毕业后，刘伟进入清华大学开启科研生涯，当时的他与多数人一样面临人生的重要选择。在第一次与导师杜亚楠见面时，杜亚楠对他提出："要做一个顶天立地的人，深入研究为国家科研事业作出贡献，并将研究成果落地解决实实在在的问题。"正是受到导师的影响，刘伟决定做一个不仅"顶天"还要"立地"的人，要将研究成果落到实处。

【杜亚楠】

杜亚楠教授，2002 年本科毕业于清华大学化学工程系化学工程与工艺专业。2007 年毕业于新加坡国立大学生物工程系并获该专业博士学位。2007—2010 年在美国麻省理工学院和哈佛大学进行博士后研究。杜亚楠教授目前是清华大学医学院生物医学工程系教授，同时也是华龛生物的首席科学家。2022 年 2 月，被中国科协授予第二十四届中国科协求是杰出青年成果转化奖。

【人物语录】

"我创业的初心是想做一些有应用价值的科研，这与我个人性格想法有关，我偏向应用型研究。我的导师培养人才有两个方向：做高水平的文章、做转化应用型成果，而我入学就选择了后者。导师希望他的学生是有创新意识、转化应用意识的，也着重向这个方向培养人才。"

确定目标后，刘伟在短短 3 年时间就达到博士毕业的要求，随后开始为创业打基础、积累经验，经常带着研发项目参加各种比赛，拜见投资人。

（二）成立公司，克服困难

2018 年，华堯生物在启迪之星成立。公司基于自主知识产权的原创性 3D 微组织工程技术，推出了系列仿生 3D 细胞技术产品，专注于解决定制化、规模化、自动化、高质量的干细胞培养扩增工艺；致力于研发基于原位局部注射的干细胞 3D 微组织治疗新药；聚焦于开发 3D 细胞高通量药物筛选产品，为高校科研院所、临床机构、干细胞企业及药物研发企业提供创新性的 3D 细胞技术产品与服务，推动干细胞应用领域与新药研发领域的快速发展。

【人物语录】

"对于年轻的创业团队来说，凭借的就是激情动力，或者说活力吧，这个也是我们高管希望看到、体验到的状态。我们比较关注这个过程中大家是否有幸福感，是否有凝聚力。"

华堯生物是从清华实验室走出来的团队，公司员工大多是年轻的学生，刚从学校出来就创业，几乎都没有工作经验，尤其是团队管理问题与沟通问题，大家只能摸索着去解决。此时，杜亚楠教授作为团队中的黏合剂，团结大家，为大家指引和把控方向，成为在管控团队分歧上的关键一环。克服困难后，通过七年的科研积累和对技术落地的坚持，华堯生物发展迅速，公司成立不久，便拿到了千万级融资，而刘伟个人也入选福布斯中国 2019 年 30 岁以下精英榜。

（三）潜心研究，积极抗疫

【人物语录】

"可能在一些传统医药研发中，我们和国外有着几十年的差距，但是在生物制药领域，尤其是细胞治疗新药领域，我们并未比国外落后多久，甚至在一些细分领域，我们的技术是领先于国际的。另外从新药的开发历程讲，干细胞新药治疗方面需要解决的问题还有很多，例如生产工艺、质量评价、临床应用等，国外也处于研发阶段。"

2019 年 12 月疫情暴发，华堯生物受此影响，部分产品市场推广计划被迫延期。于是华堯生物决定专注自身、潜心研究、积极创新、不断突破，潜心为后续发展打好基础。与此同时，突如其来的疫情也让刘伟感受到肩负的社会责任，他希望华堯生物为抗击疫情能提供创新的治疗方案，于是联合国内知名干细胞制药企业、科研高校及临床机构共同合作推进 3D 制造间充质干细胞治疗重型新冠肺炎中细胞因子风暴的临床研究项目。创业不是盲目跟风，更不是一朝一夕的事情，在华堯生物及其创始人刘伟的身上，不仅可以看到他对事业的热忱，还能看到把事业与社会责任结合在一起的决心。

（四）积极创新，推动发展

公司成立以来，凭借自主创新及各方支持，华龛生物已然成为国内干细胞制药领域一颗冉冉升起的新星，通过与高校合作，推动技术研究革新，突破产业发展瓶颈，华龛生物把成为细胞药物生产制造和药剂开发的全球领导者作为公司的未来发展目标。目前华龛生物已完成近 4 亿元融资，国际对外展示中心也将在上海落成。未来，华龛生物将持续以开启细胞产业化发展新时代为愿景，聚焦生物医药领域 3D 细胞智造与再生医学方向相关技术开发及落地，推动细胞产业与社会发展的深度融合，为医学事业发展贡献力量。

第十节　Keep 王宁：90 后大学生创业的六年

王宁

【企业简介】

Keep 是一款健身 App，被评为"App Store 年度精选应用"。从 2015 年 2 月 4 日上线至今，Keep 致力于提供健身教学、跑步、骑行、交友及健身饮食指导、装备购买等一站式运动解决方案。Keep 已开设线下运动空间 Keep land，并发售 Keep Kit 系列智能硬件产品。Keep 作为一家全球化的运动科技公司，以数据为基础，不断钻研和专注前沿科技，持续为用户提供优质的运动解决方案，公司愿景是成为全球较大的智能运动运营商，让用户在 Keep App 体验海量的运动课程和专业的运动工具，和社区的好友一起随时随地跟练、记录和分享，尽享专属于你的运动时刻。

一、人物简介

王宁，90 后创业者，毕业于北京信息科技大学，运动爱好者，也是减肥成功者。

他一直希望可以通过"Keep"帮助更多的人爱上运动、科学运动、改善人们的运动生活方式，坚守的创业信条——"高筑墙、广积粮、缓称王"。2016 年，王宁入选福布斯亚洲首份 30 位 30 岁以下精英榜。

二、创业经历

（一）不断尝试，积累经验

王宁在北京信息科技大学学习期间就一直寻找各种机会出去实习，在 2014 年毕业决定创建 Keep 之前，王宁实习过的公司已超过六家，时间最长、影响最深的是猿题库。也正是这次实习经历，不仅给王宁积累了丰富的经验，也使他找到了自己的产品合伙人。

【人物语录】

"什么事我都干，你让我干什么都可以，你只要让我能进来，让我工作起来，人力、财务、行政、运营、产品、测试，我全都搞。"

在 Keep 之前，也是在猿题库的实习过程中，大学为了鼓励创业，向一些学生项目提供种子资金，于是王宁拿着学校给的不到十万元，带着几个技术顶尖的同学一起开始创业，提供的是类似于"超级课程表"的产品。虽然产品效果较好，但由于种种原因仅仅维持了三四个月。正是这次失败的创业，使王宁意识到"经验"的重要性。于是他又回到猿题库全职实习，决定再去学习与沉淀一段时间。

【人物语录】

"创业者如果没有经历过足够的社会历练，根本没有能力带着团队往前走。整个团队里只有我一人是有比较多的实习经历的，其他人都是完全依赖我，靠我一人做产品和设计，靠我一个人推动去做市场，非常难，我说怎么搞就怎么搞，绝对就是几个小伙伴过家家。这不是我想要的，真要这么干，公司问题非常大。我在猿题库这样棒的创业公司里待过，我知道好的公司应该是什么样的，而我们完全做不到那样的氛围，必死无疑。"

临近毕业之际，猿题库本来有心把王宁留下来做正式员工，但王宁说他要创业了。

（二）立志减肥，顺势创业

【小故事】

王宁在参加腾讯大学独家自制节目《CEO 来了》时提到："我开始减肥的时候是大

四毕业前，在准备毕业答辩，那时候，刚和女朋友分手，自己空闲的时间会非常多。在这个过程中，我就想着是不是可以改变自己。当一个人从180斤瘦到128斤，很多人都会问你，你是怎么瘦的，刚开始还比较沾沾自喜，愿意去分享自己的一些减肥经历，把自己的运动和减肥的知识传播更广。但这个过程，慢慢久了，会觉得比较疲惫，那个时候就想，要不然就做一个小的产品出来？也算是自己毕业前的一份作业，或者是一个功课，如果能帮助更多人，岂不是更好的一件事！完全是这样一个很偶然的出发点，没想到Keep会发展成今天这样。定义这款产品的名字的时候，想到在减重过程中，让你坚持到最后的那个点是什么？我觉得可能是毅力，毅力的背后，就是坚持。所以我们才把产品的名字叫Keep。"

王宁基于自身在健身时发现的难题：如去健身房却发现面临是做有氧还是无氧的困惑；激励制度的缺乏；缺乏汇聚相同爱好者的渠道等。国外已经出现了一批诸如Fit Star、Nike Training的视频课程类健身产品，但国内还没有出现成熟的同类应用。因此，王宁萌生了打造一款满足国内健身爱好者的健身软件。

（三）以诚待人，感动资本

有了想法后，王宁和他的团队向着目标开始努力，2014年11月初开始写第一行代码，2015年2月Keep上线App Store，上线后，数据瞬时漂亮得令人心跳，上线一周后，Keep就完成了A轮。

【人物语录】

"我去见投资人时，一般上来先讲我们的缺点，比如我们团队现在缺什么样的人，缺多少钱，面临什么问题、挑战是什么等。我可能用一半时间在讲我们到底存在什么问题，哪些问题是有解决方案的，哪些问题还没有解决方案，我也想听听他们的建议。我跟投资人沟通的方式都是这样的。可能他们觉得我是一个比较诚恳的创业者，也会有一些加分吧。"

王宁在创业之初就与一些投资机构有接触，投资者也一直在观察产品情况。Keep上线后漂亮的数据使得投资者纷纷开始投资。本来王宁只报了300万美元的融资额，但法国背景的银泰资本愿意投500万美元。于是王宁将情况汇报给也在谈的贝塔斯曼亚洲投资基金后，贝塔斯曼亚洲投资基金表示也愿意跟投。

【人物语录】

"天使看中我的一点应该是身上的毅力和坚持，我觉得一个减肥成功者，可能做事情不会太差。另外我们团队有比较清晰的打法，执行力也比较强。那时候我们想，我们的核心目标还是让用户喜欢，我相信只要用户喜欢，资本市场一定能看到我们。"

没过多久，GGV 领投 1 000 万美元。他认为 Keep 的 B 轮要选一家有硅谷背景、有名气的 VC，而 GGV 的战略视野、资源与口碑在圈里也很好。虽然没有想过这么快启动 B 轮，但主动找上门来的 GGV，也正好是王宁心仪的 VC，于是这次融资算是一场"双向奔赴"。王宁认为"从 A 轮、B 轮到 C 轮，包括腾讯的 C plus 这几轮融资，我们都没有主动去市场上寻找，完全是志同道合的投资人找到我们，大家谈的过程中，有共同的价值观、理想，是这样一个关系。"

附录 1　大学生创新创业的当地政策

区域	省份	担保贷款和贴息政策	创业补贴	税费减免	经营场地补贴
东部地区	浙江省	高校毕业生来浙江创业个体可贷款最高 50 万元,或最高不超过 300 万元的小微企业创业担保贷款,若个体创业失败贷款 10 万元以下的,由政府代偿;贷款超过 10 万元的,由政府代偿 80%,并进行全额贴息,取消反担保	对从事家政、养老和现代农业创业的,政府给予 10 万元创业补贴;对家庭困难的毕业生发放每人 3 000 元的求职创业补贴;对创业带动就业的每增加 1 人补贴 1 000 元,每年不超过 2 万,期限不超过 3 年	自办理个体工商户登记当月起,在 3 年内按每户每年 14 400 元为限额,依次扣减其当年实际应缴纳的增值税、城市维护建设税、教育费附加、地方教育附加和个人所得税	新办的大学生自主创业企业入驻市级创业园的,两年内由地区政府为其提供 50 平方米以内的免费经营场地;在创业园外租赁房屋用于创业的,两年内由财政给予房租补贴,第一年补贴 1 元/平方米/天,第二年补贴 0.5 元/平方米/天
	江苏省	高校毕业生可在创业地申请期限最长 3 年、最高额度 50 万元的创业担保贷款,或最高不超过 300 万元的小微企业创业担保贷款由财政按规定给予贴息。开办“网店”的高校毕业生,可同等享受高校毕业生自主创业担保贷款和贴息政策	江苏省大学生优秀创业项目给予最高 10 万元的一次性补助;初始成功创业并正常经营纳税半年的给予高校毕业生 4 000 元一次性创业补贴;毕业五年内的初始大学生创业企业可享受 2 000 元的青年大学生开业补贴;与其签订 1 年以上劳动合同并缴纳社会保险费,按吸纳就业人数给予每人 2 000 元的一次性创业带动就业奖励,每个创业实体最高可享受 2 万元奖励	自办理个体工商户登记当月起,从事个体经营的,3 年内按每户每年 14 400 元为限额依次扣减其当年实际应缴纳的营业税、城市维护建设税、教育费附加和个人所得税	符合大学生初创项目,入驻经认定的创业载体,三年内免收租金或给予场租补贴;在创业载体外租用场地创业的,三年内给予每月不超过 800 元的租金补贴;利用自有房产创业的,给予每月 300 元的运营综合补贴
	北京市	符合条件的高校毕业生,可申请最高不超过 50 万元的个人创业担保贷款,或最高不超过 300 万元的小微企业创业担保贷款;50 万元以下贷款,原则上免除反担保措施	对符合条件的创业组织,给予 8 000 元的一次性创业补贴;创业组织每招用 1 名本市户籍劳动力并为其缴纳社会保险费累计满 6 个月的,再给予 1 000 元的补贴	从事个体经营的,自办理个体工商户登记当月起,在 3 年(36 个月)内按每户每年 12 000 元为限额依次扣减其当年实际应缴纳的增值税、城市维护建设税、教育费附加、地方教育附加和个人所得税	为毕业 2 年内的北京地区高校毕业生免费提供不超过 3 年的场地支持。政府投资开发的孵化基地等创业载体安排 30% 左右的场地,免费提供给高校毕业生。各区对高校毕业生初次租用创业场地的,可给予场地租金补贴

区域	省份	担保贷款和贴息政策	创业补贴	税费减免	经营场地补贴
东部地区	天津市	高校毕业生个人创业担保贷款最高额度上浮至50万元;对高校毕业生设立的符合条件的小微企业,最高贷款额度300万元,并按规定享受贴息支持	在津首次创办企业(含个体工商户),经营满一年,带动1人及以上就业可领取3 000元创业一次性补贴;对有求职创业意愿的本市院校毕业学年困难学生,按规定给予每人3 000元的求职创业补贴	自办理个体工商户登记当月起,从事个体经营的,3年内按每户每年14 400元为限额依次扣减其当年实际应缴纳的营业税、城市维护建设税、教育费附加和个人所得税	租赁房屋创业的每月补贴1 000元,在此基础上,每带动1人就业(签订1年以上劳动合同),每月再增加500元。每月最高2 500元;租赁工位创业的每月300元。在此基础上,带动1人及以上就业,每月再增加300元。每月最高600元,最长2年房租补贴
	上海市	符合条件的高校毕业生,可申请最高不超过50万元的个人创业担保贷款,或最高不超过300万元的小微企业创业担保贷款	本市户籍、毕业2年以内的高校毕业生,在本市首次创办小微企业、个体工商户等创业组织满1年且按规定至少为1人缴纳城镇职工社会保险费满6个月的,可申请8 000元的首次创业一次性补贴	毕业年度内高校毕业生从事个体经营的,自办理个体工商户登记当月起,在3年内按每户每年1.44万元的限额依次扣减相关税费	按吸纳本市劳动者人数申请创业场地房租补贴,补贴标准为每吸纳一人每年最高补贴不超过3 000元;进入市级创业孵化示范基地孵化,且在孵化期内成功创办小微企业的最高补贴1万
	河北省	符合条件的高校毕业生,可申请最高不超过20万元的个人创业担保贷款,或最高不超过300万元的小微企业创业担保贷款,LPR-150BP以下部分由借款人承担,剩余部分由财政给予贴息	正常经营半年的给予高校毕业生4 000元一次性创业补贴;对于初次创业并正常经营半年的5年内高校毕业生给予一次性创业补贴,补贴项目为每个创业项目5 000元;给予毕业5年内的高校毕业生创办企业最长3年五项社保补贴;与其签订1年以上劳动合同并缴纳社会保险费,按吸纳就业人数给予每人1 000元的一次性创业带动就业奖励	自办理个体工商户登记当月起,从事个体经营的,3年内按每户每年14 400元为限额依次扣减其当年实际应缴纳的营业税、城市维护建设税、教育费附加和个人所得税	创办3年内租用经营场地和店铺的可以申请场地租金补贴,标准为100平方米以下的每年不超过3 000元,100平方米以上的每年不超过5 000元
	福建省	符合创业担保贷款申请条件的大中专院校(含技校)在校生及毕业5年内的毕业生贷款额度最高30万元。小微企业当年新招用符合创业担保贷款申请条件的人员数	对首次创办小微企业或从事个体经营并正常经营6个月以上的毕业5年内大中专院校(含技校)毕业生,可给予最高不超过10 000元的一次性创业补贴;对初创三年内的小微企业、个体工商	毕业年度内高校毕业生从事个体经营或创办个人独资企业的,在3年内按每户每年14 400元为限额依次扣减其当年实际应缴纳的增值税、城市维护建设税、教育费附加、	对在各类创业园区或创业孵化基地外租赁房用于创业的,由纳税所在地财政按租赁场所租金的50%给予补助,最长2年,每年最高补贴3 000元

续表

区域	省份	担保贷款和贴息政策	创业补贴	税费减免	经营场地补贴
东部地区	福建省	量达到企业现有在职职工人数 15%（超过 100 人的企业达到 8%）并与其签订 1 年以上劳动合同的，可申请最高 300 万元的创业担保贷款	户吸纳就业的（签订 1 年以上期限劳动合同并缴纳社会保险费），可按人数给予每人不超过 1 000 元、总额不超过 3 万元的创业带动就业补贴	地方教育附加和个人所得税	
	山东省	符合创业担保贷款申请条件的个人贷款额度最高 20 万元。小微企业贷款额度最高 300 万元，小微企业创业及个人承担 LPR-150BP 以下部分担保贷款利息，剩余部分由财政给予贴息。对大学生和高校毕业生个人 10 万元及以下的创业担保贷款免除反担保	对首次领取小微企业营业执照，正常经营 12 个月以上给予一次性创业补贴，补贴标准不低于 1.2 万元，有条件的市可将一次性创业补贴政策放宽到符合条件的新注册个体工商户，补贴标准不低于 2 000 元；吸纳登记失业人员和毕业年度高校毕业生（不含创业者本人）并与其签订 1 年及以上期限劳动合同按照申请补贴时创造就业岗位数量和每个岗位不低于 2 000 元的标准给予一次性创业岗位开发补贴	高校毕业生从事个体经营的，自办理个体工商户登记当月起，在 3 年（36 个月）内按每户每年 14 400 元为限额，依次扣减其当年实际应缴纳的增值税、城市维护建设税、教育费附加、地方教育附加和个人所得税	政府投资开发的创业载体安排 30% 左右的场地免费向大学生和高校毕业生创业者提供。对创办小微企业租用独立经营场地并正常经营 12 个月以上的，未享受相应的政府场地租赁费用减免的，给予 5 000 元的创业场地租赁补贴，每年可申请一次，补贴期限最长不超过 3 年
	广东省	符合条件的大学生个人可申请最高 30 万元的创业担保贷款，创业带动 5 人以上就业的可申请最高 50 万元的创业担保贷款，对大学生创办的符合条件的小微企业可申请最高 500 万元的创业担保贷款	符合条件的自主创业大学生可申请 1 万元一次性创业资助；招用 3 人（含 3 人）以下的按每人 2 000 元给予补贴；招用 3 人以上的每增加 1 人给予 3 000 元补贴，总额最高不超过 3 万元。优秀创业项目可资助 5 万~20 万元	高校毕业生从事个体经营的，自办理个体工商户登记当月起，在 3 年（36 个月）内按每户每年 14 400 元为限额，依次扣减其当年实际应缴纳的增值税、城市维护建设税、教育费附加、地方教育附加和个人所得税	政府投资开发的孵化器等创业载体应安排 30% 左右的场地，免费提供给高校毕业生，有条件的地方可给予租金补贴；普通高等学校在校及毕业 5 年内高校毕业生创办初创企业租赁场地用于经营，可申请创业租金补贴，珠三角地区每年最高 6 000 元、其他地区每年最高 4 000 元，补贴期限累计不超过 3 年

区域	省份	担保贷款和贴息政策	创业补贴	税费减免	经营场地补贴
东部地区	海南省	个人贷款额度最高不超过30万元,小微企业贷款额度最高不超过300万元,LPR－150BP以下部分,由借款人和借款企业承担,剩余部分财政给予贴息,展期和逾期的不予贴息	毕业后初次创办企业或从事个体经营,所创企业或个体工商户自注册登记之日起,正常运营1年以上且缴纳社会保险费;按每个法人1万元给予一次性补贴。在毕业年度内有就业创业意愿并积极求职创业的困难的我省高校毕业生按每人1 500元给予一次性补贴;对创业带动就业的每增加1人给予一次性奖励2 000元	毕业年度内高校毕业生持《就业创业证》的人员,从事个体经营的,自登记之日起3年内按每年14 400元的限额依次减免当年应缴纳的增值税、城建税及附加、个人所得税	在海南可以凭借就业创业的相关证明材料申请住房租赁补贴或购房补贴,住房租赁补贴累计发放不超过36个月,每季度集中受理和发放一次,具体标准为:博士3 000元/月;硕士2 000元/月;本科1 500元/月
东北地区	辽宁省	符合条件的个人可申请最高不超过20万元的个人创业担保贷款,符合条件的小微企业可申请最高不超过300万元的小微企业创业担保贷款	高校毕业生首次在省内创办小微企业或从事个体经营且成功申领创业担保贷款的,给予不低于3 000元的一次性创业补贴,具体标准由各市确定	符合条件的辽宁省高校毕业生从事个体经营的,自办理个体工商户登记当月起,在3年(36个月)内按每户每年14 400元为限额依次扣减其当年实际应缴纳的增值税、城市维护建设税、教育费附加、地方教育附加和个人所得税	毕业3年内未进入孵化基地、自行租赁场地进行首次自主创业(首次领取工商营业执照)的全日制高校毕业生,给予6 000元/年的补贴。对符合申领条件的困难家庭全日制高校毕业生给予10 000元/年的补贴。对于年租金低于其享受补贴标准的据实拨付。补贴期限最长不超过2年
	吉林省	个人创业贷款额度最高为20万元,中小微企业的贷款额度最高为400万元,取消反担保	高校毕业生给予1 500元/人的创业培训补贴;给予一次性5 000元的初创补贴;对毕业年度内有就业创业意愿并积极求职创业的困难高校毕业生,一次性给予每人1 500元的求职创业补贴;学习期间获得过国家助学贷款的高校毕业生,一次性给予每人800元的求职创业补贴	对于符合条件从事个体经营的人员,在3年内按每户每年14 400元为限额依次扣减其当年实际应缴纳的增值税、城市维护建设税、教育费附加、地方教育附加和个人所得税	依据创业实体与大学生创业园签订的入园协议书,按照创业园所在地相关费用标准及场所使用面积,对创业实体场租费补贴50%;水电费按实际缴纳金额补贴50%
	黑龙江省	个人创业贷款额度最高为20万元,中小微企业的贷款额度最高为300万元,取消反担保	凡大学生在我省创业的,按照省种子资金管理办法规定条件,对其创业项目给予2 000元的一次性创业项目补贴;对在毕业年度内有就业创业意愿	对于符合条件从事个体经营的人员,在3年内按每户每年14 400元为限额依次扣减其当年实际应缴纳的增值税、城市维护建设	按照孵化基地内用于大学生创业企业孵化的总面积,每月给予5元/平方米的补贴,用于场租、水电费、物业费、采暖费等费用。

区域	省份	担保贷款和贴息政策	创业补贴	税费减免	经营场地补贴
东北地区	黑龙江省		并积极求职创业的特殊家庭中的高校毕业生,给予一次性 1 000 元的求职创业补贴。对创业带动就业 10 人以上的大学生创业企业,给予 5 000 元的奖励	税、教育费附加、地方教育附加和个人所得税	大学生创业企业入驻各类大学生创业孵化器,享受第一、二年免费,第三年按 50% 缴费的优惠扶持政策
中部地区	山西省	符合条件的个人可申请最高不超过 15 万元的个人创业担保贷款,符合条件的小微企业可申请最高不超过 300 万元的小微企业创业担保贷款,由财政部门按规定给予贴息	对高校毕业生首次创业并带动 1 人以上就业,在市场监管部门注册且有纳税行为或者缴纳社会保险费后,将一次性创业补贴、创业场租补贴、自主创业社保补贴打包集成,给予创业实体15 000 元的扶持	从事个体经营的,自办理个体工商户登记当月起,在 3 年(36 个月)内按每户每年14 400 元为限额依次扣减其当年实际应缴纳的增值税、城市维护建设税、教育费附加、地方教育附加和个人所得税	对高校毕业生自主创业且正常经营 6 个月以上的,按每年不超过 2 000 元的标准给予最长 3 年的经营场地租金补贴
	安徽省	符合条件的个人可申请最高不超过 50 万元的个人创业担保贷款,符合条件的小微企业可申请最高不超过 300 万元的小微企业创业担保贷款,由财政部门按规定给予贴息	毕业 2 年内的高校毕业生(含技工院校高级工班、预备技师班毕业生),首次创办小型微型企业正常运营 6 个月以上、并连续缴纳社会保险 6 个月以上按规定给予 1 万元初始创业补贴;对首次创业并正常经营 6 个月以上的返乡创业人员,带动 3 人以上就业且签订 1 年以上劳动合同的给予一次性 5 000 元创业补贴,对带动建档立卡贫困劳动者就业的,按照每人2 000~3 000 元再给予一次性补助;对在毕业年度有就业创业意愿并积极求职创业的特殊家庭中的高校毕业生,给予一次性 1 500 元的求职创业补贴	从事个体经营的,自办理个体工商户登记当月起,在 3 年(36 个月)内按每户每年14 400 元为限额依次扣减其当年实际应缴纳的增值税、城市维护建设税、教育费附加、地方教育附加和个人所得税	政府投资开发的创业载体应安排 30% 左右的场地,免费提供给高校毕业生、返乡农民工等群体;各类创业园区自创业实体入园之日起,3 年内给予房租减半补贴;1 年内给予水电费减半补贴;3 年内给予物管费、卫生费、治安费、环保费等减免补贴

区域	省份	担保贷款和贴息政策	创业补贴	税费减免	经营场地补贴
中部地区	江西省	高校毕业生个人最高贷款额度 30 万元，对高校毕业生创办符合条件的小微企业，最高贷款额度 600 万元，其中 300 万元以内贷款按国家、省现行政策予以贴息	对在本省行政区域内首次创办企业或从事个体经营且正常经营 6 个月以上的在校生和毕业 5 年内的高校毕业生，可申请一次性创业补贴，补贴标准为 5 000 元	高校毕业生在毕业年度内从事个体经营，符合规定条件的，在 3 年内按每户每年 14 400 元为限额依次扣减其当年实际应缴纳的增值税、城市维护建设税、教育费附加、地方教育附加和个人所得税	对高校毕业生入驻创业孵化基地发生的物管费、卫生费、房租费、非生产性水电费按其每月实际费用的 60% 给予补贴，每个入驻实体每季最高补贴不超过 1 万元，补贴期限不超过 3 年
	河南省	高校毕业生自主创业的，可按个人不超过 20 万元、小微企业不超过 300 万元申请创业担保贷款	大中专学生（含毕业 5 年内的普通高校、职业学校、技工院校毕业生及在校学生，毕业 5 年内留学回国人员）首次创办企业或从事个体经营，自工商登记注册之日起正常经营 1 年以上的，给予每人一次性开业补贴 5 000 元；对评选为省级大众创业扶持项目的，省财政给予 2 万元至 15 万元的项目补助；对评选为市、县级优秀项目的，项目补助标准由当地人社、财政部门确定，最高不超过 10 万元	高校毕业生在毕业年度内从事个体经营，符合规定条件的，在 3 年内按每户每年 14 400 元为限额依次扣减其当年实际应缴纳的增值税、城市维护建设税、教育费附加、地方教育附加和个人所得税	入驻经人力资源社会保障部门认定的创业孵化基地，在创业孵化基地发生的物管、卫生、房租、水电等费用，3 年内给予不超过当月实际费用 50% 的运营补贴，年补贴最高限额 1 万元
	湖北省	高校毕业生个人最高额度不超过 20 万元。财政部门按规定予以贴息，贴息期限最长不超过 3 年。小微企业最高额度不超过 500 万元。财政部门按规定予以贴息，贴息期限最长不超过 2 年	在省内初次创办小微企业、个体工商户等，经营 6 个月以上且带动就业 2 人及以上给予一次性创业补贴 5 000 元。毕业学年大学生在人社部门认定的培训机构参加创业培训，给予 300 ~ 1 500 元补贴（按培训类别确定）；对在毕业年度有就业创业意愿并积极求职创业的特殊家庭中的高校毕业生，给予当地最低工资的 80% 的一次性求职创业补贴	高校毕业生在毕业年度内从事个体经营，符合规定条件的，在 3 年内按每户每年 14 400 元为限额依次扣减其当年实际应缴纳的增值税、城市维护建设税、教育费附加、地方教育附加和个人所得税	在校大学生及毕业 5 年内的高校毕业生，初次创业且租用经营场地，有条件的地方根据实际确定，补贴期限不超过 3 年；在校大学生和毕业 5 年内的高校毕业生，在省级大学生创业孵化示范基地创业，由孵化基地给予场租、水电、宽带网络、公共软件等费用减免

区域	省份	担保贷款和贴息政策	创业补贴	税费减免	经营场地补贴
中部地区	湖南省	符合条件的个人可申请最高不超过 20 万元的个人创业担保贷款,符合条件的小微企业可申请最高不超过 300 万元的小微企业创业担保贷款,由财政部门按规定给予贴息	领取工商营业执照并正常经营 6 个月及以上、带动就业 2 人(含创业者本人)及以上的,可申请大学生一次性创业补贴 5 000 元;大学生到定点创业培训机构参加创业培训合格的,由劳动保障部门按规定提供创业 100 元、500 元、800 元培训补贴;对在毕业年度有就业创业意愿并积极求职创业的特殊家庭中的高校毕业生,给予一次性 1 500 元的求职创业补贴	从事个体经营的,自办理个体工商户登记当月起,在 3 年内按每户每年 12 000 元为限额依次扣减其当年实际应缴纳的增值税、城市维护建设税、教育费附加、地方教育附加和个人所得税	在创业基地,大学生企业经营用房实行第一年按每月 900 元、第二年按每月 700 元、第三年按每月 500 元减免经营用房租金。在没有家庭住所的大学生,可由创业基地提供三年免费创业公寓或宿舍,也可参照廉租房政策,由房产部门给予每人每月 160 元廉租住房补贴
西部地区	内蒙古自治区	符合条件的个人可申请最高不超过 20 万元的个人创业担保贷款,符合条件的小微企业可申请最高不超过 300 万元的小微企业创业担保贷款,由财政部门按规定给予贴息	对首次创办小微企业或从事个体经营,按照每户 5 000 元的标准给予一次性创业补贴;对在毕业年度有就业创业意愿并积极求职创业的特殊家庭中的高校毕业生,给予一次性 1 500 元的求职创业补贴;对有创业意愿和培训需求且符合条件的高校毕业生参加创业培训给予 1 000~2 000 元补贴	高校毕业生在毕业年度内从事个体经营,符合规定条件的,在 3 年内按 12 000 限额依次扣减其当年实际应缴纳的增值税、城市维护建设税、教育费附加、地方教育附加和个人所得税	政府开发的创业园孵化基地应安排不低于 30% 的场地,免费提供给高校毕业生符合条件的创业群体,孵化期一般不超过 3 年
	广西壮族自治区	符合条件的个人可申请最高不超过 20 万元的个人创业担保贷款,符合条件的小微企业可申请最高不超过 300 万元的小微企业创业担保贷款,由财政部门按规定给予贴息	对首次创办小微企业或从事个体经营,按照每户 5 000 元的标准给予一次性创业补贴;对在毕业年度有就业创业意愿并积极求职创业的特殊家庭中的高校毕业生,给予一次上一年度全区一类地区月最低工资标准的 80% 的补贴;有明确创业意愿的五类人员通过项目制培训方式,参加人力资源社会保障部门认定的创业培训机构组织开展的创业培训后取得相应证书的,按一定标准给予 800~1 800 元补贴	符合规定条件的高校毕业生,在 3 年内按每户每年 14 400 元为限额依次扣减其当年实际应缴纳的增值税、城市维护建设税、教育费附加、地方教育附加和个人所得税	政府投资开发的孵化器等创业载体应安排 30% 左右的场地,免费提供给高校毕业生。有条件的地方可对高校毕业生到各类创业载体创业给予租金补贴

280

续表

区域	省份	担保贷款和贴息政策	创业补贴	税费减免	经营场地补贴
西部地区	重庆市	符合条件的个人可申请最高不超过 20 万元的个人创业担保贷款,符合条件的小微企业可申请最高不超过 300 万元的小微企业创业担保贷款,由财政部门按规定给予贴息	毕业 2 年内登记失业的高校毕业生首次创办小微企业或从事个体经营且正常经营 1 年以上 3 年以下、带动就业 3 人以上并按规定缴纳企业职工基本养老保险的,给予 8 000 元/户的一次性创业补助;高校毕业生参加创业培训可享受最高 1 500 元的培训补贴;有就业创业意愿并积极求职创业的困难家庭高校毕业生,按每人 800 元的标准给予一次性在校求职创业补贴。若毕业后仍未就业,可再享受 500 元的离校未就业求职创业补贴	高校毕业生在毕业年度内从事个体经营,符合规定条件的,在 3 年内按每户每年 14 400 元为限额依次扣减其当年实际应缴纳的增值税、城市维护建设税、教育费附加、地方教育附加和个人所得税	政府投资开发的创业载体要安排 30% 左右的场地免费向高校毕业生创业者提供,开发 1 万个创业工位,免费向高校毕业生等青年创业者提供
	四川省	符合条件的个人可申请最高不超过 20 万元的个人创业担保贷款,符合条件的小微企业可申请最高不超过 300 万元的小微企业创业担保贷款,由财政部门按规定给予贴息	大学生创业实体吸纳劳动者就业并与之签订 1 年以上期限劳动合同、招用 3 人(含 3 人)以下的按每人 2 000 元给予奖励,招用 3 人以上的每增加 1 人给予 3 000 元奖励,总额最高不超过 10 万元;对大学生创业实体和创业项目,经确认,给予每个创业实体或创业项目 1 万元补贴。领创多个创业项目的,累计补贴最高不超过 10 万元;对在毕业年度有就业创业意愿并积极求职创业的特殊家庭中的高校毕业生,给予一次性 1 500 元的求职创业补贴	对高校毕业生在毕业年度内从事个体经营且符合规定条件的,在 3 年内按每户每年 14 400 元为限额依次扣减其当年实际应缴纳的增值税、城市维护建设税、教育费附加、地方教育附加和个人所得税	政府投资的孵化器等创业载体安排 30% 左右的场地免费提供给高校毕业生,免费开放情况纳入省级科技企业孵化器考核评价。鼓励各级众创空间、孵化器、加速器、产业园降低大学生创新创业团队入驻条件。鼓励有条件的地方对高校毕业生到孵化器创业给予补贴
	贵州省	个人创业担保贷款,可按规定申请不超过 20 万元的创业担保贷款,小微企业可按规定申请不超过 300 万元的创业担保贷款	对首次创办小微企业或从事个体经营,且所办企业或个体工商户自工商登记注册之日起正常经营 1 年以上的离校 2 年内高校毕业生,按规定	从事个体经营的,3 年内按每户每年 12 000 元为限额依次扣减其当年实际应缴纳的营业税、城市维护建设税、教育费附加和个人	对租用符合规划、安全和环保要求的经营场地创业,并且未享受场地租赁费用减免的高校毕业生给予每月 500 元场租补贴,对实

281

区域	省份	担保贷款和贴息政策	创业补贴	税费减免	经营场地补贴
西部地区	贵州省		给予一次性 5 000 元创业补贴;有就业创业意愿并积极求职创业的就业困难应届毕业生,一次性给予每人 1 000 元的求职创业补贴;对获奖的新技术、新成果、新工艺等优秀创业项目,采取以奖代补、贷款贴息等方式,给予最高不超过 3 万元的支持	所得税	际月租金低于 500 元的,据实补贴,每一个创业扶持对象只能享受累计不超过 3 年
	云南省	符合条件的个人可申请最高不超过 20 万元的个人创业担保贷款,符合条件的小微企业可申请最高不超过 300 万元的小微企业创业担保贷款,由财政部门按规定给予贴息	毕业 3 年内高校毕业生在我省辖区内乡镇村创业且稳定经营 6 个月以上,给予不超过 3 万元的一次性创业补贴;有就业创业意愿并积极求职创业的就业困难应届毕业生,一次性给予每人 1 000 元的求职创业补贴	毕业年度内高校毕业生从事个体经营的,自办理个体工商户登记当月起,在 3 年内按每户每年 14 400 元为限额依次扣减其当年实际应缴纳的增值税、城市维护建设税、教育费附加、地方教育附加和个人所得税	对在云南省内高校就读的毕业学年或毕业 1 年内,在我省创业的大学生个人,未享受大学生创业园区孵化的经营实体,给予5 000 元的一次性场租补贴
	西藏自治区	符合条件的个人可申请最高不超过 50 万元的个人创业担保贷款,符合条件的小微企业可申请最高不超过 300 万元的小微企业创业担保贷款,由财政部门按规定给予贴息	对创业高校毕业生给予每人 6 万元、每户最高可达 30 万元的一次性启动资金支持	从事个体经营的,自办理个体工商户登记当月起,在 3 年(36 个月)内按每户每年 14 400 元为限额依次扣减其当年实际应缴纳的增值税、城市维护建设税、教育费附加、地方教育附加和个人所得税	初次享受补贴应为毕业 5 年以内,房租、水电费总费高于 2.4万元,按 2.4 万元补贴,低于 2.4 万元,按实际费用补贴
	陕西省	高校毕业生个人最高贷款额度为 20 万元,对 10 万元以下贷款、获得设区市级以上荣誉的高校毕业生创业者免除反担保要求。高校毕业生设立的符合条件的小微企业,最高贷款额度为 1 000万元,财政部门承担300 万元以内的贷款贴息	创办小微企业或从事个体经营,正常运营 6 个月以上的毕业年度可申请每人 5 000 元的一次性创业补贴;有就业创业意愿并积极求职创业的就业困难应届毕业生,一次性给予每人 1 000 元的求职创业补贴	从事个体经营的,自办理个体工商户登记当月起,在 3 年(36 个月)内按每户每年 12 000 元为限额依次扣减其当年实际应缴纳的增值税、城市维护建设税、教育费附加、地方教育附加和个人所得税	政府投资的孵化器等创业载体安排 30%左右的场地免费提供给高校毕业生,免费开放情况纳入省级科技企业孵化器考核评价。鼓励各级众创空间、孵化器、加速器、产业园降低大学生创新创业团队入驻条件。鼓励有条件的地方对高校毕业生到孵化器创业给予补贴

区域	省份	担保贷款和贴息政策	创业补贴	税费减免	经营场地补贴
西部地区	甘肃省	对符合条件的高校毕业生自主创业给予创业担保贷款及贴息支持，贷款最高额度20万元，对高校毕业生创办的符合条件的小微企业给予创业担保贷款及贴息支持，最高贷款额度300万元	对高校毕业生创办的初创企业的经营主体吸纳带动就业达到一定条件的，可按规定给予3万元~15万元的创业带动就业项目补助。向首次创办小微企业或从事个体经营，且自工商登记注册之日起正常经营1年以上的离校2年内高校毕业生给予一次性5 000元的创业补贴	高校毕业生在毕业年度内从事个体经营，符合规定条件的，在3年内(36个月)按每户每年14 400元限额依次扣减其当年实际应缴纳的增值税、城市维护建设税、教育费附加、地方教育附加和个人所得税	鼓励各类孵化器面向大学生创新创业团队开放一定比例的免费孵化空间，降低大学生创新创业团队入驻条件。有条件的市州可对高校毕业生到孵化器创业给予租金补贴
	青海省	对符合条件的高校毕业生自主创业给予创业担保贷款及贴息支持，贷款最高额度20万元，对高校毕业生创办的符合条件的小微企业给予创业担保贷款及贴息支持，最高贷款额度300万元	在青海省内创办小微企业或从事个体经营给予1万元的一次性创业补贴;有就业创业意愿并积极求职创业的就业困难应届毕业生，一次性给予每人1 000元的求职创业补贴	从事个体经营的，自办理个体工商户登记当月起，在3年(36个月)内按每户每年14 400元为限额依次扣减其当年实际应缴纳的增值税、城市维护建设税、教育费附加、地方教育附加和个人所得税	各有关地区和部门要认真落实高校毕业生在创业孵化基地创办小型微型企业的场租、水电补贴政策，对高校毕业生创办的小微企业参加省级以上政府举办的国家级大型会展或国外知名企业会展的给予2 000元展位补贴，单个企业每次可补贴两个展位
	宁夏回族自治区	对符合条件的高校毕业生自主创业给予创业担保贷款及贴息支持，贷款最高额度30万元，对高校毕业生创办的符合条件的小微企业给予创业担保贷款及贴息支持，最高贷款额度300万元	对毕业2年内的高校毕业生首次创办小微企业或从事个体经营带动就业的，连续正常经营6个月以上的给予一次性创业补贴资金5 000元，1年以上的给予补贴资金12 000元。有就业创业意愿并积极求职创业的就业困难应届毕业生，一次性给予每人2 000元的求职创业补贴	创办个体工商户的，自登记当月起3年内按每户每年14 400元限额依次扣减当年实际应缴纳的相关税费	对毕业5年内创业的大学生，项目不适合入驻创业园区的，可给予最长3年、每年不超过10 000元的房租补贴
	新疆维吾尔自治区	高校毕业生个人最高贷款额度提高至20万元，对10万元以下贷款、获得设区的市级以上荣誉的高校毕业生创业者免除反担保要求;对高校毕业生设立的符合条件的小微	在校及离校5年以内的，且领取工商营业执照正常经营6个月以上的未就业普通高等学校、职业学校、技工院校学生，享受一次性自主创业补贴2 000元;有就业创业意愿并积极求职创业的	创办个体工商户的，自登记当月起3年内按每户每年14 400元限额依次扣减当年实际应缴纳的相关税费	对新疆籍高校毕业生(毕业近5年内)和建档立卡贫困家庭劳动力在疆内实现自主创业，稳定经营1年以上并保持经营状态的，由各地州市财政给予一次性房租补贴6 000元

区域	省份	担保贷款和贴息政策	创业补贴	税费减免	经营场地补贴
西部地区	新疆维吾尔自治区	企业,最高贷款额度提高至 300 万元	就业困难应届毕业生,一次性给予每人 1 000 元的求职创业补贴;对新疆籍高校毕业生(毕业近 5 年内)和建档立卡贫困家庭劳动力在疆内实现自主创业,稳定经营 1 年以上并保持经营状态的,由各地州市财政给予一次性创业补贴 1 万元		

注:政策的整理截止到 2022 年 12 月,以最新政策为准。

附录 2　第八章实训项目参考答案

【实训项目 26：商业模式案例分析】

思考好邦客的盈利点在哪？这种模式的成功点有哪些？

盈利点：汽车租赁收入、二手车交易收入、增值服务收入。

模式的成功点：

（1）模式的核心是资源的有效整合。它用少量的资金撬动了以资本为龙头的汽车生产、销售、投资、消费融合在一起的金融、销售、投资、租赁、二手车交易市场。

（2）将汽车的整车销售以拆零的方式实现了租与售有机的结合，既符合了中国人的消费心理，又符合了中国人的消费习惯。

（3）以储蓄的形式吸纳了大量二手车。"好邦客"从二手车的交易中获取了不少利润，仅用少量投资就将二手车作为"好邦客"的车辆蓄水池。

（4）巧妙地应用了长尾理论，改变了过去的汽车营销主要面向少数强势群体的游戏规则，将 80% 的潜在群体推向前台，让他们提前实现了有车的梦想。

【实训项目 27：商业模式类型分析】

思考乐高的这种策略属于何种商业模式类型？

长尾式商业模式。

【实训项目 28：绘制商业模式画布】

根据案例试绘制出小红书的商业模式画布（见图 1）。

【实训项目 29：创业计划书案例分析】

这份创业计划书为什么博得了投资者的关注？

用非常简洁的语言呈现项目最重要的部分，撰写过程中着重关注了产品或服务本身，脉络清晰，进行了充分的市场调查，了解目标客户、竞争对手和市场趋势，让人能够快速读完并消化，并且能够从计划书中看到果断的行动力和前进方向。

产品名称：小红书

合作伙伴		用户需求		目标用户
品牌官方合作、美妆达人、明星		美容及护肤知识科普、商品推荐、商品购买、职场、美食等方面分享		学生群体、美妆小白、职场女性、美食爱好者、关注消费品质的个性化消费者
核心竞争	资源闭环		价值闭环	**传播方式**
平台用户、笔记内容、美妆达人、平台信用		方案闭环		用户分享、用户通讯录推荐、美妆博主推荐、商城服务号、公众号广告推广
重要业务		**解决方案**		**用户关系**
广告合作、内容营销、跨境电商商城		美妆达人分享、用户笔记、用户VLOG、电商商城		相互提供内容、搭建用户间信任关系及关注度、自由群社区
成本类型		财务闭环		**收入闭环**
人工成本、广告宣传费用、商业合作费用、运营平台内容及商城成本				电商商城、商业广告、广告

图 1

附录 3 第九章实训项目参考答案

【实训项目 31：路演准备工作案例分析】

案例中反映出路演要做好哪些准备？

（1）PPT 的制作要将重点突出，便于主讲人展示。

（2）主讲人需要反复预演文稿并熟记内容。

（3）在进行路演活动之前预设问题库，做到胸有成竹。

（4）选择适合的主讲人，熟悉路演工作。

（5）调整心理状态。

【实训项目 32：分析创业项目路演演讲稿】

请分析该路演演讲稿主要阐述了哪些主要内容、有哪些表述优势，有哪些美中不足？

该路演结构并不复杂，主要介绍了四大模块：市场痛点、产品介绍、盈利模式及市场前景。

表述优势：

路演开头别致、接地气，让观众有很强的代入感。开头巧妙将阳澄湖大闸蟹联系了起来，用螃蟹的香引出气味，再引出产品。

产品介绍部分，"气味播放器"属于行业拓荒性质的产品，大家并不熟悉。关于技术只用几句话一带而过，大量篇幅都在讲产品能实现的效果上，用让所有人都能理解的方式来讲述，善用举例、类比、对比、比喻等修辞手法进行感性陈述，让路演增色不少。

改进之处：

该案例由于时间原因，结尾在讲完市场前景后戛然而止，结束得略显仓促，基本的致谢也没有。建议在介绍完主要内容后，完全可以提下愿景，展望下项目未来。描述市场前景和盈利模式时如果能增加一些数据支撑，内容会更丰富饱满，观众也能更好地理解项目的潜力。

附录4 创业项目计划书模板

一、项目企业摘要

（一）投资安排（表1）

表1

资金需求数额/万元		相应权益	

（二）拟建企业基本情况（表2）

表2

公司名称	
联系人	
电话	
传真	
E-mail	
地址	
项目名称	
企业的主营产业	
在寻找第几轮资金	

二、业务描述

（一）企业的宗旨（200字左右）。

（二）主要发展战略目标和阶段目标。

（三）项目技术独特性（请与同类技术比较说明）。

（四）介绍研发投入及所要实现的目标，主要包括：研发资金投入、研发人员情况、研发设备、研发产品的技术先进性及发展趋势。

三、产品与服务

（一）创业者必须将自己的产品或服务创意作一一介绍

主要有下列内容：

（1）产品的名称、特征及性能用途。

（2）产品的开发过程，同样的产品是否在市场上出现过？为什么？

（3）产品处于生命周期的哪一阶段？

（4）产品的市场前景和竞争力如何？

（5）产品的技术改进和更新换代计划，成本、利润的来源及如何打造持续盈利的商业模式。

（二）生产经营计划

主要包括以下内容：

（1）新产品的生产经营计划：生产产品的原料如何采购，供应商的有关情况，员工的情况，生产资金的安排，以及厂房、土地等。

（2）公司的生产技术能力。

（3）品质控制和质量改进能力。

（4）将要购置的生产设备。

（5）生产工艺流程。

（6）生产产品的经济分析。

四、市场营销

介绍企业所涉足的市场、公司营销战略、竞争环境、竞争优势与不足，要对产品的销售金额、增长率，以及产品或服务所拥有的核心技术、拟投资的核心产品的总需求等进行阐述。

（一）针对目标市场，应该回答以下问题

（1）你的细分市场是什么？

（2）你的目标市场份额有多大？

（3）你的目标消费群体有哪些？

（4）你的五年生产计划、收入和利润是多少？

（5）你的营销策略是什么？

（二）行业分析，应该回答以下问题

（1）该行业发展程度如何？

（2）现在行业发展动态如何？

（3）该行业的总销售额有多少，总收入是多少？

（4）经济发展对该行业的影响程度如何？

（5）政府相关政策或文件是如何影响该行业的？

（6）是什么因素决定行业的发展？

（7）该行业竞争的本质什么？你采取什么样的战略？

（8）进入该行业的障碍是什么？你将如何克服？

（三）关于竞争分析，应该回答以下问题

（1）你的主要竞争对手是谁？

（2）你的竞争对手所占的市场份额和市场策略是什么？

（3）竞争可能出现什么样的新发展？

（4）你的核心技术（包括专利技术拥有情况、相关技术使用情况）和产品研发的进展情况及现实物质基础是什么？

（5）你的竞争策略是什么？

（6）在竞争中你的发展、市场和地理位置的优势是什么？

（7）你能否承受竞争所带来的压力？

（8）你的产品的价格、性能、质量在市场竞争中所具备的优势有哪些？

（四）关于市场营销，应该说明以下问题

（1）营销机构和营销队伍。

（2）营销渠道的选择和营销网络的建设。

（3）广告策略和促销策略。

（4）价格策略。

（5）市场渗透与开拓计划。

（6）市场营销中意外情况的应急对策。

五、管理团队

（一）全面介绍公司管理团队情况。

主要包括：公司的管理机构及各部门的构成，公司主要股东、董事、关键的雇员，薪金分配方案，股票期权，劳工协议，奖惩制度等，这些都要以明晰的形式展示出来。要展示你的公司管理团队的战斗力、独特性，以及突出的凝聚力和团结战斗精神。

（二）列出企业的关键人物（含创建者、董事、经理和主要雇员等）（见表3）。

（三）公司共有多少全职员工。

（四）公司共有多少兼职员工。

（五）尚未有合适人选的关键职位名称。

表 3　关键人物之一

姓名	
角色	
专业职称	
任务	
专长	
主要经历	

时间	单位	职务	业绩

所受教育

时间	学校	专业	学历

（六）管理团队的优势与不足之处。

（七）人才战略与激励制度。

（八）外部支持：公司聘请的法律顾问、投资顾问、会计师事务所等中介机构及个人名称。

六、财务预测

财务预测包括以下三方面的内容：

（一）过去三年的历史数据、未来三年的发展预测

主要提供过去三年现金流量表、资产负债表、损益表及年度的财务总结报告书，以及未来三年的财务收入预测情况表。

（二）投资计划

（1）预计的风险投资数额。

（2）风险投资资本结构及如何安排。

（3）获取风险投资的抵押、担保条件。

（4）投资收益和再投资的安排。

（5）风险投资人投资后双方股权的比例安排。

（6）投资资金的收支安排及财务报告编制。

（7）风险投资人介入公司经营管理的程度。

（三）融资需求

创业所需要的资金额、团队出资情况、资金需求计划、为实现公司发展计划所需要的资金额、资金需求的时间性、资金用途（列表详细说明）。

融资方案：公司所希望的有关投资人及所占股份的说明、其他资金来源（如银行贷款等）。

（1）完成研发所需投入。

（2）达到盈亏平衡所需投入。

（3）达到盈亏平衡的时间。

（4）项目实施的计划进度及相应的资金配置进度表。

（5）投资与收益（表 4）。

表 4

	时间				
	第一年	第二年	第三年	第四年	第五年
年收入/万元					
销售成本/万元					
运营成本/万元					
净收入/万元					
实际投资/万元					
资本支出/万元					
年终现金余额/万元					

（6）简述本期投资的数额、退出策略、预计回报金额和时间表。

七、资本结构（表 5）

表 5

迄今为止有多少资金投入本企业？	
你目前正在筹集多少资金？	
假如筹集成功，企业可持续经营多久？	
下一轮投资打算筹集多少资金？	
企业可以向投资人提供的权益有哪些？	股权　可转换债　普通债权　不确定

（一）目前资本结构表（表6）

表6

股东成分	已投入资金	股权比例

（二）本期资金到位后的资本结构表（表7）

表7

股东成分	已投入资金	股权比例

（三）请说明你希望寻求什么样的投资人（包括投资人对行业的了解，其中在资金上、管理上的支持程度等）。

八、投资人退出方式

（一）股票上市：依照本创业计划，对公司上市的可能性做出分析，对上市的前提条件作出说明。

（二）股权转让：依照本创业计划，公司对实施股权的回购计划应向投资人说明。

（三）利润分红：明确投资人是否可以通过公司利润分红达到收回投资的目的，按照本创业计划，公司的实施股权利润分红计划应向投资人说明。

九、风险分析

企业面临的风险及对策。详细说明项目实施过程中可能遇到的风险，提出有效的风险控制和防范手段，包括技术风险、市场风险、管理风险、财务风险及其他风险。

十、其他说明

（一）你认为企业成功的关键因素是什么。

（二）请说明为什么投资人应该投资本企业。

（三）提供项目团队的主要负责人或公司总经理详细的个人简历及其证明人。

（四）媒介关于产品的报道，公司产品的样品、图片及说明，有关公司及产品的其他资料。

郑重声明

读者意见反馈

为收集对教材的意见建议，进一步完善教材编写并做好服务工作，读者可将对本教材的意见建议通过如下渠道反馈至我社。

咨询电话　400-810-0598
反馈邮箱　hepsci@ pub.hep.cn
通信地址　北京市朝阳区惠新东街 4 号富盛大厦 1 座
　　　　　高等教育出版社理科事业部
邮政编码　100029